本书为教育部高校示范马克思主义学院和优秀教学科研团队建设项目（项目批准号：17JDSZK111）成果

本书获华中科技大学文科学术出版基金资助

# 思想政治理论课
# 差异教学论

梁红 著

Sixiangzhengzhi Lilunke
Chayi Jiaoxue Lun

中国社会科学出版社

## 图书在版编目（CIP）数据

思想政治理论课差异教学论 / 梁红著 . —北京：中国社会科学出版社，2018.9

ISBN 978 – 7 – 5203 – 2956 – 9

Ⅰ.①思… Ⅱ.①梁… Ⅲ.①高等学校—思想政治教育—教学研究—中国 Ⅳ.①G641

中国版本图书馆 CIP 数据核字（2018）第 180500 号

---

| 出 版 人 | 赵剑英 |
| --- | --- |
| 责任编辑 | 田　文 |
| 责任校对 | 张爱华 |
| 责任印制 | 王　超 |

| 出　　版 | 中国社会科学出版社 |
| --- | --- |
| 社　　址 | 北京鼓楼西大街甲 158 号 |
| 邮　　编 | 100720 |
| 网　　址 | http://www.csspw.cn |
| 发 行 部 | 010 – 84083685 |
| 门 市 部 | 010 – 84029450 |
| 经　　销 | 新华书店及其他书店 |
| 印　　刷 | 北京君升印刷有限公司 |
| 装　　订 | 廊坊市广阳区广增装订厂 |
| 版　　次 | 2018 年 9 月第 1 版 |
| 印　　次 | 2018 年 9 月第 1 次印刷 |
| 开　　本 | 710×1000　1/16 |
| 印　　张 | 18.75 |
| 字　　数 | 304 千字 |
| 定　　价 | 78.00 元 |

---

凡购买中国社会科学出版社图书，如有质量问题请与本社营销中心联系调换

电话：010 – 84083683

版权所有　侵权必究

# 序

工业社会以来，随着科技发展速度加快，社会对人才的需求越来越大，为适应时代发展，夸美纽斯首创大班教学，并在教育教学中占据了统治地位。大班教学拥有高效率、充分利用教学资源等优势，但较少考虑学生个性、社会需求及人生目标的多样性，仅仅依据统一的标准、统一的要求、统一的进度教授统一的内容，就像工业社会生产标准件一样，为了纠正这种倾向，个性化教育正在全球兴起。与此同时，中国大学正普遍面临着办学趋同化与社会需求多元化、人才培养划一化与个体发展差异化的矛盾，解决这些矛盾从根本上讲也需要转变培养模式，结合个性化教育的探索实施，弥补长期模式化教育的弊端，提升中国大学迈入世界一流大学的国际竞争力。

现代社会是弘扬自我、张扬个性的时代。个性化教育是尊重个体生命的独特价值、发掘个体生命的潜能、培养学生独立人格和独特个性，促进个体生命自由和谐发展的教育，这一教育理念运用在教学中，则为差异化教学。思想政治理论课教学作为一种指向"人"、促进人的发展的实践活动，特点在于"价值引导"，因此尤其具有实施差异化教学的必要性和可行性。多样化的社会关系所规定的差异化的现实个体是差异教学的出发点，关涉人的差异的精神生命与意义生成方式，视学生的差异为合理存在，并充分利用这个教学资源，关注共性和特性，最终更好地发展学生个性，实现学生全面的发展。

梁红博士的《思想政治理论课差异教学论》一书的选题正是立足于对人作为一种差异性的客观存在的逻辑推导和高校思想政治理论课教学的现实问题反思基础之上，具有重要的理论意义与现实意义。传统教学体现的是教师的主体地位，有利于教学过程的组织管理和教师对教学内容的调控,能迅速将大量知识传授给学生,但是却忽略了学生的差异性。现阶段大部分学校还都在使用同质化教学方法,差异化教学模式未能大规模推行,实施效果也未达到预期,学生的个性、兴趣和智能优势都不能被观照,学生也就逐渐失去了其独特性、创造力以及对知识的渴望。这样的现状同时也说明:目前的著作及期刊文献,尚不能满足广大教育工作者的需求,未能有效地指导差异教学实践,或者说理论上、观念上大家都认同"因材施教"和"个性化教育",但如何落实到教学中,特别是高校思想政治理论课教学实践中,还没有形成具有示范性和指导性的成果。

  本书的创新体现在两个方面:一是理论上对"差异教学"作为一种教学论的立论基础的深入剖析,从哲学的视角阐述了高校思政课差异教学的本体论、认识论、价值论、方法论基础;二是展现了"差异教学"作为一种教学方法在思想政治理论课教学实践中的运用,从思政课差异教学目标、差异教学策略、差异教学评价三个方面对思想政治理论课差异教学展开研究。差异教学的根本目的是为了促进人的和谐发展,满足师生双方的精神生活的需要。教师面对不同的学生层次或个体时,通过收集分析该学生层次或个体具有的与教育教学相关的诸方面信息,根据差异教学目标和教学决策的基本原理,设计多种可能性的教学方案并理性选择符合学生特点和需求的最佳方案。教师根据"以学生为中心"的教育理念指导差异教学,通过一系列教学决策行为,实现课程内容、教学进度、评估方式与其有独特性、差异性的学习者之间的匹配。利用学生各方面的差异开展差异教学是一种创新性的探索,也是培养学生创新思维和能力等综合素质的机遇,在思政课教学中实行差异教学是尊重学生的主体地位、符合思政课教学改革要求的一项具体措施。

  马克思的实践观强调全部社会生活在本质上是实践的,实践改变世界而解放人的价值目标。本书的特色是在先进教学理念指导下的教育理论与教育实践的融合,通过理论层面的分析、综合和实践层面的探索、总结,一方面更好地促进思想政治理论课差异教学模式的构建,另一方面以此教学方法的改革进一步提高大学生创新思维能力及思想道德素质。

从教育教学的目的来看，差异教学更符合促进人的成长、发展和素质提高之终极目标。这里所说的人，不是抽象的人，而是单个人。马克思说：社会，即联系起来的单个人，"社会结构和国家总是从一定的个人的生活过程中产生的。"这就是说，个人具有本源性，因而民主、自由、平等已成为社会主义核心价值观的重要内容。单个的人是活生生的，千差万别的。教育是培养人的主体性，启迪人的精神生活的独立性，从经验的发展来实现个体发展的完整性。

从教育教学自身的特点来看，差异教学更适应其非决定性、非线性的特点。教师讲课与学生学习之间并没有直接的决定的关系，因为各种知识进入大脑之后，要经过内化，才能化为自己的知识结构、思想、灵魂。内化靠谁？靠自己，谁也代替不了。现在教学的问题恰恰出在这里。一些教师认为，"我不讲学生就不懂"，只顾自己讲，总以为自己讲了学生就接受了，就学习了。这是影响教学效果的十分重要的根源之一。因此，教学中，教师要了解学生，了解学生的个性，进行针对性教学，学生是千差万别的。同时，要通过教学评价，了解学生的学习效果。教学评价的重点应该是"学"，学生的"学习效果"，而不是"教"，应该将评价结果及时向教师反馈，让教师了解自己教学中存在的问题，从而不断改进教学，提高教学效果。

梁红博士的《思想政治理论课差异教学论》一书立足理论前沿，切合新时期思想政治教育工作从"漫灌"到"滴灌"、从粗放到精准的转向，既有理论探索，也不乏实证研究，形成了理论与实践相融合的特色。我们有很多"理论专家"和"授课能手"，但能把这两者结合起来的太少了，既有理论深度又能操作运用的书也成了独具特色不可多得的了。

梁红自1998年到华中理工大学高教所攻读博士学位，2002年毕业留校任教，2004年她的博士论文《高校文化素质教育中内化问题研究》荣获中国高等教育学会首届优秀博士论文奖，其后跟随我国著名心理学家黄希庭教授做博士后研究。作为导师，我对她的成长深感欣慰。梁红从事思想政治理论课教学工作16年来，勤于思考，勇于实践，在"以学生为中心"理念的指引下尝试构建思想政治理论课个性化教育的模式——差异教学法，其在理论和实践两方面的探索汇聚在此书中，读来颇为受益，对相同研究主题具有深化和推进的作用。希望作者能在教育理论研究与教学实践中更进一步，形成既有科学性又有可操作性的更为细致的差异教学手册，改变大课堂中"学生眼睛不亮"的听课状况，为我国高校思想政治理论课教学质量的提高做出应有的贡献。

是为序。

刘献君
2018 年 8 月

# 前　言

英国教育家弗雷德·诺思·怀特海在《教育的目的》一书中开宗明义指出："学生是有血有肉的人，教育的目的是为了激发和引导他们的自我发展之路"，教育是直面人、通过人和为了人的一种独特的社会事业，有怎样的"人"的观念，就会有怎样的教育学理论。教育规定着人之为人的本真，而人也同样规定着教育之为教育的真谛。同时，任何科学研究都始于问题，问题是研究的发端。因此，本书的选题正是立足于对人作为一种差异性的客观存在的逻辑推导和高校思想政治理论课教学的现实问题反思基础之上，它反映了本研究所遵循的"真"与"实"的学术思维向度。

首先，就"真"而言，高校思想政治理论课差异教学确立与发展的合理性关键在于考量它能否合乎人的本性，即需要就其中的人的问题进行逻辑的思辨，通过思维的张力来验证其合理性的存在。具体而言，马克思关于人的本质是一切社会关系的总和的思想，有力地揭示了高校思想政治理论课差异教学的出发点应是多样化的社会关系所规定的差异化的现实个体。正如马克思所言："人的本质并不是单个人所固有的抽象物，在其现实性上，它是一切社会关系的总和"，"特殊的人格的本质不是它的胡子、它的血液、它的抽象的肉体，而是它的社会特质"，作为现实的、活生生的人的每一个大学生之所以成为个体，根本就在于其社会关系这张大网上通过各自实践活动布下了不同的经纬线，每个人的生理、家庭、职业、经历、信仰、品格、教育程度、社会组织等多重线条相互交织，形成自己独有的纽结，这些各不相同的纽结，锁定了单个人，构成了人的个体本质并把自身与其他个体相区别。它是一种常态化的差异性客观存在，并非单单指个体生理上的差异性，即体力、智力、能力及个性等差异，更主要的是指处在不同社会关系下的个人在社会地位、生活水准、活动方式、思想观念等方面的巨大差异。且在社会发展的不同阶段，这种差异性在内容、方式、性质等方面又表现出各自不同的特点。换言之，高校思想政治理论课教学场域中的学生，是正在成长中的现实的、具体的、个性化的、真实的生命个体，是处在一定条件下进行活动的具体的、通过知觉实际被给予的，能够在经验中观察到的"现实的人"。他们每个人都具有人之为人的本性的丰富性、微妙性、多样性和多面性，每个人都是有生理的、心理的、社会的、物质的、精神的、行为的、认知的、价值的、信仰的等各方面需要的多层次、多方面的整合体。他们不是以生命的局部参与教育活动，而是以自身内涵丰富的身与心、理性与非理性、个性与共性、能力与人格整合的完整生命整体投入教育活动并在其中获得发展的。这无疑揭示出了高校思想政治理论课差异教学的形而上根据，也内在规约了高校思想政治理论课差异教学的目的：旨在全面、准确的认识和把握高校学生的发展特质基础上，以具体现实中学生丰富多元的差异为出发点，有针对性地选取不同于传统"流水线生产""定向加工""整齐划一"和片面强调共性发展的教学内容、教学方法，在推动思想政治理论课"入耳、入心、入脑"的进程中，有效促进学生的思想道德素质与人的本质的不断占有和实现。

其次，就"实"而言，对高校思想政治理论课差异教学的探讨，也是以传统"一刀切"式的思想政治理论课知性教学的现实问题反思来呈现命题的。长期以来，思想政治理论课教学逐步确立的是一种"特殊认识活动论"的传统框架，它把丰富复杂、变动不居的课堂教学过程简括为教师引导学生获取知识的特殊的认识活动，将学生淹没于理性的知识世界，搁置了人各具差异的精神存在特征，遮蔽了思想政治理论课教学对人的丰富精神世界建构的本真使命，混淆了德性的"教化"过程与智育的"认识"过程，漠视知识和道德的不可通约性与思想政治理论课教学对人的丰富精神世界建构的特殊性、复杂性，忽视了学生作为不同的个体所具有的主体性、差异性与内在多元化、不断变化发展的道德需要，割裂了德性养成与学生主体生命实践的内在的必然联系。这样的教学不仅使得学生整体因对思政课的认同度下降而日益丧失其存在的根据，而且也因在部分大学生眼里沦为"水课"，很难对学生产生吸引力，而陷入苍白无力与乏善可陈的困境。思想政治理论课教学要改变上述状态，就必须突破"特殊认识活动论"的传统框架，转向关涉人差异的精神世界的生命·实践论，即从更高的层次——视学生为一个个鲜活的、思想性格各异的生命主体的层次，用动态生成的观念，重新全面地认识高校思想政治理论课教学的本质，构建新的差异教学观，它所期望的实践效应就是：让课堂焕发出生命的活力。

再次，在实践生成论看来，人没有固定的本质，人的本质是不断生成的。人的生成与发展就是一个不断成"人"的过程。按照马克思对人类社会发展的认识，人类可以预见的最高发展阶段是"建立在个人全面发展和他们共同的社会生产能力成为他们的社会财富"这一基础上的自由个性，即类本位上的类主体。人类发展从群体主体，到个人主体，再到类主体：从人的类特性、类本位的应然生活出发，扬弃个人单子式的主体特性，把个体的发展置于类意识、类存在中，解决了人与自然、人与人、人与社会之间的矛盾，这就是马克思在《1844年经济学哲学手稿》中所描绘的共产主义理想："它是人和自然之间、人和人之间的矛盾的真正解决，是存在和本质、对象化和自我确立、自由与必然、个体和类之间抗争的真正解决。"从个体的角度而言，类主体是建立在全面发展基础上的自由个性，是共同体的"大我"与个体"小我"的统一。

思想政治理论课差异教学不仅是客观现实的必然要求，而且也是当下赋予高校思想政治理论课教学工作者的时代命题。2010年我国颁布的《国家中长期教育改革和发展规划纲要（2010—2020年）》明确提出："关注学生不同特点和个性差异，发展每一个学生的优势潜能。""尊重教育规律和学生身心发展规律，为每个学生提供适合的教育"，为我们开展高校思想政治理论课差异教学指明了方向。2018年4月底，教育部印发《新时代高校思想政治理论课教学工作基本要求》，明确思政课课前、课中、课后全流程管理，规范学分设置、教务安排、教研管理、教学方法、考核评价等教学工作，强化其价值引领功能。《基本要求》提出，要按照师生比不低于1∶350的比例设置专职思想政治理论课教师岗位，为每个教研室（组）配足师资。应综合考虑学生专业背景组织思想政治理论课教学班，积极推行100人以下的中班教学，提倡中班教学、小班研讨的教学模式，逐步消除大班额现象，这些举措均指向思想政治理论课教学在达到基本要求即规范化、标准化进程中的差异化、精细化方向。

高校思想政治理论课教学要想在如此社会大环境下获得预期效果，就必须紧跟时代步伐，摒弃传统的"一刀切"式的知性教学方式，探寻以当代大学生个体差异为出发点的有效的差异教学模式。且从实践进程来看，以北京师范大学为代表的诸多高校，一直走在思想政治理论课差异教学改革的前沿。如文华学院自2009年以来先后召开了以"个性化教育"为主题的五次教育教学工作研讨会，一致认同将个性化教育作为学校的办学特色来加以建设，并逐步创建出了有自身特色的学校个性化教育体系，它无疑为深化和推广高校思想政治理论课差异教学提供了一个从教育理念到策略方法的现实可行模型。

展望未来，让差异成为一种教育资源必将是高校思想政治理论课教学改革最响亮的口号，我们完全有理由相信：以发展个性为主旨，由了解差异、尊重差异到理解差异、利用差异的差异教学必将使高校思想政治理论课在新时代焕发出新的更加旺盛的活力！

# 目 录

**第一章　思想政治理论课差异教学概述** …………………… （1）
　　第一节　"差异教学"的起源及其发展历程 ………………（2）
　　第二节　思想政治理论课差异教学的内涵 ……………… （32）
　　第三节　思想政治理论课差异教学的特点 ……………… （44）

**第二章　思想政治理论课差异教学的理论基础** …………… （53）
　　第一节　思想政治理论课差异教学的本体论基础 ……… （53）
　　第二节　思想政治理论课差异教学的认识论基础 ……… （62）
　　第三节　思想政治理论课差异教学的价值论基础 ……… （77）
　　第四节　思想政治理论课差异教学的方法论基础 ……… （96）

**第三章　思想政治理论课差异教学目标** ………………… （111）
　　第一节　思想政治理论课教学目标的历史回顾 ……… （112）
　　第二节　思想政治理论课差异教学目标的内在生成 … （117）
　　第三节　思想政治理论课差异教学目标的实现路径 … （143）

**第四章　思想政治理论课差异教学策略** ………………… （157）
　　第一节　见贤思齐：隐形动态分层策略 ……………… （157）
　　第二节　量体裁衣：方法—内容适配策略 …………… （165）
　　第三节　求同存异：大班教学、小班讨论策略 ……… （170）
　　第四节　移步换景：提问与追问策略 ………………… （179）

**第五章　思想政治理论课差异教学评价** …………………………（186）
　　第一节　相济共生：差异教学的实施和评估 ………………（188）
　　第二节　相容互补：大面积及时反馈与评价 ………………（198）
　　第三节　异曲同工：弹性作业的布置与评价 ………………（206）
　　第四节　大同小异：标准化评价与多元评价 ………………（211）

**第六章　思想政治理论课差异教学背景与实验** …………………（222）
　　第一节　思想政治理论课差异教学背景 ……………………（223）
　　第二节　思想政治理论课差异教学实验 ……………………（232）
　　第三节　结论与展望 …………………………………………（266）

**参考文献** ……………………………………………………………（276）

**后　记** ………………………………………………………………（288）

# 第一章　思想政治理论课差异教学概述

伴随着高等教育现代化、全球化步伐，国际教育市场不断开放，教育资源在国际间进行配置，各国教育资源相互交流、竞争、包容、激荡，共同促进世界教育的繁荣和发展。在这种形势下，国外的教学方法、教育理念不断涌入，加速了我国高等教育改革的进程，传统的整体化、批量化的人才培养模式被逐渐消解，差异教学日益成为当代大学的潮流与趋势。同时，信息化时代的开放性、互动性、个性化特点，塑造着教育的生态环境，改变着教育形态、教育模式、教学方式、师生关系、家庭关系等方方面面。在校大学生生长在这样一个变革的时代，他们对生活方式的偏好和思维方式特点已经大大不同于上一代人。因此，对他们的培养方式也必须改变。

教育是为未来社会培养合格公民的事业，思想政治教育则是这项事业重要的组成部分。思想政治理论课是学生在大学阶段的公共必修课，除了传授马克思主义的基本原理、基本观点和基本方法来培养学生的爱国主义、社会主义、集体主义的思想外，落脚点是以大学生全面发展为目标，提升学生的思想道德素质，体现一个国家的国家意志。思想道德素质是一个人在实现自我过程中的基础，对完善人的知识体系和学会正确的思维有着不容忽视的根本性作用。

差异教学的生成离不开网络的发展和普及。互联网为大学教师的差异教学和大学生的个性化学习提供了物质载体，使学习者在课程学习过程中选择适合自己学习风格的材料和方式成为可能，使因材施教和创新性人才培养在大课堂条件下变成了现实。与此同时，网络的便捷及广泛使用也给高校思想政治理论课教师带来了巨大的挑战，教师的应对之法之一则为实施差异教学。

# 第一节 "差异教学"的起源及其发展历程

差异是无处不在的。小时候，老师经常引用源自德国学者莱布尼茨的"One leaf is not as same as another in the world"的这句话：世界上没有两片相同的树叶。个性发展就是要在人的共性的基础上，充分地把人的差异显示出来，从而使每一个人都具有高度的自主性、独立性与创造性。个性发展是现代社会发展和建设创新型国家对创新性人才培养的必然要求；是人的全面发展的内容和基础；是以人为本的科学发展观的要求。一个全面发展的人，首先是一个个性得到充分发展的人，其次才是一个社会性与个体性相统一的人。人的全面发展是以每个人的自由个性的充分发展为基础和前提条件的。离开了每个人个性的充分发展，人的全面发展就会沦为一句空话。

在一个教室之中，每个学生个体都有自身的独特性，彼此之间存在着显性或隐性的差异。作为教师如果想要使自己的课堂获得最大效能，就要在教学的各个环节根据学生的性格特点、学习风格等差异进行有区别的教学与辅导，让每个学生都能最大程度地获取知识、培养能力、提升素质。

教育的根本目的在于最大限度地激发个人的潜能，使人内部的灵性和可能性最大限度地生成。思想政治理论课的教育对象——大学生，他们在学习风格、兴趣爱好、个性气质、家庭背景等方面都存在着差异，教学只有满足其不同的需求，才能促进其更好地发展。然而在现实中，无视学生的个别差异，用统一的教材、教法来教授所有的学生，用统一的评价标准来要求所有学生的状况比比皆是。

虽然在中国的不同城市、不同学校陆续出现了关注学生个体差异的各种教学实验方法，但是，高校"重科研、轻教学"的普遍导向使得大学教师很少像中小学教师那样致力于教育理论和教学法的学习和钻研，很多思想政治理论课教师对差异教学缺乏全面、详细的了解，在此笔者对差异教学的起源和发展历程做一个较为系统的综述。

## 一 "差异教学"的起源

"差异"与"差别""不同"意思相近。从词源来看,"差异"一词源于"差"和"异"两个单因子的合并。在古代汉语中没有"差异"一词,"差"和"异"是分开使用的,"差"即差别,"异"即不同,二者意思相近。近现代以后,随着汉语由单音词为主向以双音词为主的转变,"差"和"异"被合二为一,形成"差异"一词,意为差别,不同,并得到广泛使用。①《现代汉语词典》中对"差异"一词的解释是:差别,不相同。② 哲学上所说的差异,又叫差别,是表示事物相互区别和自身区别,在哲学上就是矛盾的特殊性。事物是普遍联系的,哲学上所说的矛盾的普遍性和特殊性的关系实际上也就是我们通常所说的共性和个性的关系。本书所讲的差异多指学生的个体差异,是指学生在参与课堂教学活动中所展现的相对稳定的差别。

一般认为,差异教学是 20 世纪 80 年代末在我国流行的一种新的教学法,但差异教学思想产生和发展的历史却源远流长。

(一)差异教学在西方的起源

古希腊哲学家、教育家们将人与"神"进行对比,认为人的德性总是处在不断完善的"途中",对人的理性满怀期待。人只有"爱智慧"的权利,强调人在主观上应注重对理智、理性的培育。

苏格拉底最早提到学生的个体差异。著名的古希腊哲学家、思想家、教育家苏格拉底认为只有"理智"才能使人明辨是非,才能做一个有道德的人。因此,他指出"知识即美德",苏格拉底将道德建立在知识的基础上,使道德成为理性、认识、科学的对象。但苏格拉底所谓的"知识"指的是普遍的理性之知,而最高的理性之知便是普遍的共相,即"善的理念"。在苏格拉底看来,对人的品德的培育,就是培养人的理智,因为人只有通过理智才能去把握那个原本就潜藏于人们意识中的"善的一般原则",即"普遍的共相",从而成

---

① 曾继耘:《差异发展教学研究》,首都师范大学出版社 2006 年版,第 69 页。
② 中国社会科学院语言研究所词典编辑室编:《现代汉语词典》(修订本),商务印书馆 1983 年版,第 129 页。

为有道德的人。苏格拉底将自己的教学方法形象地比喻为"产婆术"。"在方法上,他把对善、精神的思辨考察放在一边,而特别注意在行动中去认识善。这就是苏格拉底的方法——精神接生术。"① 苏格拉底认为行动是千差万别的,所以对每个人的教育需要使用不同的方法。他对获得问题的过程和方法,以及在获得问题答案过程中判断力的关心,远远超过对问题答案本身的关心,他启发受教育者根据已有的知识进行独立的思考,不断发展自己的思考,得出自己的结论。

柏拉图把教育对象差异化。柏拉图是苏格拉底的得意门生,是个理念论者,认为每个人都有灵魂,而且只有灵魂才会把握"善的理念"②。"相信每个人的灵魂里有一个知识的器官,它能够在被习惯毁坏了之后因学习而除去尘垢,恢复明亮。维护这个器官比维护一万只眼睛还重要,因为它是唯一能看得见真理的器官。"③ 他的"灵魂回忆说"认为:"人追求着它的善,但是唯有它的由于德性而保持良好的灵魂才能认识这种善,因为人的灵魂有与肉体不同的生活。灵魂曾经生活在本真的世界,认识善理念,如果它在人的肉体生命的生活中被保持良好,它能通过回忆认识人的生活的善,因为人的生活的善仅仅是因为有善理念才是善的。这个善理念,作为人的生活的善被我们看作善的原因,是我们的肉体生命不能够经验的。"④ "我们讲的教育,是教导一个人怎样正确地统治和服从,它的目的在于美德。"在《理想国》中,他认定公民应该分为三个阶级:普通人、士兵和卫国者(统治者)。统治者的德性是智慧,必须通过哲学训练来培养;士兵的德性是勇敢,其职务是防御;普通人包括农业生产者、手工业者和商人等以生产物质财富为其职能。一个国家的各个阶级,无论是从事工业、军事和守卫,做自己的工作,坚守自己的岗位,国家就会实现正义,每一个人都应该在国家中有一种职业,这种职业应该是最适

---

① 李朝东:《西方哲学思想》,甘肃人民出版社 2000 年版,第 79 页。
② [古希腊] 柏拉图:《理想国》,郭斌和、张竹明译,商务印书馆 2002 年版,第 276 页。
③ 同上书,第 292 页。
④ 廖申白:《对伦理学历史演变轨迹的一种概述》,《道德与文明》2007 年第 1 期。

合他原有的能力的。①

亚里士多德十分注重人与人、人与动物的差异。亚里士多德认为:"人的功能,绝不仅是生命,因为植物也有生命。我们所求解的,乃是人特有的功能。因此,生长养育的生命,不能算作人的特殊功能。其次,有所谓感觉生命(感觉经验)也不能算作人的特殊功能,因为马、牛,及一切动物也具有。余下,即人的行为根据理性原理而具有的理性生活。"② 亚里士多德十分关注自由民的教育,对奴隶是不关注的。他认为,给同样的人不同的待遇,给不同的人同样的待遇,都是不公平的。

卢梭认为教育方式因教育对象而异。"出自造物主之手的东西,都是好的,而一到了人的手里,就全变坏了。"③ 教育只能适应个体差异,不能改变或超越个体差异,从而走向另一极端。他在《新爱洛伊丝》中写道:"'有的人本性需要翅膀,有的人需要枷锁';'有的人应受鼓励,有的人必须受约束。'"④ 在对"人"的教育上,卢梭认为应该按照儿童的天性来教育儿童,并将儿童的教育完全交由自然法则,对于儿童道德的培养主要是发展儿童天性中本身就存在的善性,给儿童以自由,培养其个性。在对"公民"的教育上,卢梭则主张必须取消每个人自然意义上的差异,要求统一性,并且主张由国家来管理国民教育。

古代罗马教育家昆体良(Marcus Fabius Quintilianus)则倡导因材施教,他在培养真正的雄辩家的过程中,提出了注重差异的教学方法。他深信每一个儿童都具有才能上的个别差异,那么在教学过程中,教师就要找到这些差异,在此基础上才能展开教学,在教学过程中要"善于精确地观察学生能力的差异,弄清每个学生的天性的特殊

---

① [古希腊]柏拉图:《理想国》,郭斌和、张竹明译,商务印书馆2002年版,第150—157页。

② 苗力田主编:《亚里士多德全集》第8卷,中国人民大学出版社1992年版,第27页。

③ [法]卢梭:《爱弥儿——论教育》上卷,李平沤译,商务印书馆2004年版,第1页。

④ 转引自渠敬东《现代社会中的人性及教育:以涂尔干社会理论为视角》,生活·读书·新知三联书店2006年版,第57页。

倾向",并且强调教师的重要性,"人们通常认为这是教师的优良品质之一,这是有道理的,因为各个人的才能的确有着不可思议的差别,人心之不同,各如其面。"① 教师通过对学生差异的了解来判断是否适合将学生培养为真正的雄辩家,并安排相应的课程,这种观点虽然与现在的教学理念不尽相同,但是,必须承认昆体良早在那时就已经有了差异教学的理念。

现代教育理论创始人夸美纽斯(Comenius, Johann Amos)提出"自然适应性原则"。夸美纽斯认为,秩序是事物的灵魂,世界之所以稳定与和谐正是有了秩序的缘故,这里所说的"秩序"即普遍规律。认识乃是自然的一部分,因而人类的一切教育都要遵循自然的领导,服从自然的安排。所谓教育适应自然,就是教育必须遵循自然界的普遍规律②。在这一思想的指导下,夸美纽斯也提倡因材施教,但他所关心的只是儿童年龄差异这一自然领域的差异,所以夸美纽斯强调的是根据儿童的年龄阶段去安排相应的课程,不能安排与学生的年龄段不相符合的课程内容,但是他忽视了在同一年龄段的孩子之间还存在着其他方面的个体差异,显然这些差异并未纳入其研究视野。

(二)差异教学在中国的起源

孔子主张因材施教。宋程颐曾说:孔子教人,各因其材,有以政事人者,有以言语人者,有以德性人者。经后人实践与发展概括为"因材施教"。所谓"材",即资质、天赋,体现人的个体差异。《教育学辞典》中定义"因材施教"为"在共同的培养目标下,根据受教育者的能力、特长、性格、原有基础等具体情况的不同,提出不同的要求,给予不同的教育"。③《教育大辞典》(简编本)中因材施教的内涵包含三个方面:一是教育目标明确,二是兼顾学生的个性特点,三是教育措施要有针对性。④ 笔者认为,因材施教是指了解和把握学生的智力、性格、认知方式等差异,引导差异,针对差异组织教学,培

---

① [罗马]昆体良:《雄辩术原理》,任钟印译,华中师范大学出版社1983年版,第43页。
② 贺国庆:《外国教育史》,高等教育出版社2009年版,第121页。
③ 张念宏:《教育学辞典》,北京出版社1987年版。
④ 顾明远主编:《教育大辞典》(简编本),上海教育出版社1999年版。

养学生的个性，使学生得到个性化发展。

中国第一本教育专著《学记》认为，学生学习中存在着贪多求全、浮躁轻心、畏难不前等问题，这是由学生个性心理差异造成的（"心之莫同"），而教师的职责便是把握学生的个性差异，长善救失。因材施教的实质是长善救失，与现代教育中强调扬长补短，培养和改造相结合的思想十分接近。

全面了解学生的个性差异，是教师进行有效教学、学生获得个性化发展的重要前提。教师有针对性地教学，是适应学生个体差异，使学生获得个性化发展的重要手段。

在孔子看来，每个人的智力、性格都存在着差异。"听其言而观其行"（《论语·为政》），按照学生智力水平，把学生大致分为"上智""中人""下愚"（《论语·阳货》），然后根据学生才能的高低进行教育："中人以上，可以语上也；中人以下，不可以语上也。"（《论语·雍也》）孔子弟子中，既有"闻一知十"的颜回，又有"闻一知二"的子贡，智力水平参差不齐。智力较低甚至于"下愚"的学生，只能教给与他们智力水平相符的知识，否则，"欲速则不达"。

孔子认为，学生的个性特点、兴趣爱好千差万别，因此教学的方法应有所不同，教学的内容应各有侧重。所谓"知者乐水，仁者乐山；知者动，仁者静"（《论语·雍也》）。弟子中，颜回好仁，子路好勇，子贡好商，冉求好政。孔子根据其不同的兴趣爱好分别设立德行、言语、政事、文学四科，使其特长都得到充分发挥。如《论语·先进》篇，由于子路"好勇过我"，遇事鲁莽，孔子就给他泼点冷水，告诫他凡事要谨慎考虑，多听他人的意见再行动；由于冉有胆小怕事，遇事退缩无主见，孔子就鼓励他果敢大胆地行动。

《论语》中，子张、子路、子夏、子贡、仲弓都曾向孔子"问仁"，孔子根据每个人的不同个性予以解答，表现出对弟子个性的宽容和尊重。例如：颜渊问仁。子曰："克己复礼为仁。"子贡问仁。子曰："工欲善其事，必先利其器。居是邦也，事其大夫之贤者，友其士之仁者。"（《论语·卫灵公》）子张问仁于孔子。孔子曰："能行五者于天下，为仁矣。""请问之。"曰："恭、宽、信、敏、惠。"

(《论语·阳货》)颜渊问"仁",孔子回答三句话:"克己复礼为仁""一日克己复礼,天下归仁焉""为仁有己,而由仁乎哉?",不仅回答了"仁"就是克己复礼,还进一步说明一旦克己复礼了就会怎么样及如何成为一个仁人。仲弓问"仁",孔子的回答仍是三个层次:"出门如见大宾,使民如承大祭。""己所不欲,勿施于人。""在邦无怨,在家无怨。"司马牛问"仁",孔子回答只有一句:"仁者,其言也切。"是针对司马牛说话不谨慎的缺点而言的,表面看是一番对话,实则是一番教训。樊迟三次问"仁",得到的回答分别是:"爱人""仁者先难而后获,可谓仁矣""处世恭,执事敬,与人忠,虽之夷狄,不可弃也。"

不同年龄的学生有不同的需要,应区别对待。孔子还根据学生的年龄特征、兴趣爱好进行差异教学。孔门弟子年龄参差不齐,有与孔子年龄相仿的,如秦商、子路;有与孔子差一代的,如颜回、子贡;也有差别特大的,如子张、子骄。孔子说:"君子有三戒:少之时,血气未定,戒之在色;及其壮也,血气方刚,戒之在斗;及其老也,血气既衰,戒之在得。"(《论语·季氏》)孔子说:"君子有三个方面需要戒备:年少的时候,精力还没有稳定,要戒备因为美貌而产生的感情和欲望;等到壮年的时候,精力正是旺盛的时候,要戒备争斗;等到年老的时候,精力已经衰弱,要戒备贪得无厌"[①],对三类学生他分别提出了应注意的方面。

从孔子的教学经验可知,知"材"才能做到不"失言"、不"失人",只有全面了解学生之间的个体差异,教师才能明白学生的需求,做到心中有数,对症下药。"圣人"与"君子"一直是中国人心目中具有很高境界的人格形象,受到大家的敬仰。孟子讲:"人皆可以为尧舜",荀子也说:"涂之人可以为禹",然而,成为一个圣人对于一般人而言毕竟是一个难以达到的理想境界,故中国人之教育,其目的实际上是培养出人人敬仰的君子,而非具有某些神性的圣人。对于"君子",孔子"君子不器"堪称字字珠玑,深刻地揭示出"君子"

---

① 程争艳:《基于多元智能理论的因材施教》,《内蒙古教育》2008 年第 2 期。

的本质，同时也展现出中国教育之目的。

墨子主张教学要根据弟子的水平程度和能力强弱有差异，不能"一视同仁"。墨子十分注重诱导，注重发挥学生的特长，即"能谈辩者谈辩，能说书者说书，能从事者从事"(《墨子·耕柱》)，以"谈辩""说书""从事"三层面体现了职业教育的内容，强调办学的特色，各尽所能，为社会培养各类人才。墨子认为，最重要的是培养什么人和如何提高人的素质，他要求弟子不仅成为具备技艺和各种专业知识的实干人才，而且还要成为高尚道德情操的"兼士"，以实现教育治国的目标。墨子在中国教育史上首次提出了逻辑思维能力的学习和培养，他认为学习知识重在明察事物所蕴涵的道理，重视逻辑思维能力的培养，"事无终始，无务多业；举物而暗，无务博闻"(《墨子·修身》)。墨子主张通过教育与生产劳动结合的方式，形成其具有"兼爱""交利"品质的"兼士"之教育目的有效途径的思想萌芽，对当今的高等教育也有启迪作用和借鉴意义。①

庄子则主张顺其自然，"凫胫虽短，续之则忧；鹤胫虽长，断之则悲。"(《庄子·外篇·骈拇》)在他看来各扬其长各避其短，才能终得其所。

孟子强调教学方式的变化。孟子认为：因为学习环境的不同，人的发展会不同，教育要根据学生的特点和所处的不同环境，分别给予不同的教育方法。孟子把学生分为五种类型，有的只要点化一下，有的重在德行修养，有的需要发展才智，有的需要解答疑问，有的则需要以"私淑弟子"的方式进行间接教育。

韩愈在《进学解》中一方面强调博学，另一方面又主张"提要钩玄"。由博返约，以约驭博，是相辅相成的两个方面。

明代学者王阳明把育才与植树紧密联系在一起思考，注重人才的自然实质。比如种树，刚刚萌发的嫩芽，只能施一点水，待其长到合抱大树，方能多浇水。"人的资质不同，施者不可躐等。"譬如良医治病，要依病处方，若不问何症，强用一方，不仅病不能除，反会把

---

① 刘丽琴：《墨子教育思想的独特性对现代高等教育的启示》，《中国成人教育》2010年第12期。

人治死。医生要对症下药,教师更须因材施教。

清初学者王夫之更重视教育的辩证法。他说:"教思之无穷也,必知其人德性之长而利导之,尤必知其人气质之偏而变化之。"又说:学生之间的个体差异是"质有不齐",有刚有柔,有敏有钝;"志量不齐",有大有小;德性不同,有优有劣;知识不同,有多有少,因此教师施教时必须"曲尽人材,知之悉也。……顺其所易,矫其所难,成其美,变其恶,教非一也,理一也。"①

(三)差异教学起源在西方和中国的比较

随着西方哲学史上一个里程碑式的创举——"逻各斯"概念的提出,规律、确定性、逻辑、理性成为西方文化的一个主轴。逻各斯在赫拉克利特这里不仅具有客观规律的含义,同时也具有主观理性的含义;并且,逻各斯的客观含义(规律或秩序)与主观含义(理性或智慧)是统一的,所谓理性或智慧就在于对客观规律或秩序的认识和把握。到了巴门尼德,他最终完全抛弃了感性,提出只有存在才能作为世界的本原。巴门尼德的"存在"抽掉了一切感性特征和数量规定,要把握世界的本原只能由理性思辨和逻辑来把握。巴门尼德明确区分了理性认识与感性认识两种求真途径,感性认识被认为是不可靠的,只有理性认识才是可靠的。之后的古希腊哲学持续发展,丰富了哲学的范畴种类,也制造了诸多范畴之间的二元对立,范畴的丰富与系统化为知性思维提供了基础。有学者认为西方哲学不重主体性,而重客体性。"它大体是以'知识'为中心而展开的。它有很好的逻辑,有反省知识论,有客观的、分解的本体论与宇宙论,但是它没有好的人生哲学。"②

苏格拉底处于雅典的民主制时期,是当时知识最丰富的人之一,雅典文化具有十分明显的"知性特征",注重思维的严密性、逻辑性,强调逻辑与思辨。苏格拉底教学时通过层层设问帮助学生理清思路,从而得到新的认知和认识到原有知识的谬误,进而激发自己进行更深入的思考。教育不是给予,而是提醒和暗示,通过外在的提醒与

---

① 常志明:《因材施教的价值》,《山西教育》(教学)2010年第3期。
② 牟宗三:《中国哲学的特质》,罗义俊编,上海古籍出版社2007年版,第4页。

暗示而得到内在的自我生长的过程，他从不强迫别人相信他的判断，而总是诱导别人说出他没说出的话，他把这种方法称为"产婆术"，因为产婆能为孕妇接生孩子，却不能代替孕妇生孩子。他认为只有别人说出来才能证实真理的普遍性。苏格拉底采用"问答"的方式与"暗示"的技巧，不断的瓦解、动摇人们头脑中已经形成的某些固定的、一般的观念和思想，再从具体的事例入手，通过比喻的方法而上升到一般的原则，最终使潜藏于人们意识中的概念明确呈现出来。苏格拉底这样做的目的是："他教导希腊人打破日常具体意识的局限性，以便超升到普遍的逻各斯"①。苏格拉底、柏拉图主张的"哲学王"的教育路线在古希腊遭到了失败。亚里士多德把"保持城邦的善"称为一种"政治生活"，并认为其价值是高于个人德性的，因为"一种善即或对于个人和对于城邦来说，都是同一的，然而获得和保持城邦的善显然更为重要，更为完满"。②

东西方思维方式的这种差别，可以从历史文化、学术思想史、教育史中找到答案。有学者将孔子和苏格拉底进行比较："孔子启发式教学的本质含义在于引导学生思维并使其领悟，具体方法有'扣其两端'、旁敲侧击、循序渐进、举例类推，特点在于强调学生学习的积极性和主动性，重视启发的时机和'度'，学思结合，教学相长。苏格拉底的助产术旨在通过讥讽、助产、归纳、定义四个步骤获取先验性的、普遍性的知识，强调思维的逻辑性。"③孔子处于中国古代专制社会，当时政治与道德准则是接受而非讨论的对象，是信仰而非研究的对象。教育所要做的不是探究知识本身，而是如何将圣贤传给我们的知识落实到实践，强调的是直觉、感情和经验。上文所总结的《论语》里，孔子弟子七次问"仁"，但孔子的回答每次都不相同，他并不追求一条要永远要站得稳的原则。对什么是"仁"都没有确定的答案，说出来的都是相对的、不确定的、不可依靠的。而对怎样

---

① 邓晓芒：《思辨的张力——黑格尔辩证法探析》，商务印书馆2008年版，第31页。
② [古希腊]亚里士多德：《尼各马可伦理学》，苗力田译，中国人民大学出版社2003年版，第2页。
③ 参见朱智斌、杨伟东《孔子启发式教学与苏格拉底助产术之比较》，《江苏师范大学学报》（哲学社会科学版）2017年第1期。

才能做到仁，却有着丰富的、因人而异的论述和见解，他注重的不是"是什么"而是"怎样是"，在孔子看来既然问"仁"，就意味着一个人想要成"仁"，所以孔子的教导只对于那些想要成为"仁"人的人才有意义，而对于甘做小人的人来说不存在对话的基础。

孔子虽然并不认为自己是"生而知之者"，他是学而知之者，在对话时，他是以学成者的身份来高居于他人之上的。尽管还要"学而时习之"，但在对话时是不需要学习的，只要教育。他也曾说"知之为知之，不知为不知，是知也。"（《论语·为政》）但他对知识并不是一种反思的态度，他不像苏格拉底把对话当作双方一起来探求真理的一个过程，而只是当作传授已知知识的方式。孔子说话的态度虽然是谦虚的，但那种谦虚是有压力的，在精神上是居高临下的。儒学经典《大学》中的"大学之道，在明明德，在新民，在止于至善"，被儒家视为实现"内圣外王"的道德政治理想的纲领，将内在（天赋）的道德"良知"外化为治国平天下的"善行"，强调"穷理以致其知，反躬以践其实"的知行合一，达到"至善"的境界，与亚里士多德将"保持城邦的善"作为实践的最终目的，在价值取向上是一致的。

中国传统文化包含了丰富的探讨人生意义、伦理道德的学问。牟宗三把中国哲学中的"人"与人的"教育哲学"特征概括为"主体性"（Subjectivity）与"内在道德性"（Inner-morality）。他认为中国思想的三大主流，即儒释道三教，都重主体性。然而只有儒家思想这主流中的主流，把主体性复加以特殊的规定，而成为"内在道德性"，即成为道德的主体性。中国哲学"没有西方式的以知识为中心，以理智游戏为特征的独立哲学，也没有西方式的以神为中心的启示宗教。它以'生命'为中心，由此展开他们的教训、智慧、学问与修行"[①]。"修身为本，内圣外王，知行合一，躬行实践"是自古以来中华民族思想史上一直传承的实践观，也是教育实践中一直秉持的教育理念，其所关注的问题是个人修为与道德—政治教化。冯友兰也指出，"中国的儒家，并不注重为知识而求知识，主要在于求理想的

---

① 牟宗三：《中国哲学的特质》，罗义俊编，上海古籍出版社2007年版，第5页。

生活。求理想的生活，是中国哲学的主流，也是儒家哲学的精神所在。"①

苏格拉底和孔子在中西文化各自的传统中，占据着非常重要的地位，在教育、哲学、伦理道德等方面都对后世有着深远的影响，因此彼此在言说时所体现出来的对话方式的差异无形中也在中西的课堂教学中略见痕迹。中国人的思维特点是重视直觉、情感与经验，有利于差异教学的开展；而知性思维的抽象化、对象化、绝对化无疑会导致"绝对不相容的对立中思维"，认为"是就是，不是就不是；除此之外，都是鬼话"（《圣经·马太福音》）。

无论是苏格拉底、柏拉图还是亚里士多德，均主张人是一种理智性的存在，教育并非以人为目的，或者服务于国家的需求，或者为了满足上帝的要求，人总是处于从属地位，总是为了某一超越的目的片面发展自己某一方面的能力（如认知能力），在西方自然科学中所体现的专业化、专门化的倾向就是"外在的超越性"与"意识性"这一传统的继承，知识内容分门别类，各有其研究的领域，每一领域又有严格的界限。由于西方理性主义的发展，尤其是对人类意识的强调，而这种意识又是"一种我与非我、灵魂与肉体、内在世界与外在世界以非此即彼方式二分的意识，即科学的存在论意义上的意识"②，对于我们而言，始终是由于我的意识才显现出我的存在，故"意识"而不是"人本身"成为西方哲学的根本。由于西方对这种科学的存在论意义上的"意识"的强调，其认识论、逻辑学得到充分的发展，科学分析的方法成为大家普遍接受的方法。这样，知识的分类日渐细化，知识的传授也分门别类，日趋专业化。这种重"意识"的理性主义传统又与"外在超越"的倾向经常同时起作用、相互促进，对于专业化、专门化的追求也越走越远。依托于传统存在论及形式逻辑的知性思维必然伴随着抽象化、外在化与对象化的思维缺陷，黑格尔批判地继承了知性思维，提出以思辨思维来关照世界。

马克思指出："人的思维是否具有客观的真理性，这不是一个理

---

① 李兵：《哲学：作为本质意义的人学》，《学术探讨》2014年第1期。
② 参见张再林《作为"身体哲学"的中国古代哲学》，《人文杂志》2005年第2期。

论的问题,而是一个实践的问题。人应该在实践中证明自己思维的真理性,即自己思维的现实性和力量,自己思维的此岸性。"① 概而言之,强调全部社会生活在本质上是实践的,强调物质生产实践活动的基础地位,强调实践改变世界而解放人的价值目标,强调实践在发展和检验理论上的重要作用,是马克思实践观的鲜明特征,并由此在世界上产生了巨大的影响。马克思哲学的实践智慧通过把握实践内在的感性逻各斯来理解世界,通过人的现实生命境域出发理解人的内在的方面,通过非对象化的领会生活使实践内在生发善的伦理关系,是建构思想政治理论课差异教学本体论的坚实基石。

## 二 "差异教学"的发展历程

从"差异教学"的起源我们可以看到,尽管我们常常将差异教学视作一种新的适应时代要求所出现的一种教学理念,是一种新的教学模式,但是纵观中外教育发展的历史,我们发现,尽管系统的、明确的关于差异教学的概念出现得很晚,但是许多伟大的教育家们的教育学说中都或多或少地包含着一些关于差异教学的教育理念,正是这些理念让我们看到了差异化教学对于学生发展的重要意义,并促使我们将之付诸实践。"差异教学",就是尊重学生的个体差异,满足学生有差异的需要,通过有差异的评价,实现学生有差异的发展。这一概念提出后,无论是在国内还是国外,都经历了较为漫长的一段发展历程。

(一)国外"差异教学"的发展历程

在崇尚个性解放的西方社会,强调人的差异性,注重人的全面发展,这是西方社会的总体的文化背景。但是,尽管崇尚人性,但在教育领域真正以受教育者为主体的教育理念仍然经过了较长的发展过程才得以确立。

谈到西方"差异教学"的起源及发展,就不得不提及西方"文艺复兴"时期,在理性主义的影响下,人们从宗教神学的束缚中摆脱出来,获得了人性的解放。但是,人们太过相信自己的理性可以做到

---

① 《马克思恩格斯选集》第 1 卷,人民出版社 1995 年版,第 58—59 页。

一切事情，受着机械因果规律的支配而缺乏主观能动性。因此，这种理性支配体现在教育上就成了走向两种极端的教育方式。

一种是受自然主义支配的教育模式，以卢梭为代表。尽管在卢梭的教育思想中强调了要按照孩子的天性来展开教育工作，但是他也强调人最好的本性就是自然本性，而教育的目的就是为了保护人的自然天性不受污染，所以他倡导回归自然状态，进而发展成放任自流的教育模式。另外一种则是受理性主义支配的教育模式，以赫尔巴特为典型。赫尔巴特反对卢梭"对人的教育要放任自流"的观点，认为尽管每个孩子都有着各自的天性，但人的天性是具有可塑性的，所以需要教师提供系统的知识，进行系统的教育。教师在班级授课中，应该"尽可能明确地检验出他们水平的参差不齐情况，以便按要求作更好的调配，并避免班级人数太多"①。从这里可以看出，赫尔巴特同样也看到了学生之间的差异性，但是他并没有意识到学生之间差异的重要性并利用差异，而是将教师置于一个神圣的地位，认为在教学过程中"学生对教师须保持一种被动的状态"②，这就使得学生完全处于被动的地位，而教师成为了教学过程中的绝对主体。

这些教育方式显然都是与人的发展相背离的，科学的进步使得社会对教育的要求越来越高，如何培养出更加适合社会发展的人，一种对理性主体的批判反思开始了，随着教育民主化思潮及个性化教育的发展，人们开始越来越多地反思传统教学整齐划一、压制学生个性发展的弊端，积极探讨面向每一个学生的差异教学理论，差异教学作为一种教学实践开始萌芽。

19世纪末20世纪初，伴随着传统教育模式的弊端越来越多地凸显出来，阻碍了资本主义社会生产的需要，出现了对传统教育模式大规模的批判，其中蕴含差异教学思想的首先就是以美国的著名哲学家、教育家杜威（John Dewey）为代表的进步主义教育思想。杜威提倡教育从儿童的天性出发，他严厉批判了以赫尔巴特为代表的传统教

---

① ［德］约翰·赫尔巴特：《普通教育学》，李其龙译，人民教育出版社1989年版，第371页。

② 同上书，第146页。

育理论，认为教育应该发生一场变革，将变革的重心转移到儿童自身，强调尊重和发展儿童的天性。而在此基础上，杜威也十分重视儿童之间存在的差异，并强调利用这些差异来教育儿童，"只要千篇一律地对待儿童，就不可能建立一个真正科学的教育学。每个儿童都有很强的个性……教师只有熟悉每一个学生，她才有指望理解儿童，而只有她理解了儿童，她才有指望去发展任何一种教育方案，使之或者达到科学的标准，或者符合艺术的标准"①。

作为实用主义的重要代表人物，杜威还特别强调人的发展与社会发展之间的关系。杜威的主要观点是人的发展要适应社会发展的需要，而杜威生活的年代正是美国工业化生产的大繁荣时期，杜威所强调的学校教育都是为工业化生产服务的，所以，他着重强调的是人的认知因素，强调的是人在知识层面所受到的教育，而忽视了教育对人的情感的发展所起的作用。杜威现代教学论认为：学生的个人生活经验、直觉体验、学习积累是我们教学应该关注的起点。从学生经验出发，通过丰富、扩展学生直接经验的方式来学习人类文化知识，并最终走向对知识的系统掌握。教学需要去关注学生的已有经验，关注学生已有经验与学科知识的联系。从传统教育注重"知识的传递"到"经验的改造"，教学不是学生配合教师传递知识，而是教师引导学生进行经验的改造。教材不是客观的可以流动的知识，而是长期积累的人类经验。教材不仅仅是学习的材料，而是"经验的理智发展的方法和目的"。教师不是知识的搬运工，而是学生经验的改造者，他的作用不是传授知识，而是帮助学生改造经验，是用教材所体现的人类经验来扩充、丰富、发展学生的已有经验，同时实现自己经验的提升和改造。学生不是空的接受知识的容器，学生拥有个人的经验、常识，需要教师借助教材经验帮助学生加以理性的分析，用人类的经验来扩充、丰富、拓展学生有限的个人经验，实现学生经验的改造。学生通过主动对自己的经验进行加工、改造，从而实现自己的个人经验、教师的经验和人类的集体经验之间的创造性转化和沟通。

---

① [美]杜威：《学校与社会明日之学校》，赵祥麟等译，人民教育出版社1994年版，第297页。

作为著名的教育学家，杜威的"儿童中心论"对社会发展具有重要意义，它使得许多学者将关注的中心转移到了受教育者身上，并且教育学、心理学等学科都开始关注受教育者的发展，也有了对差异教学的初步尝试，尽管有的以失败告终，但这些努力都为差异教学模式的发展奠定了重要的基础。

20世纪初，随着各国义务教育的逐渐普及，大量学生涌入学校，学生的多样化对既有的班级授课制提出了挑战，随之而来的就是应对之策。在这一时期，针对学生差异的个别教学理论和实践，有美国教育家伯克（Burk）在美国圣弗朗西斯科州立师范学校尝试进行的个别化差异教学；20世纪20年代，伯克的学生沃什博恩（Washbume）提出的个别化教学理念，引起了当时教育界的瞩目和世界的广泛关注，这种个别化教学与差异教学相似，都是注重学生的差异性从而实施教学，而个别化教学的特点就在于其精细化，真正以学生所需为中心来展开教学，但由于个别化教学需要投入大量的人力财力再加上管理不当等因素，其效果差和成本高等问题使其在20年代末陷入低潮，也为差异教学的后继者提供了前车之鉴。

20世纪30年代初，苏联心理学家维果茨基（Lev Vygotsky）首次将"最近发展区"概念引入儿童心理学的研究。他认为，儿童有两种发展水平：首先是儿童已有的发展水平，即由一定的已经完成的发展系统所形成的儿童的心理机能的发展水平，比如儿童已经掌握的某些概念、理论等；其次就是儿童即将到达的发展水平。在这两个水平之间的差异就是"最近发展区"。维果茨基强调，教育不应该只关注儿童现有的水平，也不能对儿童的发展有过高的要求，而应该将重点放在儿童的"最近发展区"内。而每个人的"最近发展区"，也与学生的个体差异有关，是因人而异，各不相同，而且也会不断变化。这种在心理学上的对于学生差异的研究，为差异教学提供了重要的实证依据，也体现了差异教学的重要性。

20世纪50年代末起，很多国家开始大力发展"天才教育"，培养卓越人才。强调对天才的教育，也是一种对不同智商的儿童采取差异教学的典型。1961年，美国学者沃德·维吉尔（Virgil S. Ward）在其"天才教育"的研究中首次提出了"差异教育"一词，围绕这个名词，他设计了一系列原则来引导差异化的课程设计，以激发那些表现出众学生的思维和能力。1972年，沃德发表了《天才儿童的差异教学教育》一书，在书中正式提出了"差异教学"的概念，从此开始了当代教育史上"差异教学"的探索历程。值得注意的是，这一时期的"差异教学"是面向所谓"天才儿童"的教学形式，为某方面有极高天赋的学生所设立，并未涉及全体学生。但是美国斯坦福大学著名心理学家推孟（Lewis M. Terman）根据儿童智力测量表筛选出1400个天才儿童进行了数十年的追踪，结果发现这些最优秀的儿童长大后并没有比别人更有成就、更幸福。这一研究发现，使70年代的心理学界和教育界开始反省"天才教育"的意义。"天才教育"所带来的问题，也为差异教学的完善提供了深刻的教训：仅仅通过智商来衡量学生之间的个体差异，是否科学？"天才教育"实施的结果表明其并不符合人的发展规律。差异教学需要更加科学、符合人的全面发展的教育理论和心理学理论来支撑。

20世纪中后期，伴随着人们主体性意识不断增强，比较典型的就是一大批存在主义者开始思考"人"本身，在此影响下，人本主义的教育思潮开始盛起，其主要代表人物是人本主义心理学家罗杰斯。罗杰斯对传统的教学，尤其是只重视书本、知识上的认知教育而忽视学生的接受程度和全面发展，使学生的好奇心和兴趣被扼杀的弊端进行了深刻批判。在此基础上他提出了"以学生为中心"的思想，强调教学要形成学生独立自主的个性，促进其创造力不断提高。罗杰斯思想的重要意义在于他批判了传统教育注重知识和认知而忽视学生的情感需求，强调教育要回归到学生自身，培养"自我实现的人"。这种"人"是"能自主进行活动，并能对此负责的人；能冷静地选择和决定自己方向的人；具有批判精神，能评价别人所做的奉献的人；能够获取关于处理问题的知识的人；能灵活运用所学的知识和自己的相关经验处理问题的人；能很快融入新环境的人；具有良好的合作精神的人；不为外部环境所影响，坚持自己的目标工作的人"[①]。从这一系列的教育人的目标可以看出，罗杰斯的教育思想弥补了传统

---

① 田本娜主编：《外国教学思想史》，人民教育出版社1994年版，第453—454页。

教育重视知识教育而轻视情感教育的弊端，不再是以知识获取的多寡来衡量教育的结果，而是真正以培养更加全面发展的人为目标。知识是客观的，而人具有主观性，有情感，有差异，罗杰斯倡导根据每个人已有的经验，展开一种"意义学习"，这种学习就不再是传统的知识的堆积，而是根据每位学生已有的经验展开教学。而要完成这样的教学必然要关注学生之间的差异并展开有差异的教学。但是，罗杰斯太过轻视认知教育，太过强调个人而忽视了社会对学生的影响，这些也给差异教学带来了巨大的提升空间。

如何平衡好学生的知识学习和情感教育之间的关系？如何使人能够得到全面的发展？如何正确认识学生之间的差异？这都是差异教学在发展过程中所要回答的问题。在20世纪80年代之前，传统的智力评判标准将人的智力局限于语言和数理逻辑智能，很大程度上影响了教师的教学设计和教学考核，局限了学生的发展。在此背景下，哈佛大学心理学教授霍华德·加德纳（Howard Gardner）于1983年提出了全新的人类智力结构理论——多元智能理论。随后的二十余年间这一理论深刻影响了美国乃至全世界的基础教育改革进程，也为有效实施差异教学提供了心理学基础。

加德纳将智力定义为"个体处理信息的生理和心理潜能，这种潜能可以在某种文化背景中被激活以解决问题和创造该文化所珍视的产品"[①]。换言之，智力是人解决问题创造事物的一种有效能力，它应当是多元的，每一个人都具有自己的优势智能，几种智能在个体身上往往会有发展不平衡的现象。加德纳所提出的多元智能理论包括九种智能：语言—言语智能、数学—逻辑智能、视觉—空间智能、身体—运动智能、音乐—韵律智能、人际—交往智能、自知—内省智能、自然—观察智能、生命—存在智能。该理论否定了传统的智力测验方式，指出其片面性，给予教师设计差异教学的依据。教师可根据学生优势智能和劣势智能设定不同的教学目标和教学内容，帮助学生制定个性化发展方案。多元智能理论的提出使人们对人与人之间的差异有

---

① ［美］霍华德·加德纳：《智力的重构》，霍力岩、房阳洋等译，中国轻工业出版社2004年版，第42页。

了更加清晰的理解，在理解的基础上，增加了更多发展的可能性，多元智能理论也为差异教学提供了方向上的指导。至此，差异教学理论上的准备基本完备。

1975年美国颁布《残疾儿童教育法》标志着"回归主流"运动开始，在天才教育发展如日中天的时期，残疾人群体也在要求自己享有平等的教育权利。这一倡导让特殊群体回归到普通课堂之中，接受同等的教育，即实现特殊教育与普通教育的"一体化"，从而使特殊儿童更好地适应社会。20世纪80年代以来，迅速发展的社会政治经济形势提出了多样化的人才要求，促使学校变革传统教育方式，而如何兼顾和平衡由低社会阶层和单亲家庭学生、有学习障碍的学生、有色人种和少数民族学生、残疾学生等构成的教育公平问题和培养国家发展急需的高层次卓越人才的教育质量问题，一直是各国关注的焦点之一。正如澳大利亚著名教育学者贝利（Bailey）所说："全纳指的是残疾学生和其他学生一起在普通学校中，在同样的实践和同样的班级学习同样的课程，使所有学生融合在一起，让他们感觉自己与其他学生没有差异。"[1] 但是这种希望明显是不切实际的，"一体化"的教育模式的初衷是好的，但是它看到的只是特殊儿童与普通儿童之间的共同点，但却忽视了他们之间的差异性，特殊儿童有特殊的发展需求，如果得不到满足，在普通班级的学习就会面临众多的障碍。

正是在这样的反思下，1997年美国修订特殊教育法《能力缺陷者教育法》中的最少受限制环境原则和适当教育原则，从法律上强调全纳教育的必要性，并强调全纳教育代表所有能力缺陷学生的利益，提倡老师要为差异而教，这时，人们对"全纳"的理解就有了不同的看法，教育者逐渐意识到，真正意义上的全纳教育并不只是把每个孩子纳入到教育活动之中，更重要的是要尽可能地让有差异的孩子都能够有效地参与到教学活动之中，从而各取所需，达到发展的目的，"全纳教育就是要加强学生参与的过程，主张促进学生参与就近地区

---

[1] Harry Danniels, *Special Education Reformed: Beyond Rhetoric*, London: Falmer Press, 2000.

的文化、课程、社区活动，并减少学生被排斥的过程"①。全纳教育对于差异教学的意义在于尽管它强调的是特殊儿童和普通儿童之间的差异而实行的一种教育理念，但忽略这些明显的差异，在普通学生之间也存在着差异，全纳教育可以说是差异教育的重要经验，全纳教育提倡教师关注所有在学习上有能力缺陷的学生，为"差异"而教，从这一点上可以说，全纳教育成为差异教学的先声。

保罗·伯顿（Paul R. Burden）和戴维·伯德（David M. Byrd）在他们所著的《有效的教学方法》一书中阐述了差异教学的概念和原则。1986年卡普兰（Kaplan）首次把差异教学具体化为内容、过程、成果和环境。1995年汤姆林森（Tomlinson）在《多元课堂中的差异教学》中阐释了差异教学的内涵、特点、理论基础等，并首次提出了在"常规课堂"中面向"所有学生"的"差异教学"，至此，当代教育领域的"差异教学"（Differentiated Instruction）概念正式成型。美国2002年出台的《不让一个孩子落后》法案使美国学生学业成绩的两极分化得到了空前的关注，也成为促进美国中小学差异教学发展的直接动因。

英国在2002年出台了《2002—2006年战略规划》，提出英国教育要为每个人的学习与发展制造良机，释放人的潜力。这意味着人们在反思个别教学所存在的问题的同时，开始寻求常规课堂下所有学生的发展。这一转向不再单纯关注天才学生的培养，而是在班级授课制的常规框架内，将研究视野转向如何促进具有多样差异性的每一个学生的发展。差异化教学不是针对天才学生或部分残疾学生，而是面向所有学生的教学，差异化教学旨在让每一个学生都能得到发展。

美国教育学者汤姆林森（Carol Ann Tomlinson）在21世纪初的差异教学研究领域享有盛誉，被称为是"迄今对差异教学作出最全面研究的人"。自1995年至今二十多年的时间里，汤姆林森关注的差异教学对象从天才儿童转向普通课堂中的多元能力的儿童，更重要的是还将差异教学的对象发展延伸到高中和高等教育阶段，她指出接受高等

---

① Peter Clough and Jenny Corbett, *Theories of Inclusive Education: A Students' Guide*, London: Paul Chapman Publishing Ltd, 2000, p. 62.

教育的学生比中小学生存在更加明显的差异性，他们除了已经形成不同的准备水平、兴趣和学习风格以外，一个班级还有着不同的国籍、民族、种族、经济阶层、年龄跨度等等差异，因此差异教学也是十分必要的，并对高校的课程目标、课程任务和评价等进行了研究与分析。这也为我们研究高校思想政治理论课的差异教学提供了思路。

汤姆林森参与撰写了大量的文献和书籍，阐述差异教学理论，对中国的差异教学研究影响比较大的是《多元能力课程中的差异教学》和《差异教学的学校领导管理》两部著作。汤姆林森从积极寻求匹配学生个体的最佳学习方式和多视角看课堂并正确理解不同个体的学习需求两方面展开有效的差异教学，提出"差异教学的核心思想是，将学生个别差异视为教学的组成要素，教学从学生不同的准备水平、兴趣和风格出发来设计差异化的教学内容、过程与结果，最终促进所有学生在原有水平上得到应有的发展。"[1] 那么具体该如何实施差异化教学，在具体的环节中应该如何做，接下来的研究就主要偏重于实践操作。

首先，教师作为实施差异教学的决策者，其重要性不言而喻，也直接决定着差异教学的成败，若要推动差异教学就要不断提高教师的差异教学决策水平和质量。对于教师的重要作用，汤姆林森有这样的比喻，他认为差异课堂中的教师是交响乐指挥、体育教练和爵士音乐家。交响乐指挥要发挥协调指导作用，指导整个乐队的演奏；体育教练要为全队的每个队员设立训练计划和奋斗目标；爵士音乐家要拥有高超的音乐才能和即兴演奏的激情，使演奏能脱离原本的乐谱而依音乐、乐队和听众的理解与反应即兴发挥[2]。

尽管教师的作用如此之大，但有些研究发现，教师自身对差异教学并没有那么多的信心。比如胡斯恩（Hootsein）1998年的研究发

---

[1] 霍力岩、胡恒波：《英国学前教育标准中的差异教学观及其启示》，《外国中小学教育》2017年第4期。

[2] Tomlinson C. A., Brighton C., Hertberg H., Callahan C. M., Moon T. R., Brimijoin K., Conover L. A., & Reynolds T., Differentiating Instruction in Response to Student Readiness, Interest, and Learning Profile in Academically Diverse Classroom: A Review of Literature, *Journal for the Education of the Gifted*, 2003.

现,虽然90%的高中教师认为实施差异教学决策很重要,但他们的实践改进却很小;50%的被调查初中教师认为他们不会根据学生的准备状态、兴趣和学习偏好采取差异教学,因为他们认为这样做没有必要。舒曼、沃恩(Schumm & Vaughn)等人1995年的研究也发现,相对于特殊教育教师对差异教学的关注,普通教育的教师往往会拒绝采用差异教学。他们或者认为实施差异教学不是他们的事情,或者认为社会不会给每个人提供特殊的照顾,学校要求实施差异教学,是为学生走向社会提供了一个错误的准备,还有的教师视修正课程和调整教学为额外增加的麻烦。[①] 美国当代著名的差异教学研究者黛安·荷克丝(Diane Heacox)在她所著的《常规课堂中的差异教学》一书中认为如果在教学过程教师改变教学的速度、水平或类型,就会满足不同学生的学习需要、学习风格或学习兴趣。在其著作《差异教学:帮助每个学生获得成功》中所倡导的教学策略实用性强,便于教师即学即用,还提供了完整的差异课程单元设计样板,为一线教师开展差异教学提供了有益的借鉴。但是对于应该如何号召教师注重学生差异,为各门课程提供更加科学的教学策略,成为实施差异教学的重要研究难题。

其次,关于差异教学组织形式的研究也层出不穷。为适应学生差异而设计的教学组织形式有:道尔顿制、文纳特卡制、程序教学法、凯勒教学法。尽管这些教学组织形式在实践中遇到了知识传授不够系统等诸多问题,但这些尊重学生差异的教学组织形式,为后来进行差异教学的教育工作者提供了范例。

经过百余年的探索实践,国外的差异化教学取得了良好的教学效果。实验证明,差异教学对提高学生的学习积极性和学习成绩有着极为重要的作用。据资料显示:美国密苏里州的洛克伍德(Rockwood)学校学区,他们的教师在参加相关差异化教学培训后,开始在教学中实施差异教学,随后洛克伍德学校的学生在密苏里州的学区考试中脱颖而出,99%的学生达到学区要求的标准,这一成绩受到该州官员的

---

[①] Pearl S., Differentiating Instruction: A Research Basis, *International Education Journal*, Vol. 7, 2006, pp. 935–947.

公开表扬①。

麦克·亚当斯（Mc Adams）2001 年的研究也发现教师采取的有差异的教学分组对学习困难学生的促进较明显。同样，2007 年美国诺瓦东南大学学生艾弗里（T. S. Ivory）在其博士学位论文中通过半实验的混合研究方法，结合访谈等质性研究方法，从 7 年级选择了部分学习困难学生接受差异教学实验。实验结果表明 22% 接受差异教学的学习困难学生通过了美国的标准参照学历考试（CRCT），而在上一年里只有 11%。② 这些实验说明，差异教学的方式对提高学生的学业水平是有效的。

近几年来，差异教学的教学方式在国外引来了越来越多的关注。2014 年前后，英国相继颁布了《学前教育基础阶段法定框架》（Statutory Framework for the Early Years Foundation Stage）、《学前教育教师标准》（Teachers' Standards（Early Years））和《学前教育者资格标准》（Early Years Educator（Level 3）：Qualifications Criteria），这一系列教育标准的颁布一方面促进了儿童的健康发展，另一方面也对教师方面提出了更加严格的要求。而在这几项标准中，差异教学观被视为学前教育的基本观念和核心规则，"该观念强调教师应对儿童的个体差异进行较为系统的'研究和支持'——研究旨在全面了解每个儿童的发展水平、兴趣需求和学习风格，支持旨在基于获得的信息为每个儿童的个性化发展设计多样化的教育目标和内容，并开展多元化的评价。"③ 这意味着差异教学又延伸到了学前教育领域，不再局限于中小学，为差异教学的实施提供了更多的可能性。

总之，国外的差异教育研究可以说从理论到实践都已经积累了十分丰富的经验和教训，这为中国差异教学研究提供宝贵的财富。但是，在不同的国情下，中国的高等教育也有其自身特点，完全照搬西方的经验显然是不恰当的。我国教育界对差异教学持什么样的态度，

---

① www.rockwood.k12.mo.us/departments/curriculm/diff/glossary.htm-11k.
② 张朝珍、姜文：《差异教学中的教师决策——国外研究述评》，《外国教育研究》2012 年第 10 期。
③ 霍力岩、胡恒波：《英国学前教育标准中的差异教学观及其启示》，《外国中小学教育》2017 年第 4 期。

差异教学在中国有怎样的发展经历,这也是我们需要了解的。

(二)国内有关差异教学的探索

尽管 2000 多年前大教育家孔子就已经提出了"因材施教"的差异教学的重要观点,但我国真正意义上的差异教学的研究起步很晚,而在实践上的尝试也只是以实验为主,并没有在各级学校中得到大规模的推广,大多数学校仍在实施不加区分的、以教师为主的大班式的教学方式,而学生的个性、兴趣和特长并没有在教学过程中受到重视。这是当前我国差异教学的基本情况,就拿 2018 年非常热门的"减负"来说,教育改革的根本目的是促进下一代的成长,是为国家和民族培养一代新人,在经济急剧转型,需要各方面的人才的社会背景下,在世界呼唤多元、尊重差异的背景下,无差别的全体"减负"显然是不合时宜、徒劳无益的。每个学生的天赋不一样、兴趣爱好不一样、志向不一样,甚至和老师之间的匹配度等等共同决定了:每门课既有吃不消的学生,也有吃不饱的学生;每个学生都既有负担过重的课程,也有没有学够的课程。在引导学生形成合理知识结构的前提下,教育者应当容忍那些对学生来说非致命性的所谓"偏科",在这些科目上大力"减负",只要达到最低基准即可,并且要通过切实的改革来保障高考时这些"跛脚"但符合基准的科目不会影响其录取到自己感兴趣或者较为擅长的专业;在学生感兴趣、对他未来发展很重要的科目上要鼓励适当地"加负"。所有的教育改革,都应当始终围绕"人才培养"这个目标展开。随着素质教育的推行,各级各类学校的招生工作越来越科学化、合理化,对教师关注学生差异的要求会越来越高。

21 世纪初,国内有关差异化教学的研究开始盛行。笔者在中国知网(CNKI)上以"差异化教学""个性化教学""分层教学"为主题词进行检索,共搜索到相关文献两万余篇,内容包括基础教育、中等教育、高等教育,以及物理化学语文英语等各个学科差异化教学的研究,总的来说研究成果较为丰富。国内已有的差异化教学的探索和实践大致有三种形式:分层教育、成功教育、研究性学习。

1. 分层教育

20 世纪 90 年代初期,上海率先实施了"分层教育"。分层教育的模式有单班分层模式：即在一个班集体内将学生分为不同的层次进行教学；走班模式：依据学生当前对知识掌握程度、能力程度、兴趣爱好等特质进行划分，将相近或同一水平的学生分为一层，学生在学习某门课程时，需根据自身情况去不同层次的班级学习，但仍然保留原有行政班级模式；个别化学习模式：利用网络资源设计出多套教材，让每个学生在依据自身情况选择最适合自己的学习内容，并在网络上逐层学习；定向培养目标分层模式：这一模式多应用于高职专科学校，依据学生和家长的意向以及学生的能力水平将班级分为"升学班"和"就业班"，以此来进行不同的教学活动。

分层教育是目前在我国实施得最为广泛的一种差异化教学，其优点在于突破了传统的"一刀切"模式，提高了课堂教学的效率。但经过十几年的探索，其弊端也日渐显现。例如对学生的分层大多是以考试成绩为基准，忽略了学生的兴趣爱好及智能优势，仅凭一两次考试就对学生进行分层，其科学性和合理性受到了质疑。同时，分层教育难免会给学生贴上标签，对于标签中的"差生"来说会造成一定的心理压力和思想负担，反而会让学习效果大打折扣。此外，传统的教学管理模式俨然跟不上分层教育的步伐，出现了一系列管理不到位的情况。

2. 成功教育

成功教育最初是指"使学习困难的学生获得各方面成功的教育"。[①] 后来在实践中不断发展，成为了一种教育改革思想，如今学界普遍认为成功教育旨在让每一个学生都获得成功，核心理念是通过师生的互动让学生增强学习信心，从而让受教育者获得超越自身的发展。成功教育的下限是达到义务教育的标准，成功教育的上限没有标准，只要超越自己原有的发展便是成功。

3. 研究性学习

"研究性学习是一种新型的学习理念，它是以主动探究为特征，以选择、思考和解决问题为载体的学习活动。"[②] 在研究性学习中，教

---

① 刘京海：《成功教育概述》，黄孟源主编，《成功教育扩大研究——闸北八中文集》（上）内部资料，2000 年第 3 期。

② 庞维国：《自主学习——学与教的原理和策略》，华东师范大学出版社 2003 年版，第 7 页。

师应根据受教育者的个体差异、依据其不同的学习能力、兴趣爱好等帮助其选择最适合或感兴趣的研究性活动，并指导学生通过亲身体验和实践活动，提升自主学习探究能力。经过十余年的发展，研究性学习在教育资源发达地区实施得较为普遍，已成为中等教育教学改革的一项基础性内容。

而在收集资料的过程中，笔者还发现，在台湾地区也有关于差异教学的研究，称为"区分性教学"，而他们的区分性教学主要运用于特殊领域，隶属于"特殊教育""资优教育"的范畴，而且优秀的研究势力主要集中在师范大学的特殊教育学系中。

尽管没有称为差异教学，但这些教学方式都是打破传统教学方式的重要尝试，在一定意义上都是以学生为主体，并关注学生的兴趣、学习能力等各方面的差异，在一定程度上为差异教学提供了丰富的经验。

真正开始对差异教学进行专门研究的是被誉为"中国差异教学创始人"的中央教科所华国栋研究员。华国栋是国内对差异教学的理论研究比较权威透彻的学者，其代表作《差异教学论》首先从个体之间的差异出发，详细研究了学生之间存在的差异并提出了一系列的差异测量方式，为差异教学提供了重要准备；在此基础上，提出了课堂差异教学的一系列策略。他认为："差异教学，是指在班集体教学中立足于学生的个性差异，满足学生的个别学习的需要，促进每个学生在原有基础上得到充分发展的教学。"[1] 他不仅强调学生个性差异，更突出了教学组织形式，即班级教学的重要性，强调个性与共性的统一。华国栋教授的研究为差异教学的实践提供重要的理论基础。

除华国栋教授以外，对差异教学研究十分深入的还有山东师范大学的曾继耘教授。2006年，他在《差异发展教学研究》中提出了"差异发展教学"概念，即"在课堂教学活动中，从尊重学生的个体差异出发，开展差异性教学活动，以促进每个学生主体性的个性化发展"[2]。他将差异发展教学的核心内涵、理论基础、课堂教学中学生

---

[1] 华国栋：《差异教学论》，教育科学出版社2001年版，第24页。
[2] 曾继耘：《差异发展教学研究》，首都师范大学出版社2006年版，第72页。

个体差异的基本结构、课堂教学中学生差异发展的内在机制、差异发展教学的质性特征5个方面作为研究的主要问题，提出了他的思考，他认为这些问题都是差异发展教学实践必然面临的问题，因而是该领域的基本问题，正是对这些问题的探索架构了他的"差异发展教学"理论体系。

在该领域影响比较大的还有上海师范大学的夏正江教授，2008年他主持编写了《一个模子不适合所有的学生——差异教学的原理与实践》，通过对近20年来国内外相关研究成果的考察、评估与分析，力图揭示出差异教学的基本原理与规律，反映差异教学的最新研究成果，重点解答如何展开和实施差异教学的实践问题。

从他们的研究著作中，我们发现，对于差异教学的概念，学者们大都从不同的方面为差异教学的实践提供理论研究的基础，毫无疑问，正是他们的研究，为后来的实践提供了更多的可能性。实践是检验真理的唯一标准，这些学者也通过各自的实践来验证自己的学说，或者是寻找漏洞，从而丰富自己的学说体系，这些为差异教学所作出的实践努力也是我们所关心的。

尽管从整体上看，我国基础教育是以传统的教学方式为主的，但是许多学者通过与学校的合作，也做了大量尝试，这些都为我们研究差异教学提供了宝贵的经验。如2004年，杭州天长小学出版了《直面差异——杭州天长小学教育叙事研究》，书中介绍了该校作为中国第一所实施差异化教学的学校，如何发现差异和引导差异的经验总结。2016年由华国栋主编，贾传泳、杨宏权等著的《模式与变式：一所小学的差异教学探索之旅》就是将华国栋教授的差异教学理论付诸实践，在学校进行实验的典型，不同学科的教师开始反思如何去将差异教学付诸实践，总结出了"预学查异—初学适异—研学导异—拓学展异"的四环节教学模式、相应的学校保障系统和丰富灵活的差异教学学科变式，是为数不多的差异教学实践的重要成果。同样在2016年，学者管锡基在区域教育改革论坛上发表了《差异教育研究20年的回顾与思考》一文，文章就烟台市20年来的区域性课题研究项目——差异教育研究走过的繁难历程进行了系统梳理和总结回顾，分时段论述了20多年来差异教学带来的硕果成就以及在发展过程中出现的困难。经过长时间的探索，莱州市金城镇中心小学、莱州市朱桥镇中心小学、莱州市第二实验小学、莱州镇中心小学、开发区第一初级中学、八角中心小学、莱阳四中等都进行了富有特色的研究，成为这个领域的先行者。最后，管锡基教授提出了对未来的深切的展望"未来的五年甚至更长一个历史时期内，课题组将从两个维度深化已有的研究：一是把深入学习国内外已有的差异教育教学理论与不断丰富完善本土化的差异教育教学理论有机结合起来，努力提升本土差异教育理论的学术底蕴和普适价值；二是把不断丰富深化区域内 20 年以来的差异教育教学实践和逐步推广业已被实践证明的可靠技术和成熟经验有机结合起来，努力提升差异教育教学实践体系的系统化和可操作性。"[1] 清晰的未来发展规划给差异教学的研究提供了信心和方向，我们有理由相信差异教学发展之路必然会更加科学。

学者陈茉在《差异化教学在英语教学中的应用》一文中采取实验法，对学生进行了一年的差异化教学。结果表明学生的学习兴趣大大提高，课前预习的学生从 39% 提高到 78%，学生的学习成绩亦有所提高。学者黄艳娟、程波等人在《基于 Blackboard 平台的信息检索课差异化教学模式》一文中，选取实验班与对照班，实施差异化教学实验，结果表明实验班学生的课题出勤率、课堂发言，最后的考试成绩都高于对照班级。这些实验反映了差异教学带来的明显的教学成果。但是就像国外研究出现的困境一样，近几年来由裴娣娜教授主持的中国教育科学"十五"规划国家重点课题"主题教育与我国基础教育现代化发展的理论与实验研究"课题组，在不同地区相继开展了一系列关于差异发展教学观念和差异发展教学实践现状的调查研究发现，"一项在北京地区小学开展的有关教师的差异发展教学观念的调查研究显示，虽然绝大多数小学教师认为学生的差异发展非常重要，但他们同时又都认为在现有的学校教学条件下实施差异发展教学不太可能，因此在自己的实际教学中很少考虑或基本不考虑差异发展教学问题，"[2] 很明显，差异教学在中国面临着巨大的障碍。究其原因，一

---

[1] 管锡基：《差异教育研究 20 年的回顾与思考》，《教育与教学》2016 年第 4 期。
[2] 转引自曾继耘《差异发展教学研究》，首都师范大学出版社 2006 年版，第 2 页。

方面可能是班级的规模过大，教师有心无力，另一方面也许是差异教学的理念还没有真正深入人心，总之，真正发挥差异教学的作用还有一段很长的路要走。

以上的研究和实践大多集中在基础教育领域，近年对于高校思政课中的差异教学方法的研究也越来越多。当前我国的高校思政理论课仍面临着实效性不强的困境，为了突破思想政治理论课所面临的瓶颈，学者们纷纷提出了将差异化教学融入高校思想政治理论课中，改变以往千篇一律的授课方式，从学生的差异着手实施有针对性的教学，力图取得更好的教学效果。

学者戴兆国、王玉侠等人提出要在教学过程中，对课程体系专题化："如将《马克思主义基本原理概论》课教材七章内容，归结为三个问题即'育人''育智''育德'，七个专题即人之是、人之思、人之识、人之群、人之惑、人之择、人之愿。"[①]对课程体系实施专题化便于教师对每一个专题确定差异化的教学目标、设计相应的教学方案。学者李庆扬认为对文科、理科、艺体类的学生要在教学目标、教学内容、教学方法上有所差异。文科学生相较于理科生而言，对马克思主义理论的知识点已经是耳熟能详，所以对文科学生的教学应该更注重运用理论来分析解决问题。对于艺体生来说，理论基础较为薄弱，理应要保证他们对马克思主义基本观点的认知与理解。学者卿定文提出要对思想政治理论课的教学项目进行差异化设计，针对不同的专业设计不同的实践作业。结合专业特点来进行实践教学，能最大程度上调动学生的学习兴趣。再比如对于思政课的教师，"教学队伍的差异化设计是思想政治理论课分类分层次差异化教学的重要保证"[②]，戴兆国、王玉侠等人认为"从事理工科教学的教师专业背景以科学哲学、逻辑学等学科为主，从事艺体类教学的教师以美学、中国哲学等

---

[①] 参见戴兆国、王玉侠、牛菲《高校思想政治理论课分类教学模式探析——以安徽师范大学思想政治理论课改革为例》，《思想理论教育导刊》2014年第11期。

[②] 参见李庆扬《高校思想政治理论课分类差异化教学探究》，2014 4th International Conference on Applied Social Science (ICASS 2014), p.295。

学科为主。"[1] 这样的分类对于提高差异化教学效果有一定作用，教师与学生之间的专业背景具有相通性，可以让师生在课堂信息交往中更为有效的互相理解与融合。学者芮常木在《推进高校思想政治理论课差异化教学改革必要性探讨》中提到"从2008年开始我校实施的思政课分层次差异化教学改革已经取得了比较好的效果，学生的满意度达到90%，比过去（大班未分层时期）提高了20%。"[2] "科学之所以有价值正因为他给我们一种能力去解释和控制已有的经验，"这些实践结果都证明，差异化教学在各个学科、各个阶段的教育中对于提高教学实效性都有着良好的作用。

另外，面对思政课课堂规模大的特点，如何在教学过程中有效地实施差异教学评价，许多学者作出了有益的尝试。北京师范大学的张润枝和陈艳飞在2015年发表了《分众教学模式在高校思政课中的运用》一文，提出了分众教学的模式在思政课中运用的合理性，认为"分众教学模式在有效把握'90'后大学生群体学习特点的基础上，针对当前高校思政课普遍存在的大班教学带来的问题，以'问题'为导向，将学生按照同质性问题分为多个小众群体，针对不同群体选择不同的教学内容和教学手段，形成了'面向所有学生的课堂教学体系''面向小众群体的课下交流体系'和'面向优秀学生的引领团队培养体系'的三级教学体系。在思政课中运用分众教学模式并取得理想的教学效果，必须始终坚持问题导向、注重因材施教、强化师生交流和实施多元反馈"[3]。对于分众教学模式下如何实现有效的评价的问题，他们提出：随着科技的发展，将科技手段运用到课堂上已经成为老师和学生都十分感兴趣的手段。而这些手段也给差异教学的评价带来了重要的启示。同样，叶战备教授在《适应分众化、差异化传播趋势　加快构建舆论引导新格局——网络传播的视角》一文中提出了

---

[1] 参见戴兆国、王玉侠、牛菲《高校思想政治理论课分类教学模式探析——以安徽师范大学思想政治理论课改革为例》，《思想理论教育导刊》2014年第11期。

[2] 芮常木：《推进高校思想政治理论课差异化教学改革必要性探讨》，《黄山学院学报》2012年第2期。

[3] 张润枝、陈艳飞：《分众教学模式在高校思政课中的运用》，《湖北社会科学》2015年第11期。

运用微信等技术进行大面积及时反馈来引导舆论的可能性，也值得教师在实施差异教学的过程中模仿、尝试①。

尽管如此，思想政治理论课差异教学说到底是一个实践活动，但就目前笔者搜集的文献来看，仅有少数几篇是在实证的基础上得出的教学经验及反思，大多数学者对于思想政治理论课差异教学探究还处于理论探讨层面。同时，前人对于教学目标及教学评价的差异化设计缺乏严密的论证，其合理性得不到广泛的认同，有待进一步发展。

以上就是国内有关差异教学的探索。通过与国外的差异教学发展进程的对比可以发现，国外注重的是学生的差异和个性，希望借助差异化教学来发挥学生的潜力，找到学生的发展点。而我国的大多数学者还是把差异教学归结为课堂教学的策略，把它看作是一种教学方式，依据学生的差异来改变现有的教学内容、方式，提供不一样的评价标准，目的是让学生在现有的知识层次上得到最大程度的充分全面的发展。从某些方面来说，既然实施差异教学的教学模式，就不应该仅仅将学生的学业成绩作为衡量方法优劣的标准，而通过对前人的实验的研究发现，最后仍是将学生成绩的提高作为判断差异教学成功与否的标准，这显然是有违初衷的。但是，不可否认这与我国的教育现状有密切的关系，唯分数主义仍然是这个时代的学生乃至老师家长的主流价值观，转变这种观念需要社会各方面长时间的努力。值得庆幸的是，我们所研究的高校思想政治理论课差异教学在成绩方面的压力并不大，而对于心智已经将近成熟的大学生群体，我们相信，差异教学是最好的尊重学生个性、促进学生全面健康发展的教学理念与教学方式。所以，对高校思政课的差异教学展开理论研究和实践探索的必要性是不言而喻的。

## 第二节　思想政治理论课差异教学的内涵

《国家中长期教育改革和发展规划纲要（2010—2020年）》提出，

---

① 叶战备：《适应分众化、差异化传播趋势　加快构建舆论引导新格局——网络传播的视角》，《江苏社会科学》2016年第3期。

要不断更新高校大学生思想政治教育的教育理念、目标、方法、手段、内容和途径，充分认识高校大学生思想政治教育规律，进而从政策层面对高校思想政治教育提出了新的要求，推动了高校思想政治教育理论研究和实践创新。《中共中央、国务院关于进一步加强和改进大学生思想政治教育的意见》也指出："高校的思想政治理论课要广泛联系大学生的思想实际，坚持政治理论教育与社会实践相结合，坚持解决思想问题与解决实际问题相结合"，大学生的思想观念千差万别，实际问题形形色色，对大学生差异化的思想政治教育已成为高等教育改革发展中的一项重要课题。受遗传因素、文化背景以及成长经历的影响，世界上没有完全相同的两个学习者，每个人的学习就像他的指纹一样独特。21世纪是发展个性的世纪，注重个性培养已经逐渐成为当代世界各国教育改革和发展的核心。尊重个人的多样性和独特性的思想政治理论课差异教学，符合教育传承文化、创造知识、培养人才的本质，契合立德树人的根本目的。

### 一 作为教育理念的思想政治理论课差异教学

教育要提供前瞻性的指导与创造性的变革，就不能原原本本地复制社会生活，走在生活的后面，否则教育将像工厂的生产流水线一样，有着固定的"模板"，重复相同的流程，制造出千篇一律的"面孔"。生活世界处在永恒的变动当中，这是生活本身的内在规定性，这种内在的规定性意味着这个世界在本质上是开放的、敞开的，这就要求作为自我的个体永远都处在"未完成的"状态中，在不断的发展与永恒的生成之中。教育的终极目的，是为学生提供面对这个世界的各种可能的"终极态度"。

我国高校的课程大体由公共基础课程、专业基础课程、专业核心课程三部分构成。公共基础课是培养大学生综合素养的课程，其课程设置重在解决基本素质问题；专业基础课是为专业课学习奠定必要基础的课程，其课程设置重在解决专业认知问题；专业核心课是同专业知识、技能直接联系且必须掌握的课程，其课程设置重在解决专业发展问题。这三类课程既有区别又有联系，既有共性又有个性，既相互作用又相互影响。作为教育理念的思想政治理论课差异教学，与高校的环境资源因素、制度因素、观念因素等息息相关。

(一) 环境资源因素

思想政治理论课教学其核心在知识传承，能力培养，以及趋向于社会化要求的行为规范教育——包括作为公民的担当、合作精神、合作能力等教育。

有的学校对思想政治理论课作为公共基础课的基本性质和教学规律研究不够、把握不准，公共基础课程学科建设、教学方法、教学管理等与专业基础课程和专业核心课程区分度不高，甚至混为一谈；有的学校重专业课、轻公共基础课问题比较突出，对专业课刚性约束比较多，对公共基础课的弱化管理导致学生对专业课和公共基础课的认知出现偏差；有的学校在专业课基础设施条件建设方面重复浪费，但在公共基础课教学条件建设方面却缺少投入。

在传统的思政课教学过程中，一些教师在教学大纲的指导下，按部就班地完成教材所规定的教学内容，消极被动地执行"标准思想教育"，一旦涉及政治、社会敏感问题，更是不敢越雷池半步。这种陈旧的理念既不符合思政课集思想性、政治性和理论性于一体的课程要求，也不符合差异教学的教育理念。

教师要充分利用信息技术、互联网整合各种教育资源，促进学生和教师的共同发展。人是要靠人来培养的，是所有机器代替不了的。教育活动蕴含着人的情感、人文精神，师生情感交流是一种不可或缺的教育力量。在一切整齐划一的时代，运用同质化教学简便易行；在万物互联的时代，做个性化选择的空间大了很多。也许未来的时代，重点就会更加放在满足人类的基本体验上，而那时一直以来尊重自己及学生体验及差异的教师，一定会有更宽广的职业空间。

教师灵活运用差异教学法的过程，也是广泛收集整理各种课程资源的过程，是不断丰富完善国家课程、地方课程、校本课程的过程，更是探索开发本土化、乡土化、校本化课程的过程，让学生通过生动、鲜活的事例去理解和领悟思想品德和国家政党历史和发展等方面的理论知识，充分调动学生的学习兴趣，帮助学生达到对所学内容的深度理解，并将所学知识转化为实际行动。

例如，凸显和培育特色，挖掘立足地域特点的思想政治理论课教学资源。从国内视角看，区域性、地方性构成了"独特"的丰富内涵。近年来，人们对"地方性知识"和地域性文化中思想和精神价值的认同逐渐增强，重视地域文化资源和地域文化要素在教学过程中的融入，是促进教学有效性和针对性的重要手段。习近平总书记在全国高校思想政治工作会议上强调："我国有独特的历史、独特的文化、独特的国情。"[①] 我国2800多所高校分布在全国各地，不同的地理环境和民族风格积淀了丰富的人文精神和优秀的地方传统文化，它们不仅是中华民族向心力和进取心的黏合剂，也为高校思想政治理论课提供了差异化、多样化、富有特色的教学资源。教育心理学研究表明，学生对熟悉的事物更容易产生亲近感。通过耳濡目染，学生对身边的地域性历史资源、文化传统、人文精神等虽有了解，但可能并不深刻。思想政治理论课教师要在整合、提炼这些优秀资源后自觉将其转化为学科资源，恰当地融入教学相关环节，使学生愿意听、听得懂，在寓教于乐、润物无声中发挥地域文化资源的教育、凝聚、熏陶功能。思想政治理论课教师在备课阶段精准分析大学生的思想和文化需求，选取合适的地方文化资源教学案例，在精雕细琢、悉心钻研后运用多样化的教学手段自然、恰当地将其融入教学主线，使学生产生文化情感，激发文化共鸣。

另外一个增加大学生思想政治理论课差异化体验的途径就是优化公共资源配置，像建设公共体育场馆、专业实训中心一样重视思想政治理论课实训场所建设，制定建设标准，提高建设质量，扩大受教育面，促进学生在理论与实践结合中"知行合一"，让学生在思想政治理论课实训场能感受到科学理论的威力和活力，受到教育和感染。

（二）制度因素

首先是考试评价制度。教学往往带有目的性、计划性，因而导致教学的封闭性，在现行考试评价制度下，这种封闭性更加难以打破。纸笔考试依然偏向于选拔在语言和数理—逻辑智能表现突出的学生，

---

[①] 《习近平在全国高校思想政治工作会议上强调：把思想政治工作贯穿教育教学全过程开创我国高等教育事业发展新局面》，《人民日报》2016年12月9日第1版。

而其他智能优势明显但不善于纸笔测试的学生，其能力往往容易被低估。这就出现学习方式的多元化和考试形式的单一性的矛盾，学习多元化、差异化，考试时却采用少数智能检测平时的学习成果，对学生的评价仍主要体现在考试分数上，这种检测的统一性时常影响教师的改革积极性。一方面，采取自己熟悉的传统教学模式，操作起来游刃有余，也容易获得良好的教学实绩，投入与产出成正比，轻松又有效；另一方面，采用差异教学，需要花费大量的时间精力进行教学探索，还要冒改革失败的风险，致使教师变革与实验的动力进一步降低。

在目前应试教育的体制下，一些学生为了考试而学习，要考才学，不考不学，"两耳不闻窗外事，一心只读教科书"，认为思想政治理论课只要背一背就行了，消极被动地配合教师的教学实践，教学活动参与度不高，学习任务较为敷衍，学习成效可想而知；不少学生之所以重视思想政治理论课，就在于其在加权平均分中有一席之地。在这种观念的指导下，唯一的衡量标准就是学习成绩。至于学生有没有通过思想政治理论课的学习提高道德素养、法治思维，能否遵守基本行为准则，人际智能和自我认知智能等潜能是否得到开发，社会责任感和社会实践能力有没有增强，价值观念的构建状况如何，这些对学生一生发展非常重要的内容反而被忽视。

教师管理制度也是制度因素的关键所在。有的学校在思想政治理论课教师管理问题上存在片面追求学术化倾向，重科研成果轻教学评价，在学科建设中存在学科方向凝练不明、平台建设支持不力、理论前沿跟踪不够、问题导向意识不强等问题；有的学校在职称评聘、工作量计算方面欠妥，不能将有关部门采纳并发挥积极作用的理论文章、调研报告和有影响的网络思想教育文章作为专业技术职称评定的依据；有的学校对思想政治理论课教师指导学生社会实践、社团建设、参加校园文化活动、心理疏导及与学生谈心谈话等方面量化不够，这些不分具体情况缺乏差异"一刀切"的管理方式在一定程度上影响了思想政治理论课教师的工作积极性。

思想政治理论课教师这个职业本身是需要热情的。没有热情，也就意味着没有教育成效，意味着课堂丧失了吸引力，意味着课堂中很难形成那种美妙的常态化互动。但是社会（包含学校）系统，更多关注的是整体的管理效应，用各种复杂的管理绳索拉着你、拽着你、捆着你、鞭策着你，让你往前走。让一个教师完成教学工作量和科研任务，用量化指标和绩效考核等手段，但很难真实考察出教师对一个又一个具体的活生生的学生的影响；教师沿用记考勤、收作业、测验考试等方式来管理学生，同样也无法真正了解学生对教学内容的认同程度。一方面，思想政治理论课教学工作本身的难度被低估了，被简化为单纯的知识传授；另一方面，我们在教育中过度地考虑了整体的效应，而忽略了具体个人（包括教师和学生）的发展。在这种情况下，教育其实就是一个淘汰系统，而不是推动人成长的系统。它通过筛选的方式，最后把一部分人归到这一类，把另一部分人归到那一类，"应试和淘汰"成了教育的主旋律。在这样一个价值导向下，不管是教师还是学生，都被挤压着去追求那些"高显示度"的绩效去了。

习近平总书记指出，"要按照人才成长规律改进人才培养机制"，"避免急功近利、拔苗助长"。创新能力强的人大都有自己的个性、嗜好、癖好，和常人相比，往往执拗己见、棱角分明，这是他们作为人的特点的一部分。整个社会尤其是教育者、管理者要理解、包容他们的特点甚至缺点，要创造让有个性的教师能够发挥其才能的教育机制、管理机制。

目前的聘任制度、培训制度、薪酬制度、评价制度等教师管理制度，对激发教师积极性有一定的正面影响，但也会产生一些负面的效果。主要体现在：在高校，教师面临着工作重心是放在教学还是科研的两难处境。班级规模巨大，教师的工作负担重、职业压力大，很难在比较宽松自由的心态下进行创造性的劳动，而这种心态却是研究和创造最重要的条件。现行的职称制，使得教师自然晋级变得极为困难。各种各样的评价、检查，大量地增加了教师的劳动负担。一些教师在行动研究上的确付出了超常规的大量劳动，但倘若在评价方面没有具体的体现，其积极性也难以持久，因此，完善教师管理制度，创造一种有利于改革、创新、宽容的、有弹性的制度环境，才能推进思想政治理论课差异教学的发展。

(三) 观念因素

为了培养学生的批判性、创造性、实践能力，大学教师要充分认识教育的本质和科学技术进步给教育带来的变化，不断提高自身的专业水平和科研能力，由单纯的教书匠转变为教育教学的研究者。在教学工作中研究，在研究状态下开展教学工作，在不断总结、反思、改进中创造独特的教育艺术。教师在具备扎实的教育学、心理学、思想政治等专业理论基础外，将习得的各种理论知识吸收内化，转化为自觉的教学行为。

每个学生都是独特的。差异教学要求教师客观对待学生的个体差异，允许学生存在个性。有针对性地教学可以调动学生的主观独立性和能动性，使学生集中精力发展自己感兴趣及擅长的领域，从而更加突显学生的个性。允许学生自行选择学习材料，培养自己的兴趣，突显个性，实现扬长避短。因材施教，培养学生的个性，照顾每个学生的发展，都是为国家储备多元化人才做准备，都是为了社会更好地发展，国家更大地进步。学生个性化发展，是社会人才多元化的重要前提，人才多元化是学生个性化发展的必然结果。

掌握学生的个体差异并不容易，不仅需要教师的观察，而且还需要学生的参与。美国教育家鲍耶尔有一句话：当一个班级内学生数超过三十的时候，教师对学生的注意中心就从对个体的关注转为对班级的控制，这是他考察了千百所学校之后得出的结论。目前多数学校的思想政治理论课的课堂规模较大，学生人数大多介于100—150人之间，少数介于150—200人之间，对教师了解学生个体差异、课堂管理、教学评价等方面都提出了不小的挑战，客观上影响了差异教学的有效实施。

通过课堂、课下与学生的沟通，教师才能更好地、更加客观地了解每个学生的个体差异，才能引导、发展差异。信息技术在教学中的应用，可以使教师更好地根据学生的学习兴趣和爱好，将促进课程和学习方式的多样化，增加学生选择的机会。认真地对待学生间的差异，特别是智能差异，承担挖掘学生潜能的责任，努力让学生成长为一个合格的负责任的公民，而非同一规格的"完美产品"。教师重视自身思想道德素质的提升，率先垂范，有助于最大限度地引导学生培养健康的人格和品性。

部分教师不注重教育理论的学习消化，未能把握其精神实质，也不考虑它所需要的环境，不重视教学生态的营造，只希望找一些可以拿过来就用的操作方法，这往往使改革和研究停留在简单模仿、生搬硬套等比较低层次的水平上，难有较大的成效与突破。思想政治理论课差异教学要求教师考虑学生的个性，采取有针对性的教学内容和教学方式，对差异进行适当引导，最终实现学生的个性化发展。教学要取得成效，离不开教师与学生的适时反馈与总结。

当今信息技术的高速发展、全球化加速变革、各种思潮活跃碰撞、社会价值取向日趋多元，学生在入学前所摄取的直接经验和间接经验各不相同，一是教师很难通过简单的测试快速把握学生的智能特点、认知风格等特征，进行差异教学；二是思想政治理论课作为价值观教育的主阵地，培育社会主义核心价值观、凝聚社会共识的难度加大；三是课堂时间和空间的限制，对教师把控课堂教学节奏的能力提出了更高的要求，增加了每一个学生都积极参与到课堂教学活动中的难度，间接地剥夺了部分学生主动参与课堂的权利，不利于差异教学的有效实施；四是人力资源方面的制约，多数教师都是一人肩负着四个乃至六个课堂的教学任务，还有科研压力，分散了教师备课时间和精力，很难使教师充分地理解差异教学的理念和精神实质，也难以兼顾开展差异教学所需要的大量课前测评和课后反馈。

## 二 作为教学方法的思想政治理论课差异教学

教育的全球化、信息化与现代化的发展，对传统的思想政治教学方法带来了新挑战，对高校思想政治教育创新提出了更高的要求。大学尤其是大一、大二年级是学生成长的一个至关重要的阶段，在此阶段，学生的智力、能力、知识水平等都在快速的发展中，并且个体之间会存在比较大的差异，对于这些差异不能视而不见，教师要做的是更好地尊重和运用这些差异来引导学生学习，化差异为优势。可以说，思想政治理论课差异教学，就是指在大课堂教学中立足于学生的专业差异、性别差异、思维方式和水平差异、学习风格差异、个性差异等，并充分尊重和理解这些差异，利用学生之间的差异，相济共生、相容互补，促进每个学生在原有基础上得到充分发展的教学。

（一）思想政治理论课差异教学的实施主体与对象

在知识经济和科技空前快速发展的时代，家长制、师道尊严等传统的权威时代逐渐消退，多元开放的社会正以一股无法抵挡的力量迎面扑来，多元价值观、个人主义等引发师生交流不畅，师生关系冷漠、紧张，传统教师角色正在转变，教师权威也随之式微。教师由知识传授者向学科思维建构者转变，实施差异教学由教材体系向教学体系转化，教师只有深入理解所教学科的思维方式，"模式语言"，充分调动与学科有关的所有智能，集中精力深度探索一系列关键的概念，学生的学科思维才能得以有效训练，获得学科中展示出来的专家式的思考方式[①]。具体而言，教师借助自己的学科背景和专业知识，引领学生思考道德、法治、国情、理想信念等有关的深层次问题，培养学生的学习探究能力，让学生在理解信服的基础上灵活运用，逐步培养正确的情感态度价值观，做到知情意行的统一。

这样一个转化，需要对师生角色和师生关系的重新定位。在多数人眼里，教学是以传授收获知识为目的。而分数，则通常被用来衡量教师教学及学生获得知识的多少。差异教学强调人是可以经由教育获得自身发展的，教师经过对学生个性差异的认识，发掘学生的长处，恰当地引导，最终使每个人得到发展。学生作为学习主体，具有自身独立性和主观能动性，是可以通过教师教育及自身努力而获得差异发展的。

差异教学理论并未直接而明确地对教师的教育理念、专业背景和个人素养作出规定，但其所倡导的学生观、评价观中已包含了对教师的要求，这些理念都为教师的角色定位提供了有益的参考。学生进入学校不仅学知识，重要的是要学做人，学会与人沟通与交往。学生的成长需要有思想信念、有道德情操、有扎实学识、有仁爱之心的教师的指导和帮助，需要有广大教师的传道授业解惑。面对来自不同地区、不同家庭背景、不同专业、不同接受意趣、思维发展水平参差不

---

① ［美］霍华德·加德纳：《受过学科训练的心智》，张开冰译，学苑出版社2008年版，第190—213页。

齐、知识背景各异的青年学生，教师要给他们上同样内容的课程，其难度可想而知。"……能够实现课堂组织差异化的教师不会是一个专制的教师，而是以学生引导者身份出现的'顾问'，因为以'顾问'角色出现的教师允许有不同的声音出现在课堂上。"① 当笔者提出"思想政治理论课差异教学"设想时，遭到不少质疑，其中最集中的就是，思想政治理论课是意识形态性很强的课，是用来统一思想的，甚至有人说是"洗脑"的，也有学生认为这些课都是"水课"，随便听听混个学分就好。这里面包含着极大的对思想政治理论课的误解！如果学生在课堂上只听得到一种声音，看似对教师传授的思想观念没有构成冲击，但学生不仅仅只生活在课堂之中，当他面对外界林林总总的不同声音，包括噪音杂音，他如何辨别？如何选择？只有在大量各种思想交锋中训练学生鉴别的能力，提高他们分析判断的智慧，我们所要传播的真理才能立于不败之地。

在寻求学生差异发展的过程中，随着教师角色的转变，学生在教育教学中的地位也发生了相应的变化。学生成了课堂组织的主体，这里的主体主要包含四层含义：第一，学生是课堂教学活动的主体；第二，学生具有自主选择的权利；第三，学生是知识的主动建构者；第四，建立民主平等的师生关系。② 教师已经不再是知识的唯一载体、知识的权威。

（二）思想政治理论课差异教学适用的教材

"05方案"实施以来，随着思想政治理论课教材建设的加强，教材质量的提升，教材体系和教学内容也得到了很大的改观，思想政治理论课教材的显著特点是提纲挈领、简明扼要，学生基本不存在理解障碍，如何处理好教材体系和教学体系关系极为重要。教材体系强调"是什么"问题，教学体系强调"为什么"问题，要在教材体系的基础上向教学体系转化，这就要求教师让学生知其然，更要知其所以然，使学与思更好地结合，知道"为什么"和"怎么办"，并在日常生活中践行。在这个过程中，差异教学克服传统教学方式的缺点，不

---

① 曾继耘：《差异教学策略研究》，首都师范大学出版社2016年版，第95页。
② 同上书，第96页。

只是讲授教材中的理论知识,而是重点解决学生思想上形形色色的困惑,使思想政治理论课能够更好地取得预期的效果。

(三)思想政治理论课差异教学的实施效果

恩格斯在《反杜林论》中曾经指出:"人来源于动物界这一事实已经决定人永远不能摆脱兽性,所以问题永远只能在于摆脱的多些或少些,在于兽性和人性的程度上的差异。把人分成截然不同的两类,分成具有人性的人和具有兽性的人,分成善人和恶人,绵羊和山羊,这样的分类,……除现实哲学外,只有基督教才知道,基督教一贯地也有自己的世界审判者来实行这种分类。"[①] 人区别于动物的一个重大特征,在于人具有因其"活动"所造成的"思想",人成为社会人,具有了社会属性之后,社会属性对人的自然属性具有改造功能。因此,恩格斯认为,"只有在不仅消灭了阶级对立,而且在实际生活中也忘却了这种对立的社会发展阶段上,超越阶级对立和超越对这种对立的回忆的、真正人的道德才成为可能。"[②] 马克思也认为,"这种不加区别地面向于一切个人的哲学的虚伪性,——所有这一切当然只有在可能对现存制度的生产条件和交往条件进行批判的时候,也就是在资产阶级和无产阶级之间的对立产生了共产主义观点和社会主义观点的时候,才会被揭露。这就对任何一种道德,无论是禁欲主义道德或者享乐的道德,宣判死刑。"[③] 从马克思与恩格斯的论述来看,凡有阶级对立存在的社会,一切的道德,及道德的教育都带有阶级性,总的来说,也和人类的其他方面一样是在不断进步的,但我们仍然还没有超越出阶级的道德,而至今存在的一切道德教育都是打上了阶级性的道德教育。正是由于这一点,历代的统治阶级非常看重教育对国民性格的塑造,将教育的功用提高到了"建国君民,教学为先"的地位。从这个方面来看,人的确是被各种阶级的"意识形态"所教化的产物。

正是教育具有这样一种功能,因此,在一段时间内,抢占人的思

---

① 《马克思恩格斯选集》第3卷,人民出版社1995年版,第442页。
② 同上书,第435页。
③ 马克思、恩格斯:《德意志意识形态》节选本,人民出版社2003年版,第121页。

想领地成为"灌输"教育的主题,尤其是以培养合格的建设者和接班人为己任的思想政治教育。人的思想领地不被一种意识所占领就会被另外一种意识所占领。为社会主义意识形态服务是思想政治理论课区别于其他课程的显著特点,必须旗帜鲜明、棱角分明,要把讲政治和讲原则放在第一位,充分体现国家意识形态对大学生思想政治教育的整体导向要求。但如果不注重方式方法,一味"大水漫灌","灌"的时候轰轰烈烈,大张旗鼓,其结果是雨过地皮湿,成效并不持久和显著;而讲求差异化、尊重教学对象的"精准滴灌",却在润物细无声中达成了潜移默化的"育人"目标。近日,湖北日报发表评论文章《在思政课上画更大的"同心圆"》,聚焦华中科技大学思想政治公共选修课《深度中国》走红校园的故事,明确指出:高校思政课是做人的工作,形式没有模板,但从学生的年龄特征、入耳入脑入心上下功夫,改进"配方",改造"工艺",加强"包装",仍是不可忽视的重要工作。只唱"独角戏",只管灌输,人的工作很难做得好;从书本到书本,空洞说教,脱离实际,怎么能让"低头族"抬起头来?[1]

思想政治理论课差异教学尊重学生的智能特征、情感、个性等方面的差异性,承认学生思想品德发展的过程性和开放性,力争为每个学生提供最适合的教育,引导学生了解社会、参与公共生活、珍爱生命、体悟人生。

思想政治理论课差异教学通过辩证唯物主义和历史唯物主义的教育使大学生获得对整个世界的根本看法,并在社会实践中印证、检验自己的世界观。思想政治理论课差异教学通过以唯物辩证法为主体的马克思主义方法论教育,使大学生掌握在日常生活中认识世界和改造世界的有力武器,提高理论认识水平和社会实践能力。思想政治理论课差异教学通过马克思主义理论和社会主义核心价值观教育,使大学生形成符合社会主义道德原则的价值判断和行为选择。这每一个方面的教育,都凝聚着大大小小的知识点的学习和在实践中的运用、领悟,知识和能力的培养叠加,循环往复螺旋式上升逐步提升学生的思

---

[1] http://hbrb.cnhubei.com/html/hbrb/20180417/hbrb3239717.html.

想道德素质。

## 第三节　思想政治理论课差异教学的特点

　　思想政治教育作为一种特殊的教育实践活动，与其他任何类型的教育相比，其所体现出的人文价值关切与思想政治教育本身的内在规定性之间的关系更是显得扑朔迷离。泛政治化、泛知识化历史留下的教训与启示使得人们逐渐开始反思思想政治教育本身的定位与地位问题。马克思认为："感性（见费尔巴哈）必须是一切科学的基础。科学只有从感性意识和感性需要这两种形式的感性出发，因而，只有从自然界出发，才是现实的科学。"① 因此，从现实的个人及其生活出发，追求"生成性的人格"，才是立于人的本质基础之上的思想政治理论课差异教学的本质特点。

### 一　了解和尊重差异契合社会和个人发展的需要

　　长期以来，我国高校的思想政治教育沿袭的是苏联的"凯洛夫式"的"讲解—接受"模式，教师按照"你听—我讲"的灌输模式进行"传道授业解惑"。该教育模式产生于20世纪30年代，是为适应当时人们的思维方式与教育科学基本理论的需要而产生的。近四十年来，以"自由经济""民主政治""清教伦理"为核心的西方价值观随着现代化的进程不断地在全球扩散。"我们发展市场经济就面临着拜金主义的冲击；我们强调个性、张扬个性，却又面对着社会的无序、理想的破灭；我们重视人民生活与利益，但又必须警惕过度的世俗化的冲击，等等"②，我们如何在这样一种全球化的过程中保持中华民族的民族凝聚力、保持我们的文化特性，并使我们能够对世界文化与人类文明作出应有的贡献？时代背景的改变要求思想政治理论课教学法的与时俱进，现代意义上的"差异教学"应运而生。教学方法是一个整体，包括教法和学法，传统的教学模式将两者等同，忽视了

---

① 《马克思恩格斯全集》第42卷，人民出版社1979年版，第128页。
② 欧阳康：《"文化围城"及其超越》，《江苏行政学院学报》2003年第1期。

它们间的差异，没有充分考虑到教学对象的特殊性对教学效果的影响。以枯燥的单一讲解和理论灌输为主的教学方式无法有效激发学生的主观能动性，一定程度上造成了高校思想政治理论课教学质量不高，学习效果下降的情况。随着时代的变迁和现代信息化技术的广泛应用，学生思想的多元化、意识形态的多样化日益突显，只有充分了解差异并尊重差异，才能在大课堂的思想政治理论课教学中做到"相济共生"。

（一）了解差异

教育的对象是人，教育是使"人"成"人"的活动。前一个"人"指现实的人，人的实然状态；后一个"人"是将完成的人，人的应然状态。教育就是将人的实然状态提升到应然状态，将应然转化为实然，再产生新的应然。人的发展过程就是人的实然向应然的不断转化、不断超越的过程，也是生命自觉成长的过程。不同于动物的自然自发成长，人的生命自觉的成长是一种有意识的活动。因此，人成长为什么样的人，取决于人对自我的意识和期望，即"所应是"。教育中的人，不是一个自然生物体，而是自觉的生命体，是人对自我的反思和超越。因此，回答"教育是什么"，取决于对人的认识。这种认识，不只是人之自然性、人之"所是"的认识，更是对人之自觉性、人之"所应是"的认识。不仅要认识人的实然状态，包括其身心特征、发展水平、已有的知识经验，而且要认识人的自我意识、人的形象。

目前，高校及思想政治理论课教师普遍缺乏差异教学意识，教学对象在教师眼中是无差别的群体，具体表现为：学校几乎不会安排学期初的摸底考试和个别谈话对学生进行诊断性评价，没有采取一系列手段例如问卷调查法、观察法、访谈法等多种途径了解学生的学习习惯、学习情况等，忽视学生的学情分析，对学生差异的测评与分析甚至连知识基础这个方面都极少完成。部分教师会在开课之初，大致统计一下学生的生源状况，如高中是文科生还是理科生，各占多少比例；来自城市和农村的学生分布情况；独生子女比例；对本课程的知识点已有基础等等。

实施差异教学以了解学生的独特性为起点。每个学生都有自己独特的精神世界和内在感受，有着不同于他人的观察、思考和解决问题的方式。也就是说，学生有着独特的个性，每个学生的学习方式本质上都是其独特性的体现。实际上，没有放之四海而皆准的统一的方式，对某个人是有效的方式，对他人未必就有效。这意味着我们要重视并深入了解每一个学生的独特个性，为每一个学生富有个性的发展创造空间。学生的学习客观上存在着个体差异，不同的学生在学习同一内容时，实际具备的认知基础和情感准备以及学习能力倾向不同，决定了他们对同样的内容和任务的学习速度和掌握它所需要的时间及所需要的帮助不同。

差异教学更加注重教师的"教"向学生的"学"的创造性转化，针对大学生关心的现实问题叙事析理，在了解和理解学生差异的基础上主动引导学生，能够有效实现教法和学法的协调平衡和良性互动。教学方法的选取和优化组合要体现内容适应性特征。在教学实践中，依据了解到的学生差异来调整教学目标和内容，是实施差异教学方法的基础，思想政治理论课教师在探查学生差异方面的专业化水平会对差异教学效果产生重要影响。大致来说，思想政治理论课教学面临如下差异：不同学校层次：研究型大学、以教学为主的大学、高职高专等；不同学历层次的教学对象，包括：专科层次、本科层次、硕士研究生层次、博士研究生层次；不同专业的教学对象，如理工科、人文社会科学、体育艺术等；在同一个课堂上面对的是不同性别的学生、思维方式和思维发展阶段不同的学生、优势智能不同组合的学生、学习风格不同的学生、对课程感兴趣程度不同的学生……总的来说，差异是无处不在的，如果没有"差异"意识，就会对这些差异熟视无睹，按照自己早已拟定的教学计划，在不同的课堂无差别地重复授课。

（二）尊重差异

生活世界中的一切都处在永恒的变动当中，一切的现实都将成为非现实，这是生活世界本身的内在规定性。正是这样一种永恒的内在规定性，为人的生活及人本身从"此在"跃迁于"彼在"提供了无限的可能性，同时也为人及人的生活带来了未完成性与不确定性。因此，在有限的生命之内追寻完成性与确定性是人的一种存在状态，这种存在状态关系到人的"自我发展"。马克思说:"人就是人的世界,就是国家,社会。"① 存在于社会、国家之中的人,通过维持自我存在的"活动"或称之为劳动与诸多"他者"发生联系,进而生成各种社会关系。人存在的最大现实性是他的发展性与关系性。从人的发展性的存在状态来讲,作为人的存在方式的思想政治教育,必须从人的"完成与未完成""现实与理想""确定性与非确定性"之间的矛盾展开中去把握,把实现人的内在超越性作为思想政治教育的根本旨归;从人的关系性的存在状态来讲,作为人存在方式的思想政治教育,必须从"自我与他者""社会与个人""自律与他律"之间的矛盾运动中去把握,把实现社会关系和谐的理智德性的发育作为思想政治教育的核心。在这张纵横交错、千丝万缕的社会之网的各个节点上动态生成的个体,就是呈现在我们眼中看上去差不多的一个个学生。尊重差异,其实是尊重人存在的最大现实性,即发展性与关系性。

社会为人的存在与发展提供了前提性的基础,但同时,也在某种程度上对人的进一步发展形成了既定的限制与制约,而且这种制约性不是人本身所能够逃离或超脱的,它构成了人发展的现实的历史前提。"国家作为第一个支配人的意识形态力量出现在我们面前。社会创立一个机关来保护自己的共同利益,免遭内部和外部的侵犯。这种机关就是国家政权。它刚一产生,对社会来说就是独立的,而且它越是成为某个阶级的机关,越是直接的实现这一阶级的统治,它就越独立。"② 为了维护整体的稳定状态,社会必然要对个体实施教化,以使个体能够适应并满足当下的社会现实生活。正如恩格斯指出:"就单个人来说,他的行动的一切动力,都一定要通过他的头脑,一定要转变为他的意志的动机,才能使他行动起来,同样,市民社会的一切要求(不管当时是哪一个阶级统治着),也一定要通过国家的意志,才能以法律的形式取得普遍效力。"③ 在阶级存在的社会形态中,国家必然充当着教化实施的主体,而教化的内容便是各种社会规范。学

---

① 《马克思恩格斯选集》第1卷,人民出版社1995年版,第1页。
② 《马克思恩格斯选集》第4卷,人民出版社1995年版,第253页。
③ 同上书,第251页。

生中有一部分是社会变革的中坚力量，一部分是维持社会现状的稳定因素，不同层次的学校，不同定位的学生，他们需要注重差异、尊重差异的思想政治理论课。

教师对差异的尊重体现在为学生创造自由选择、自主活动的情境和机会。"如果没有恰当的动机，缺乏足够集中的注意力，那么，培育任何一种智能或全部智能的努力，均将成为泡影"。[①] 学生根据自己的智能类型及需求确定学习方式和进度，选择切实可行的自我学习模式，并且利用这个模式作出适合自己的选择，激发他们主动学习的情感和欲望，让他们在积极参与教学活动的过程中加深对道德规范和行为准则的印象。社会发展虽然是自然历史过程，是客观的、不以人的意志为转移的，但人们有意识地参与社会发展，可以说是形成了社会发展和自然发展的根本不同。

面向未来的思想政治教育，以尊重生命和人类尊严、权利平等、社会正义、文化多样性、国际团结和为可持续的未来承担共同责任。超越狭隘的功利主义和经济主义，强调人人参与教育过程，这意味着知识的创造、控制、获得、习得和运用向所有人开放，是一项社会集体努力；个人的发展也不是孤立的，是在人类社会共同发展进程中发展的。

## 二 理解和利用差异达成提升思想道德素质目标

与基础教育阶段以知识学习为主的差异教学不同的是，大学思想政治理论课教师面对的学生之间的差异更为多样与明显：性别差异、专业差异、思维方式差异、价值取向差异，识别及重视差异的目的不是要消除它们，而是理解差异的形成原因，巧妙地利用差异引发课堂谈论，运用差异来实现教学目标。精心设计的提问与追问是实现差异化教学的基础：教师根据学生对问题的不同回答，可以区分学生的认知水平、认同程度，通过分析比较各方观点对重难点问题的回应，可以有效地帮助学生在比较中鉴别、吸收，课堂上不同意见的争论、交

---

① [美]霍华德·加德纳：《智能的结构》，浙江人民出版社2008年版，第331—332页。

锋，更是教师发现分歧、去伪存真、因势利导的最佳时机，对差异的理解和利用就是"相容互补"，最终达成思想政治理论课提升大学生思想道德素质的教学目标。

（一）理解差异

实施差异教学，首先要承认和理解人的差异性和独特性。比如：每个人都有独一无二的智能结构。一方面，这种差异主要表现在个体间的智能差异上。"人与人的差别，主要在于人与人所具有的不同智能组合。"① 另一方面，这种差异还表现在个体内部智能结构上的差异。"人在某个智能领域内的强项，并不意味着他在其他方面也一定强。这个道理对智能的弱项也一样成立"。② 而且这些智能在每个人身上呈现不同程度的组合，使得每个人的智能都各具特色。这种观点促使教师考虑并评估每位学生所具有的独特智能组合，尊重并培养学生不同的智能强项，特别是对于道德与法治这样的学科，不仅仅是传授基本的理论知识，还需对学生进行思想教育。这种突显学生独特性的观点对教育目的、课程、方法、教学组织等的多样化、个性化、灵活化提出了更高的要求，对教师高质量地完成教学任务提出了挑战。

传统的思想政治理论课教学偏向千篇一律的"大一统"和千人一面的"一般齐"，没有充分重视大学生心理思想和个性发展的现实需求。充分尊重学生的个性化发展诉求，以学生最关心和最关注的实际问题为抓手，尤其重视对不同学科学生的差异性，促使知识迁移和情感、价值观目标深度融合，从而避免学生成为"单向度的人"，增强课程的感染力和吸引力，这就体现了对差异的理解。教师对教学内容的透彻把握和精彩演绎能够激发学生对真理的追求，教学内容贴近学生贴近实际，帮助学生解决现实问题，找准学生情感的触发点和思想的共鸣点，从而使教学教化无痕、润物无声，在关心人帮助人中教育人引导人的过程中注重文化的浸润和熏陶，使学生在富有情感和关怀的教学中感受思想政治理论课的温度和热度。

---

① ［美］霍华德·加德纳：《多元智能》，沈致隆译，新华出版社2004年版，第12页。

② ［美］霍华德·加德纳：《多元智能新视野》，沈致隆译，中国人民大学出版社2008年版，第78—79页。

美国行为与脑科学专家丹尼尔·戈尔曼（Daniel Goleman）提出"情商"（EQ）与艺术教育理论，他认为人们各项能力中"情商"处于特定的"中介"地位，决定了一个人能否圆满地发挥包括智商在内的其他能力。一个"情商"较高的人能更好地运用自己的智能取得丰硕成果，相反，一个"情商"较低的人由于不能驾驭自己的情感从而削弱了他的理论思考能力，束缚了智能作用的充分发挥。情感教育的重要内容就是教育人们识别情绪和同理他人，即"移情"。戈尔曼认为："社会技能的核心是移情，理解他人的感受，设身处地为他人着想，尊重他人的不同观点。"在戈尔曼看来，这实际上是一种人际关系处理的技能和技巧。比如善于倾听，巧于提问，学会就事论事的处理原则，敢于坚持自己的要求，对他人既不怒形于色，也不苟且屈从，学会合作的艺术，学会巧妙调停冲突，诚恳谈判及必要时妥协等。而学会这一切的前提就是在尊重差异的基础上理解差异。

（二）利用差异

世界因差异而精彩。"和"是中国传统文化中的一个重要范畴，指不同事物或对立因素的相辅相成，承认不同个体之间是存在差异的；承认同一个体自身是存在变化的。在肯定多样性、差异性存在，尊重差异、保存个性的前提和一定条件下，使矛盾、对立的诸因素、方面共处于统一体中。不同、差异是万物生存、发展的基础。君子和而不同，"同"是不可能产生出任何新的东西的。只有各种人、力量、声音的并存互动，才能"相济共生"。世间万物，在时空轮转中都是变化的，此乃变易，如果我们懂得了原理，掌握其规律，是为简易，而唯一不易的就是"易"，祖先的智慧蕴藏在此"三易"之中。而这种个体差异与自身变化，在范围广度与时间长度上，同时诠释了世间百态，参差不齐，罗素对此有言，"须知参差多态，乃是幸福本源"。

基因的多样性是生命进化和物种分化的基础，一个物种所包含的基因越丰富，它对环境的适应能力越强；物种多样性同样关系到我们的健康和这个星球的健康，每当我们失去一样物种，我们就失去一项对未来的选择。文化多样性带来相互间的互补与参照，社会的多样性造就其生机和活力。在课堂上，参差多态一方面是水平的不同，有思想境界的高低和所处的思维水平发展阶段不同,"不同"而后"见贤思齐"促进提升;参差多态另一方面说的是个人看问题的角度、出发点的不同,价值追求和审美观的差异,虽然每个人都有不足但共享后就趋近完美,这种"相容互补"正如自然界当多种植物生长在一起时,其生命力会异常旺盛。一个国家发展道路的选择,一个人的感受和思考,都是旁观者无法代替的,求同存异、相济共生、相容互补、参差多态乃幸福本源。

传统教学忽视学生学习的个体差异,要求所有的学生在同样的时间内,运用同样的学习条件,以同样的学习速度掌握同样的学习内容,并要求达到同样的学习水平和质量。这样"一刀切"的做法,致使很多学生的学习不是从自己现有的基础出发。差异教学是尊重学生的差异的,并把它视为一种亟待开发和利用的教育教学资源,努力实现学生学习的个体化和教师指导的针对性。

每个学生都有其独特的潜能,有自己的智能强项,教师要尊重每个学生的智能独特性,相信他们的能力,承认不同学生的智能强项存在差异。如此,一方面可以更敏锐地发现学生的强势智能,鼓励他们发挥自己的强项,让他们的优势智能得以充分发展、创造性得以充分展现。另一方面,强势智能有时可以作为通往弱势智能的"桥梁";而有的强势智能与弱势智能之间还存在着结构上的相似性。如果能够敏感地完成智能的"转换",将优势智能迁移至弱势智能,那么,思想政治理论课中理论性较强、概念原理较抽象的内容就会得以有效转化,学生学习思想政治理论课的兴趣亦得以提升,并使其潜在的能力得到最大程度的发挥。

从一定意义上说,思想政治教育不是一个理论问题,而是一个体验问题、实践问题,思想政治理论课的教学效果最终体现为大学生的"内化于心"和"外化于行"。只有通过生活实践,延伸课堂教学内容,让学生在丰富多彩的真实生活中学会学习、做人、生活、适应社会,才能实现思想政治理论课由知到行的转化。脱离了具体的情境,学生很难真正理解所学内容,教育的目标难以有效达成。思想政治理论课教师用严谨深刻的理论逻辑解答学生深层次的思想问题,但纯粹理论教学本身具有高度抽象性,只有和差异教学相结合,才能达到对大学生具有感染力和吸引力的目的。教师根据不同学生的智能结构特点，提供多样化的发展的机会，让学生在具体实践中发挥潜能，并将其延展到学生的团体（社团、院系、班级、宿舍等）、社会中去，使学生获得直接的认知感悟和情感体验。差异教学的设计基于课堂教学需求和学生个性化发展，使学生在参与、交流中发生思想碰撞，从而加深课堂教学的理论认知，提高他们在现实生活中分析问题和解决问题的能力。

近年来，思想政治理论课教学方法在变革中创新发展，如探索问题式教学、专题式教学、案例教学、实践教学、MOOC等，同时，依托网络新技术、新媒体，增强了思想政治理论课教学的时代感。当前大学生以"95后"为主体，他们善于接受新鲜事物，网络已成为他们信息获取和习得知识的重要来源。思想政治理论课差异教学要强化互联网思维，利用移动新媒体技术，抢占网络思想政治教育阵地，搭建线上和线下混合教学模式，为提升教学吸引力和时代感奠定基础。要加强课程网站建设，建立思想政治理论课教学资料共享数据库，突破传统教学时间和地域的限制，为大学生差异化自主学习提供条件；建立微信、微博等新媒体教学交流平台，形成多元立体的师生交流模式。

思想政治教育旨在促进学生正确思想观念和良好道德品质的形成与发展，重在培养德、智、体、美全面发展的社会主义建设者和接班人。用全面的、发展的观点对待学生，"每一个正常的人，只要给予一定的机会，他的每一种智能都能得到某种程度的发展。"[1] 每一种智能的发展实际上都是相对独立的，在不同人身上，有的智能发展得快些，有的发展得慢一些。这种理念助推教师在教学设计上，更多地以学生发展为本，尊重学生的个性发展，提供挖掘智能潜能、发展创造力的机会和环境，在思想政治理论课的课堂上最大程度地焕发出师生各自生命的活力。

---

[1] [美]霍华德·加德纳：《智能的结构》，沈致隆译，浙江人民出版社2013年版，第323页。

# 第二章　思想政治理论课差异教学的理论基础

正如杜威所言："哲学是教育的最一般层面的理论，教育乃是使哲学上的分歧具体化并受到检验的实验室"①，建构高校思想政治理论课差异教学不可或缺的前提之一，必然是在哲学层面上思辨与追问其内在逻辑。

## 第一节　思想政治理论课差异教学的本体论基础

传统的本体论哲学在本质上是一种追求"同一性"的哲学，以追问绝对的本原为目的。近代认识论哲学兴起后，"自我—主体"式的哲学范式得以确立，主体性哲学的核心特征是抽象化、逻辑化和概念化，并在概念的统摄之下追求一种"普遍化"与"同一化"。因此，这种主体性哲学不仅脱离了人的生活世界，而且对人造成了巨大的压抑，使人成为了哲学的奴隶。费尔巴哈与克尔凯郭尔最早分别以"感性的直观"与"孤独的个人"对这种主体性哲学进行了反抗，但直至马克思与恩格斯创立唯物史观，以"实践"与人的"能动的活动"为切入点，才真正实现了对传统本体论哲学的清算。

### 一　思想政治理论课教学对象的差异存在

教育是一种直面人、通过人和为了人的独特的社会活动，"它的

---

① ［美］约翰·杜威：《民主主义与教育》，王承绪译，人民教育出版社2001年版，第348—350页。

主体是特定的人，对象也是特定的人，目的同样也需要由'特定的人'来标识"①。教育规定着人之为人的本真，而人也同样规定着教育之为教育的真谛。思想政治理论课差异教学作为一种教育活动，其理论与实践的确立与发展都需要就其中的人的问题进行反思与辩护，也"只有对人和人的本性的彻底的、充足的、透彻的认识，……才能使真正的教育开花结实，欣欣向荣"②。

回首历史上林林总总的关于人的本质的认识，我们不难发现其始终都未曾给出一个让人类自身满意而又信服的答案，直至马克思才第一次科学而又系统地回答了此问题。马克思在认真考察人类的发展轨迹和批判吸收以前的有关人学研究成果后，逐步系统地提出了人的本质思想。他认为人的本质需要从两个方面来界定：一个是要界定出人作为类与其他物类的根本区别，即他所提出的类本质；另一个是需界定出人与人之间的根本区别，即人的个体本质。现实人的本质，就是人的类本质和个体本质的有机统一。

在马克思看来，人的本质是指人成其为人而与动物相区别的原因，是人成为自己而与他人相区别的根源，即产生和形成人及其特性的内在根据和原因。③ 首先人作为一种区别于其他自然物的特殊存在，有着自身质的规定性。这种人之为人的异于他物的活的规定性，即是人的类本质。"人是类存在物，不仅因为人在实践上和理论上都把类——自身的类以及其他物的类——当作自己的对象；而且因为……人把自身当作现有的、有生命的类来对待，当作普遍的因而也是自由的存在物来对待。"④ 且人作为类的存在物所具有的类本质特性，体现为以生产劳动（实践）为核心的人的自由自觉的生命活动。"通过实践创造对象世界，改造无机界，人证明自己是有意识的类存在物，就是说是这样的一种存在物，它把类看作自己的本质，或者说把自身

---

① 侯怀银：《回归人性：高等教育的自身呼唤》，《山西大学学报》（哲学社会科学版）2003 年第 3 期。
② 张焕庭：《西方资产阶级教育论著选》，人民教育出版社1979 年版，第 315 页。
③ 袁贵仁：《马克思的人学思想》，北京师范大学出版社1996 年版，第 91 页。
④ 《马克思恩格斯全集》第 42 卷，人民出版社1979 年版，第 95 页。

看作类存在物。"① 可见，正是在这种生命活动中，实现着人的本质力量的对象化，即"实际创造一个对象世界"以达到人之为人的"类的存在物的自我确定"。人的存在必须以自由自觉的生命活动作为支撑，正是通过生命活动的自主性、创造性、自觉性，人才能达到其主体性的自我确证。换言之，"人的类本质"只有在人的自由自觉的活动（实践、劳动）中才能提供现实的可能性和必然性，也只有通过实践（劳动），才能把人和其他类的动物区别开来，才能实现其类本质。

在肯定人的类本质的前提下，马克思还在具体考察从事现实活动的人时进一步提出了人的个体本质。他认为对人的本质规定不能离开"现实前提"。人是现实的人，任何个人都是一定的社会历史条件下进行劳动、实践活动的人。现实的个人，只是在一定的社会关系条件下从事某种实践活动，才获得自身区别于他人的本质规定。"个人怎样表现自己的生活，他们自己就是怎样。因此，他们是什么样的，这同他们的生产是一致的——既和他们生产什么一致，又和他们怎样生产一致。因而个人是什么样的，这取决于他们进行生产的物质条件。"② 这里的物质条件并不是指劳动对象和生产工具本身，而是指人们在生产活动中所处的地位，具体来说是指人在生产中是支配者还是被支配者，是劳动者还是管理者。在生产中不同的地位形成人与人之间不同的生产关系和社会关系，关系是联系人的纽带，不同的生产关系和社会关系连接着不同的人，是个体人及其本质的终极确立者。进言之，在现实生活中，人必须进行生产劳动以维持自身的生存，在这个过程中又形成了人与人之间多样化的社会关系。且正是这种多样化的社会关系才使每个人从"类本质"的"人"中凸显出来，成为"有个性的个人"。据此，马克思鲜明指出："人的本质并不是单个人所固有的抽象物，在其现实性上，它是一切社会关系的总和。"③ "人的本质是人的真正的社会关系，所以，人在积极实现自己本质的过程

---

① 《马克思恩格斯选集》第1卷，人民出版社2012年版，第56—57页。
② 《马克思恩格斯选集》第1卷，人民出版社1995年版，第67—68页。
③ 同上书，第60页。

中创造、生产人的社会联系、社会本质。"① 这一关于人的本质的经典定义揭示了人的本质是具体的而不是抽象的、是历史的也是不断发展变化着的。

上述马克思关于人本质的思想，无疑为思想政治理论课差异教学的理论与实践的立论奠定了本体论意义上的认识基础。因为"思想政治教育究竟是否有必要存在的合理性关键在于它能否合乎人的本性"②。且"人既是教育的直接对象，又是教育过程的重要构成，还是教育成效的终极体现。在一定意义上可以说，有怎样的'人'的观念，就会有怎样的教育学理论。"③具体而言：

其一，马克思的人的类本质和个体本质的有机统一观，内在地规定了思想政治理论课差异教学的根本任务是旨在促进学生对人的类本质和个体本质的全面占有和实现。

马克思关于人本质的思想告诉我们，"人是一个特殊的个体，并且正是他的特殊性使他成为一个个体，成为一个现实的、单个的社会存在物，同样地他也是总体的、观念的总体，被思考和被感知的社会的主体的自为存在，正如他在现实中既作为社会存在的直观和现实享受而存在，又作为人的生命表现的总体而存在一样"④。每一个生命个体都有其自身的特殊性和具体性，没有两个生命是完全毫无差别的，生命的存在首先就是一个个特殊的有着自身特性的个体的存在。但是，人的个体生命存在又有着高度的同一性，这种同一性使得人打破种的界限以类的普遍联系而成为一种类的存在物，从而又表现为类生命的存在。个体生命存在必须服从其类生命的存在，而类生命的存在又必须以个体生命的存在为基础，二者共同形成人的生命存在中的二重性关系。也就是说，人是作为类的存在物和个体存在物的内在统一。人的类本质是作为人这个特殊类的所有成员都必然具有的普遍本性，表现了人与人之间的共性，具有普遍性、抽象性，是人的个体本

---

① 《马克思恩格斯全集》第42卷，人民出版社1979年版，第24页。
② 万光侠等著：《思想政治教育的人学基础》，人民出版社2006年版，第266页。
③ 叶澜：《中国教育创新呼唤："具体"个人意识》，参见《素质教育大参考》2003年版。
④ 《马克思恩格斯全集》第42卷，人民出版社1979年版，第123页。

质的基础并寓于作为个性的个体人的特殊本质之中；人的个体本质是具体的每一个人所具有的现实规定性，具有个性、特殊性，比较具体，它既是类本质在现实中的展开，又反映出不同的人在现实生活中的差异。且这两者之间存在普遍与特殊、一般与个别的对立统一关系，两者合为一体就表现为抽象的类与现实个体的对立统一；表现为一般性的"人的类本质"和特殊性的"人的个体本质"的矛盾统一。而"马克思的'人的全面发展'的实质是：人在才能、情感诸方面发展的普遍性及个人丰富的内在差异性同高度的共产主义觉悟的统一"[①]。即"人以一种全面的方式，也就是说，作为一个完整的人，占有自己的全面的本质"[②]。可见，学生的发展既应包括人的类本质的共同性方面的发展，也应包括人的个体本质的独特性方面的发展，二者缺一不可，共同构成学生个体发展的全貌。即"社会化和个性化都是人的潜质和能力挖掘和发挥的过程，二者只是侧重点不一样。社会化强调了人的共性中的部分，个性化强调了人的差异性的部分。个性化是社会的个性化，脱离社会的个性化既不存在也不可能形成；而社会化是个性的社会化，社会化总是在各具差异的个体中进行，摆脱个性的社会化实际上是不存在的"[③]。"个人的独立实质也是人的类化，个体的人化。原来只有大写的'人'，人群共同体才具有人格……现在每一单个的人都成为人，都具有了人的本质，获得了人格性，'人'因而也就变成普遍的存在，更加类化的存在。"[④] 因此，马克思的人本质思想内在地规定了思想政治理论课差异教学，既不能借口人的类本质的存在，片面强调学生共性培养而忽视个性发展，甚至无视学生在现实中的差异的存在；也不能将学生的差异发展与极端个人主义、极端自由主义联系在一起，完全根据个体自身发展的需要随心所欲地设计个体的发展方向和发展内容而排斥共性发展对个体的要求，而应在兼顾学生共性与个性协调发展的基础上，促进学生达至对人的类本质

---

[①] 赵卫：《对马克思关于"人的全面发展"涵义的重新理解》，《哲学研究》1990年第4期。
[②] 《马克思恩格斯全集》第42卷，人民出版社1979年版，第123页。
[③] 万光侠等著：《思想政治教育的人学基础》，人民出版社2006年版，第243页。
[④] 高清海：《哲学的奥秘》，吉林人民出版社1997年版，第129页。

和个体本质的全面占有和实现。这既是高校思想政治理论课差异教学的根本任务，也是其根本理想之所在。

其二，马克思的人的本质是一切社会关系的总和的思想，有力地揭示了高校思想政治理论课差异教学的出发点应是多样化的社会关系所规定的差异化的现实个体。

人的类本质是人区别于自然和其他动物的类特性，是在人与自然的差异中形成的。然而，把人的本质仅仅停留在人的"内在的、无声的、把许多个人自然地联系在一起的共同性"[①] 上，不从人与自然的纯自然关系中迈出来，就必然陷入费尔巴哈式的机械唯物主义。事实上，人的类本质并不能具体说明人的现实生存状态，不能清晰阐释从事具体活动的人。马克思主义哲学的出发点"不是处在某种幻想的与世隔绝离群索居状态的人，而是处在一定条件下进行的现实的、可以通过经验观察到的发展过程中的人"[②]，所以，在马克思看来，对人的规定不能离开"现实前提"。在现实生活中，人必须进行生产劳动以维持自身的生存，在这个过程中又形成了人与人之间多样化的社会关系。所谓的人就是处于现实社会关系中的"真实存在着的"人。不同的社会关系规定了个人在实践活动中具有不同的地位和作用，在活动成果占有和享受上具有差别性，从而形成了每个人特殊的实践活动方式，产生了个人特殊的人格和个性特征。"人存在的实质恰恰在于它的个别性，在于它现世的具体性。"[③] 现实的个人，只是在一定的社会关系条件下从事某种实践活动，才获得自身区别于他人的本质规定的。

人通过物质生产和社会交往活动展示自身的存在和价值，不同的人从事的生产活动不同、社会交往关系各异，因而每个人的生存与发展也各有特色，这种差异是不同的人展现自我存在的一种方式，也是人追求自我实现、个性化凸显和人生追求的前提和条件。而作为现实的、活生生的人的每一个大学生之所以成为个体，根本就在于其社会

---

① 《马克思恩格斯选集》第 1 卷，人民出版社 2012 年版，第 135 页。
② 《马克思恩格斯选集》第 1 卷，人民出版社 1995 年版，第 30—31 页。
③ 高清海、胡海波、贺来：《人的"类生命"与"类哲学"：走向未来的当代哲学精神》，吉林人民出版社 1998 年版，第 48 页。

关系这张大网上通过各自实践活动布下了不同的经纬线,每个人的生理、家庭、职业、经历、信仰、品格、教育程度、社会组织等多重线条相互交织,形成自己独有的纽结,这些各不相同的纽结,锁定了单个人,构成了人的个体本质并把自身与其他个体相区别。它是一种常态化的差异性客观存在,并非单单指个体生理上的差异性,即体力、智力、能力及个性等差异,更主要的是指处在不同社会关系下的个人在社会地位、生活水准、活动方式、思想观念等方面的巨大差异。且在社会发展的不同阶段,这种差异性在内容、方式性质等方面又表现出各自不同的特点。"'现实的个人'还是异质性的历史多样性的个人,具有多种丰富属性的个人,因此,'现实的个人'不是行为动机和行为方式单一化的个体存在,也不是单一性的个性存在。"[1] 个体的差异性、生命的多样性与丰富性以及个性的自由是构成人多样化发展的显著特征。它无疑揭示出思想政治理论课差异教学的形而上根据,即教育场域中的学生是正在成长中的现实的、具体的、个性化的真实的生命个体,其既不是反映固定不变的共同人性的"类存在物",也不是离群索居的"唯一者"。而是处在一定条件下进行活动的具体的、通过知觉实际被给予的,能够在经验中观察到的"现实的人"。[2] 他们每个人都具有"人之为人的本性的丰富性、微妙性、多样性和多面性"[3],每个人都是"有生理的、心理的、社会的、物质的、精神的、行为的、认知的、价值的、信仰的"等各方面需要的多层次、多方面的整合体。[4] 他们不是以生命的局部参与教育活动,而是以自身内涵丰富的身与心、理性与非理性、个性与共性、能力与人格整合的完整生命整体投入教育活动并在其中获得发展的。"教育的任务应该在孩子的差异性和一致性中仔细平衡并探求真理。"[5] "在于

---

[1] 钟明华:《马克思主义人学视阈中的现代人生问题》,人民出版社2006年版,第7页。
[2] 鲁洁:《教育的原点:育人》,《华东师范大学学报》(教育科学版)2008年第4期。
[3] [德]恩斯特·卡西尔:《人论》,甘阳译,上海译文出版社1985年版,第15—16页。
[4] 叶澜:《时代精神与新教育理想的构建》,《教育研究》1994年第10期。
[5] Chakravarty, A. (ed.), *A Tagore Reader*, Boston: Beacon Press, 1961, p.216.

个体和谐，而不是相同一致，相同一致是不自然的。好的教育制度应该有助于差异发展，而又不失在教育价值上的统一。"① 换言之，高校思想政治理论课差异教学的内在逻辑，应是在全面、准确地认识和把握高校学生发展特质的基础上，以具体现实中学生丰富多元的差异为出发点，有针对性地选取不同于传统"定向加工""整齐划一"和片面强调共性发展的教学内容、教学方法，在推动思想政治理论课"人耳、人心、人脑"的进程中，有效促进高校学生的思想道德素质与人的本质的不断占有和实现。

## 二 思想政治理论课差异教学的实践生成

马克思的人的本质的"实践—生成论"鲜明地表达了高校思想政治理论课差异教学实践性的本体论诉求。

马克思对于人的本质的探讨由始至终都不曾脱离社会实践，他把实践看作人的存在方式，把人看作实践的产物，以实践解读人的本质。"我们不是从人们所说的、所设想的、所想象的东西出发，也不是从只存在于口头上的、思考出来的、设想出来的、想象出来的人出发，去理解有血有肉的人。我们的出发点是从事实际活动的人。"② 但长期以来，马克思主义的实践观受到歪曲，实践仅被规定为与理论相对的范畴，人们往往仅从认识论的角度来阐发实践、认识实践，认为实践是理性的狡黠，是人的认识、理解活动。甚至在实用主义思想的指导下，把实践降格为人的技术和操作行为。这种认识论的实践观限制并歪曲了实践对于人的真正意义，从而也就不可能认识人之存在本质。因此，我们应从本体论的角度来理解实践，确立实践的观点是认识人之存在的首要的、基本的观点。本体论上的实践，"按照马克思的观点，它既是人所特有的生存活动，又是人之为人的本原活动。……实践就是集因果与目的、物质与精神、内化与外化、同化与异化、过去与未来、个体与社会种种矛盾于一身的一种创造性活动"③。它规定着

---

① Rabindranath, T., *The English Writings of Rabindranath Tagore*, India: Sahitya Akademi, 1996, p.748.
② 《马克思恩格斯选集》第1卷，人民出版社1995年版，第73页。
③ 高清海：《高清海哲学文存》第2卷，吉林人民出版社1997年版，第10页。

人的本质和人的发展前景。这种"实践—生成论"的人学范式，力图从实践出发，以动态生成的观点来认识人，人不再是一种抽象化的、预成性的存在，而是一种具体的、现实的、生成性的存在。"人的突出特征，人与众不同的标志，既不是他的形而上学本性也不是他的物理本性，而是人的劳作（work）。正是这种劳作，正是这种人类活动的体系，规定或划定了'人性'的圆周。"① 它使人真正地从"物化"走向"人化"，以一种具体的、现实的、完整人的形象矗立在教育理论之中，并规约了高校思想政治理论课教学的实践性，即"思想政治教育的现实性和思想政治教育价值实现的实效性，在社会生活中表现为与其他实践活动的结合与渗透，它是思想政治教育显著的本质属性"②，也决定了思想政治理论课差异教学的内容、目标、方法、途径等无一不来源于社会现实生活，"是生活过程在意识形态上的反射和反响"③。

换言之，生活世界是"人最内在地理解的、最深层地共有的，由我们所有人分享的信念、价值、习俗，是构成我们生活体系的一切概念细节之总和"④，学生的生活世界应是思想政治理论课教学充满生机和活力的沃土，且每个学生个体的具体存在，都意味着一种独特的不可重复和不可替代的人生境遇。传统思想政治理论课教学的一大弊端，就在于长期所形成的从理论到理论的单一、僵化的填鸭式教学模式，其呈现出一种脱离人的现实生活的抽象理论体系与疏离、遮蔽了生活世界的荒漠化的教育场景，导致人的复杂多维的需求完全被淹没在政治教化的单一教学目标中，且学生从思想政治理论课上学到的、从教师教学内容上习得的知识并没有内化为自己的思想，用以指导自己的行为，"学"与"思"、"学"与"行"完全脱节。然而，正如

---

① ［德］恩斯特·卡西尔：《人论》，甘阳译，上海译文出版社1985年版，第87页。
② 张耀灿、郑永廷、吴潜涛、骆郁廷等：《现代思想政治教育学》，人民出版社2006年版，第116页。
③ 《马克思恩格斯选集》第1卷，人民出版社1995年版，第73页。
④ ［德］伽达默尔：《赞美理论：伽达默尔选集》，夏镇平译，生活·读书·新知三联书店1988年版，第56页。

马克思所说,"社会生活在本质上是实践的"①,"环境的改变和人的活动或自我改变的一致,只能被看作是并合理地理解为革命的实践。"② 实践是思想的源泉,思想是实践的必然产物。"人们的思想问题都不是凭空产生的,而是产生于实际生活之中。脱离实际,无的放矢,光讲大道理是不行的,必须联系他们的思想实际,讲出他们想听之理,讲清他们要知之理。否则,理论一大篇,对解决他们的实际思想问题没有帮助,就难免产生厌烦情绪。这就是说,说理一定要有针对性,引导一定要打动心灵,才有成效"。③

因此,以马克思的人的本质的"实践—生成论"为指导的思想政治理论课差异教学必须从人在实践中不断形成的社会关系出发,走进学生的生活世界,才有坚实的基础,才有针对性,才能找准人的思想变动不居的现实根据。且从本质上说,生活乃是教育的根基,一切教育只有在生活中并通过生活,才能培养出全面发展的人,也才能造就出自由的人。"个性的多样化是人的生活多样化的前提,生活的多样化可以形成思想和言论的多样化,不同的思想和言论之间进行自由的讨论可以形成真理,进而提高民智,推动社会的进步。"④ 思想政治理论课差异教学只有植根于广阔的学生生活世界之中,建构与生活世界的广泛、全面、生动、丰富的联系,实现思想政治教育的生活化,在不断丰润学生的生命历程中满足每个大学生个体生命成长的现实需要,为促进个人与社会的和谐持续发展提供精神动力,方能体现出思想政治教育对人的意义之根本所在。

## 第二节　思想政治理论课差异教学的认识论基础

现代主义的主体论是以二元对立的主客二分的认识论为基础的,反映的是认识与被认识的关系,现代主义对理性主体的高扬凸显主体

---

① 《马克思恩格斯选集》第1卷,人民出版社1995年版,第60页。
② 同上书,第55页。
③ 张耀灿主编:《思想政治教育学原理》,华中师范大学出版社1988年版,第273页。
④ 李荣亮:《约翰·密尔论个性教育》,《教育学术月刊》2015年第9期。

的能动性和智慧。后现代主义彻底消解了现代主义的主体性思想,更重视个体及其生命体验,后现代主义的主体论给课程理论带来重要的启示:"我们的课程如何能够给学生提供更多的、享有生活的体验,并在这些体验中丰富自己,而不是用一些条条框框作为模子去规范他们。"① 后现代主义对于现代主义知识观的解构,也就是对奠基于认识论哲学基础上的现代知识观的颠覆,后现代主义以知识的文化性代替知识的客观性,以知识的境域性代替知识的普遍性,以知识的价值负载为认识基础,强调知识的开放性和创造性。后现代主义是一种统合的知识观,被知者不是绝对客观的,而是要在交互作用的整体框架下才能解释现实,"不具有人文性的机械观决定了知者超然于被知者之外,而统合的宇宙观则将自然与人文合为一体,知者不再仅仅作为旁观者和观察者,而要带着各自的价值、目的、信念及其独特的方式与自然对话,于是被知者也就不再具有绝对的客观性"②。

## 一 由特殊认识活动论转向关涉人差异的精神世界的生命·实践论

"教育作为一种培养人的活动,是以过程的形式存在,并以过程的方式展开的,离开了过程就无法理解教育活动,更无法实现教育目标。过程属性是教育的基本属性。"③ 长期以来,在西方知识论哲学传统与现代科学主义思潮相互激励与影响下,思想政治理论课教学逐步确立起一种"特殊认识活动论"的教学过程的传统预设框架而沦落为一种知性教学,"无论对道德教育的理论还是实践来说,20世纪都是一个主知主义的时代"④。它把丰富复杂、变动不居的课堂教学过程简括为教师引导学生获取知识的特殊的认识活动,教师的任务就是把相关知识以尽可能高效、快捷的方式传递给学生,师生关系简化成一种知识授受关系,教师并非视学生为一个个鲜活的、思想性格各

---

① 靳玉乐、于泽元:《后现代主义课程理论》,人民教育出版社2005年版,第55页。
② 王红宇:《新知识观与课程观》,《比较教育研究》1995年第4期。
③ 郭元祥:《教育的立场》,安徽教育出版社2009年版,第25页。
④ 戚万学:《冲突与整合:20世纪西方道德教育理论》,山东教育出版社1995年版,第29页。

异的生命主体，而是把教学从整体的生命活动中抽象、隔离出来，"几乎不考虑学生的兴趣、学生的现有水平，而只忠诚于知识逻辑，把教学看成单向的传道、授业、解惑，知识成了统治者"①，师生之间的交往在很大程度上以知识的理解和掌握为核心。学习知识成为主体的"我"与一个和自身相分离的"异在物"之间强行接纳的过程，课堂成为缺乏生命活力的知识灌输场所。它不仅导致课堂教学缺乏生气与乐趣，变得机械、沉闷和程式化，失去对智慧的挑战和好奇心的刺激，师生的生命力在课堂中得不到充分发挥，课堂趋于"沙漠化"。②而且也因"割裂了教育与德育的一体性、割裂了德性的内容结构与形式结构、割裂了认知与情感、割裂了知德与行德，进而割裂了与生活的血肉联系"③，日益丧失自身存在的根据，陷入无力与乏善可陈的困境。

进一步审视这种高校思想政治理论课的知性教学，我们不难发现，其所囿于的"特殊认识活动论"传统框架，是一种有失偏颇甚至是错误的认识论逻辑。

首先，它将学生淹没于理性的知识世界，搁置了人各具差异的精神存在特征，遮蔽了思想政治理论课教学对人的丰富精神世界建构的本真使命。

在马克思看来，"人是肉体的、有自然力的、有生命的、现实的、感性的、对象性的存在物"④。"人是能思想的存在物……"⑤ "真正的人＝思维着的人的精神"⑥。换言之，人作为万物之灵，其超越万物的自身标志是他的精神。"人是精神，人之作为人的状况乃是一种精神状况。"⑦ 每个人的存在不过是一种独特的精神生命的旅程，"人

---

① 蔡春、扈中平：《从"独白"到"对话"：论教育交往中的对话》，《教育研究》2002年第2期。
② 叶澜：《让课堂焕发出生命活力》，《教育研究》1997年第9期。
③ 高德胜：《知性德育及其超越：现代德育困境研究》，教育科学出版社2003年版，第19页。
④ 《马克思恩格斯文集》第1卷，人民出版社2009年版，第209页。
⑤ 《马克思恩格斯选集》第1卷，人民出版社1995年版，第409页。
⑥ 《马克思恩格斯全集》第3卷，人民出版社1960年版，第56页。
⑦ [德]雅斯贝尔斯：《时代的精神状况》，上海译文出版社1997年版，第3页。

的精神世界发展如何，是人的发展水平高低的主要标志，人与人之间之所以存在差别，就是由于精神发展不等"①。且只有精神才能使人的生命展现变成有目的的创造性的实践生活。人的实践范畴包含着两种不同目的、不同过程的实践，即改造客观物质世界的实践和改造主观精神世界的实践，它们分别解决人所面临的生存性矛盾和发展性矛盾。作为高校学生思想政治教育主渠道的思想政治理论课教学，在本质意义上应然地定位为关注与发展人的主观精神世界的实践活动。其"对象是人及人的心灵，德性是一种获得性品质，触及的是人的灵魂和人的精神世界"②，即它"内向"地指向人的丰富多彩的主观精神世界，是围绕着人及其心灵，致力于人的精神世界的意义建构和精神生活的终极关怀。思想政治理论课教学对人的意义世界的引导、启发、促进，需要的是与建构人的物质世界完全不同的教育理念与方法。因为它所授的不是物之理，而是人之理，也不是人之所是之理，而是人之应是之理。然而反思当下的现实，"人的精神力量是当代新人形象中最富有特征，又是以往教育中最为忽视的一面"，囿于"特殊认识活动论"传统框架的思想政治理论课知性教学的突出弊端，就在于贯穿整个教学过程的是一套接受知识、形成概念、记忆规范、反复练习等等的机械式的"学科规训"。它"志于知"，强调"知道"，重"智"、主"知"，倾向于同一化的、片面的、抽象化的"德性之知"的"灌输"而遗忘了"人是有思想的生物"这一"教育的第一观念"③，搁置了对人各具差异的精神存在特征与具体的、现实的生活状态和生命状态的关注。正如弗罗姆所指出的："占有生存方式和存在生存方式在知识领域的区别表现为'我有知识'和'我懂得'这样两种措辞方式，存在生存方式的至高鹄的就是深刻的知识，而占有式生存则是大量的知识。存在生存方式把知识看作是生产思想的一部分，而占有式把知识看作是实体性的财产，不与自身的内心、精神

---

① 王坤庆：《精神与教育》，上海教育出版社2002年版，第102页。
② 张澍军：《德育哲学引论》，中国社会科学出版社2008年版，第150页。
③ [奥]茨达齐尔：《教育人类学原理》，李其龙译，上海教育出版社2001年版，第24页。

世界发生联系"①，人的德性是人的一种整体的稳定的精神状态，"是一种善的积淀和定势，不仅仅是道德经验和道德知识的学习、体验和积累，更重要的是一种使人的内在精神世界不断发展和深化的精神动力，具有指导人的道德实践、提升人的精神境界的作用"②。思想政治理论课知性教学将"训练驯服而划一的公民这种思想代替了唤起人民的政治意识和发展民主的美德。人们满足于反复灌输政治思想，而不去培养人们了解他们所处这个世界的结构，履行他们生活中的真正任务，以便不至于在一个迷惘不清的宇宙里盲目前进"③。它仅仅观照了人的对象化了的知识世界，"人育""育人"变成"物育"，从而也就放逐了人的精神世界的意义探寻，遮蔽了思想政治理论课教学对人的丰富精神世界建构的本真使命。

其次，它混淆了德性的"教化"过程与智育的"认识"过程，漠视知识和道德的不可通约性与思想政治理论课教学对人的丰富精神世界建构的特殊性、复杂性。

人生活在世界中，就总是生活在人化的世界中，生活在人（类）的文化的世界中，这个人化的世界不断地把人（类）的文化传递到个体的生命世界之中，也把人类、社会、群体的价值理念、道德规范渗入个体的生命内涵之中，使个体从肉身自然的存在形式中超越出来而成为价值的存在，成为德性的存在。这个过程既是"教化"的过程，也是思想政治理论课教学的应有之义。"德性不是先天的享赋，而是后天的教化和实践的结果……通过德性的教化，生活者形成美善生活（the good life）的知识和智慧，这样才会有在生活中的理性判断和选择合理性的生活行动。"④ 然而，囿于"特殊认识活动论"传统框架的高校思想政治理论课知性教学，混淆了德性的"教化"过程与智育的"认识"过程，漠视知识和道德的不可通约性，寄望于通

---

① 弗罗姆：《占有或存在》，国际文化出版公司1989年版，第36—37页。
② 黄富峰：《德育思维论》，人民出版社2006年版，第30页。
③ 联合国教科文组织国际教育发展委员会编著：《学会生存：教育世界的今天和明天》，华东师范大学比较教育研究所译，教育科学出版社1996年版，第189页。
④ 金生鈜：《德性与教化：从苏格拉底到尼采：西方道德教育哲学思想研究》，湖南大学出版社2003年版，第76页。

过单一的知识传授使受教育者因掌握了知识而必然地遵守道德规范。这种对高校思想政治理论课教学的偏狭认识，显然犯了逻辑错误，即哲学界所称的"自然主义谬误"。因为"德性之知"是一种分辨善恶、识其当然的价值认识，有别于识其必然的科学之知。它只是个体德性获得教化的必要条件，而非充分条件。诚如亚里士多德评述苏格拉底的"知识即美德"所指出的："苏格拉底认为德性就是理性（因为全部德性都是知识），而在我们看来德性伴随着理性"；"在他认为全部德性为明智时，是错误的，在他说德性离不开明智时，就言之成理了。"① 知识和道德处于不同的范畴，之间隔着逻辑鸿沟，具有不可通约性。知识是关于"是什么"的描述，属于事实范畴；道德是关于"应当如何的"规范，属于价值范畴。休谟认为"必须区分事实论断和道德（价值）论断。如果从知识（事实）论断推出道德（价值）论断，就是违规"②。杜威也曾提醒我们，注意区别作为指导人的行为方向的观念，"已成为品格的一部分，因而是行为动机的一部分的那种观念"的"道德观念"和作为纯粹道德知识的"关于道德的观念"。这两个概念的意义在于："关于道德的观念，关于诚实、纯洁或仁慈的见解，在性质上是不能自动地使这些观念变为好的品性或好的行为的。"③ 同时，囿于"特殊认识活动论"传统框架的高校思想政治理论课知性教学，也有违学生德性形成的心理结构的认识规律，撇开了思想政治理论课教学对人的丰富精神世界建构的特殊性与复杂性。马克思认为，"最可靠的心理学家们都承认，人类的天性可分作认识、行为、情感，或是理智、意志和感受三种功能，与这三种功能相对应的是真善美的观念"④，人和高等动物的生命活动虽然都是渗透着意识的生命活动，但人能把这种渗透着意识的生命活动本身作为意识的对象，即对这种活动本身进行认知、评价、选择和设计，

---

① 苗力田：《亚里士多德选集》（伦理学卷），中国人民大学出版社1999年版，第146页。

② ［英］安东尼·弗卢：《新哲学词典》，上海译文出版社1992年版，第171页。

③ 赵祥麟、王承绪编译：《杜威教育论著选》，华东师范大学出版社1981年版，第97页。

④ 陈望衡：《中国的马克思主义美学探索者》，《理论与创作》2001年第1期。

因而使"有意识的生命活动把人同动物的生命活动直接区别开来"[①]。这样，人的认知、情感、意志等意识活动就规定了人的心理本质特性。如果把这种心理本质特性和人的道德意识活动相联系，那么与之相对应的就是个体的道德认知、道德情感和道德意志。"把知、情、意、行作为思想品德的一级结构形式是国内外比较通行的分法。"[②]它要求高校思想政治理论课教学过程中对学生德性的教化应是一个"知、情、意、行"的"引导生成"的复杂过程，旨在"使人心与所教之事相融相洽，由此使心灵得以转变并被充实提升，即个体能认识到善（好）的价值，把它整合为自己的本质，从而达到'从心所欲不逾矩'的'化'境"[③]。其中，"知"即思想品德认识，它是人们对一定社会的思想道德关系以及关于这种关系的理论、原则、规范的理解和认识[④]，是"情""意""行"的基础；"情"即道德情感，是伴随着道德认知而产生、对人的道德需要是否得到实现所产生的一种内心体验[⑤]，它为"意""行"提供情感与精神力量，"一个人从认同价值，产生动机，激励行为，并最终形成人格，其间都需要依助情感的作用"[⑥]，"没有情感体验相伴随的规范认知是一种僵化的教条，无法实现其对行为的导向功能。没有情感驱动的规范行为是机械被动的盲目行为或虚假行为，失去了道德的本来意义"[⑦]；"意"即道德意志，是人的意志过程或主观能动性在其品德上的表现，是由"知""情"到"行"的中介环节，起着深化"知"、调节"情"并催生"行"的重要作用；"行"即思想品德行为，它"是人们在认识、情感、意志和信念的支配下，在实践活动中履行一定的思想道德义务的

---

[①] 《马克思恩格斯全集》第3卷，人民出版社2002年版，第273页。
[②] 杨韶刚：《道德教育心理学》，上海教育出版社2007年版，第129—139页。
[③] 詹世友：《论教化的三大原理》，《南昌大学学报》（人社版）2000年第3期。
[④] 陈万柏、张耀灿：《思想政治教育学原理》，华中师范大学出版社2009年版，第104页。
[⑤] 陈琦、刘儒德：《当代教育心理学》，北京师范大学出版社2007年版，第106页。
[⑥] 朱小蔓、其东：《面对挑战：学校道德教育的调整与革新》，《教育研究》2005年第3期。
[⑦] 王健敏：《社会规范学习心理与品德建构》，《教育研究》2000年第8期。

实际行动"①，是"知""情""意"的基础性来源与核心意义归宿。可以说，完整的品德结构是上述各要素共同作用、相互结合而成的，且"人们的思想品德呈现出差异性，从其结构方面说，正是由于构成思想品德的各要素有其特殊性，或者各要素的组合关系有其特殊性"②。高校思想政治理论课知性教学之所以收效甚微的根源之一，就在于它的唯知识论，它从品德结构中单独抽出"知"这一要素，把知性看作为德性发展的根据和唯一维度，一味强调道德认知的"单打一"，不仅肢解了学生品德结构的整体性，而且也抹杀了思想政治理论课教学对人的丰富精神世界建构的特殊性与复杂性。

其三，它以知识的绝对性、客观性与外在于人的理性主义知识观主宰教学过程，以决定与被决定、主导与被主导的主客二分思维方式来认识教与学的关系性质，忽视了学生作为不同的个体所具有的主体性、差异性与内在多元化、不断变化发展的道德需要，割裂了德性养成与学生主体生命实践的内在的必然联系。

"从笛卡尔起，贯穿着整个启蒙运动及其后继者，所有关于现代性的理论话语都推崇理性，把它视为知识与社会进步的源泉，视为真理之所在和系统性知识之基础。人们深信理性有能力发现适当的理论与实践规范，依据这些规范，思想体系和行动体系就会建立，社会就会得到重建。"③ 这种知识观表现出的知识无疑具有绝对性、客观性与外在于人的特征。同时，自笛卡尔以来，主客二分的思维方式正式确立。人们普遍认可教育过程的"三要素"说，即认为"教育者"是教育过程的主体、"受教育者"是教育过程的客体、"教育资料"是连接教育过程主客体的"中介"。上述知识观与"三要素"说深深扎根于"特殊认识活动论"的教学过程的传统预设框架之中，受其主宰与影响，高校思想政治理论课教学沦为一种使学生存贮知识的行

---

① 陈万柏、张耀灿：《思想政治教育学原理》，华中师范大学出版社2009年版，第104页。

② 班华：《思想品德结构和新时期德育任务》，《华东师范大学学报》（教育科学版）1986年第2期。

③ ［美］道格拉斯·凯乐纳、斯蒂文·贝斯特：《后现代理论：批判性的质疑》，张志斌译，中央编译出版社1999年版，第3页。

为,一种对学生施加外部道德影响的过程,从而日益凸显出诸多的弊端:一是它扭曲和颠倒教育与人的关系,消解和扼杀了学生德性发展的主体性,阻滞了学生独立人格的形成,并抑制了学生德性的升华。它把学生异化为一种没有个人意志、没有自主意识的知识的附属物、无差别的可以统一加工和塑造的客体性的"物"的存在,为既定道德取向与道德规范的无条件的认同者、遵从者。既无权质疑,也无权尝试提出新的道德取向与道德规范,更无法通过践行道德的过程体验到满足、快乐从而获得一种精神上的享受,所能做的仅仅是像口袋一样装下教师教授的各种"美德"。它"强调教师在教学过程中的主导作用,忽视学生的主体参与;强调教科书内容在学生知识经验中占据强势地位和权威性,不重视学生自身的自主体验"[1],使学生鲜活的个性、主动性和创造性、自主的目的性追求等等一切的一切,在"奥卡姆剃刀"下被修剪得整整齐齐。它"以'我不讲,学生就不懂''我讲了,学生就接受了'为教育者的思维定式,视学生为被动、从属的地位的'生物受体''美德袋',强调学生的道德认知是'告知'的,而非'自知',强调外化或外烁而非内化或内发,是一种学生的主体性不彰乃至形成'人学空场'的道德教育"[2],挫伤和压抑了学生的生命主体性和德性的自我建构。二是它把人的复杂多维、变化发展的道德需求完全淹没在道德认知的单一教学目标之中,强调全体受教育者的统一性,导致教学成为忽视学生差异的整齐划一的"齐步走"。具体从学生的道德活动发生的主体动力——道德需要的视角来看,马斯洛的"需要理论"表明不同人的需要是不同的,每个人的思想政治素质是不同的,其所需要思想政治教育有种类与层次上的差别。且人的需要又是不断变化发展的,"这就决定了任何一种思想政治教育的具体内容和具体方式必然是随之变化而变化发展的。否则,如果思想政治教育固守既有的教育模式(内容和方法)不变,必然使自己愈来愈不适应变化的社会状况,也就不能合乎变化了的人性,

---

[1] 蔡志良:《思想政治理论课教学改革的价值取向》,《思想·理论·教育》2004年第12期。

[2] 梁红、彭湃:《境界哲学视野中的德育趋向》,《教育评论》2004年第2期。

更不能满足现实的人的变化了的实际需要和利益。那么，思想政治教育就会慢慢失去实效性，甚至最终失去存在的合理性"①。而囿于"特殊认识活动论"传统框架的高校思想政治理论课知性教学，仅强调教学本身的知识传递、价值输送等社会意义的实现，即强调实现教学的显学意义，教学受体的隐性需要、创造、驱动等方面则被忽视，即"它既忽视了作为每个独立个体，处于不同状态的教师与学生在课堂教学过程中的多种需要和潜在能力，又忽视了作为共同活动的师生群体，在课堂教学过程中双边多向、多种形式的交互作用和创造力"②。三是它向人展示的只是一个理性的"知识世界"教学，而忘却或偏离了作为根本的"生活世界"，割裂了德性养成与学生主体生命实践的内在必然联系，导致其呈现出远离生活、远离社会的荒漠化的教学场景。生活，究其根本就是追求人生意义的活动。一方面，生活世界既是事实世界又是意义世界，是两者相互联结的世界。生活的意义负载于生活的事实中，离开了生活的事实和实际的生活过程，生活的意义就会成为虚妄。另一方面，任何生活事实都是被打上意义的烙印的，生活的事实总是在生活意义的展开中实现为事实的，人也总是按照他自己对生活意义的理解和设定来营造现实的生活活动与生活关系的。大学生作为德性的存在，其最鲜明、最生动的意义就在于他们有属于自己的现实的道德生活，思想政治理论课教学的根本任务在于帮助学生完成对于人生意义的求索。马克思和恩格斯在《德意志意识形态》中曾这样批评康德："康德只谈'善良意志'，哪怕这个善良意志毫无效果他也心安理得。"③ 实际上，囿于"特殊认识活动论"传统框架的思想政治理论课知性教学，长期以来也犯了与康德相似的错误，一方面热衷于各种道德理想主义的说教，另一方面又忘记了道德教育在生活世界中的意义基础，忘记了道德教育的效果最终必须在现实生活中才能真正实现。它导致教学远离学生的现实生活与具体生命历程，成为缺乏作用基础的"空中楼阁"，使学生不幸成了"有知

---

① 万光侠等著：《思想政治教育的人学基础》，人民出版社2006年版，第267页。
② 叶澜：《"新基础教育"探索性研究报告集》，上海三联书店1999年版，第224页。
③ 《马克思恩格斯全集》第3卷，人民出版社1960年版，第211页。

识而没文化""有才而无德""会考试而不会做人"的单向度的、乏人性的"空心人"。

总之,思想政治理论课差异教学要改变上述状态,就必须突破"特殊认识活动论"的传统框架,转向关涉人差异的精神世界的生命·实践论,即从更高的层次——视学生为一个个鲜活的、思想性格各异的生命主体的层次,用动态生成的观念,重新全面地认识高校思想政治理论课教学的本质,构建新的差异教学观,它所期望的实践效应就是:让课堂焕发出生命的活力。

## 二 思想政治理论课差异教学的"生命·实践论"意蕴

在近代哲学中,黑格尔非常注重"差异性",这可以从他对法的理解中得到证实,黑格尔指出:"法的命令是:'成为一个人,并尊重他人为人'。"[1]但黑格尔哲学从强调"同中有异",关注差异性开始,最终却上升到了"一致性与和谐性"。20世纪30年代,法兰克福学派兴起之后,"差异性"思想被再次发挥到极致,其中强调"差异性"最为彻底的是法兰克福学派的阿多诺,他在其奠基性的著作《否定辩证法》一书中,详细地阐发了"非同一性"的思想。当代西方"非同一性"思想的集大成者是著名的法国犹太哲学家列维纳斯[2]。他者哲学肇始于现象学,是为了克服"唯我论"式的主体性哲学的独断与压抑,及化解其在现实社会生活中所造成的困境而发展起来的。因此,他者哲学的核心就是强调"他性",抗拒在"我"之境的"消融",主张"自我"与"他者"之间的合理"区分",最终达到一种差异性的"共在"状态。

(一)生命立场,个性取向

从生命的高度用动态生成的观念来审视教育,"教育是直面人的生命、通过人的生命、为了人的生命质量的提高而进行的社会活动,

---

[1] [德]黑格尔:《法哲学原理》,范扬、张企泰译,商务印书馆2009年版,第46页。
[2] 李建国:《教化与超越:中国道德教育价值取向的历史嬗变》,中国社会科学出版社2014年版,第222页。

是以人为本的社会中最体现生命关怀的一种事业"①。因此，高校思想政治理论课差异教学，首先应担当起所赋有的提升人的生命价值和创造人的精神生命意义的本真使命。在人的三重生命结构中，"精神生命作为一个'中介'，将肉体的自然生命与社会生命紧密地联系在一起"②。一个精神生命得以长足发展的人，是一个生物性与超生物性、个体性与社会性统一于一身的人。这样的人不仅能向内实现德性的生存和发展，达到心灵的和谐与统一，也能向外适应社会道德要求，产生符合社会伦理的行为。高校思想政治理论课差异教学要履行本真使命，就必须促进人的生物性向社会性的转换，实现人的生命层次上"由物到人"的转变；必须促进人的社会性的发展，引导人融入社会选择与运行的道德伦理选择机制之中，成为促进社会精神发展的推进力量；必须统生物性与社会性于一体，引导精神性的提升，实现人的灵动的意义存在，真正使人走上"成人之道"。其次，还应直面学生个体生命存在的差异性、复杂多样性、发展变化性，引导学生的生命沿着个性化方向健康发展。"我们的成长正是差异的产物。"③差异性、复杂多样性和发展变化性是学生个体生命存在的常态。高校思想政治理论课差异教学是师生共同的生命历程，是舒展学生个性、师生情感交融与人性养育的殿堂，它应视学生之间的个体差异为有效教学的起点和可资利用的教学资源。因为差异是个性的基础，对个体发展具有决定性意义。教育若不关注个性发展，就会造成社会的"集体平庸"，进而影响社会乃至人类的发展。"人们的差异和思想的差异是繁荣社会的基础，在活跃且动态的社会中，思想的差异将让我们更为丰富。"④ 同时，高校思想政治理论课教学不是消弭学生差异的"屠宰场"，而应是展示学生个性的舞台。因为学生之间的差异可以

---

① 叶澜、郑金洲、卜玉华：《教育理论与学校实践》，高等教育出版社2000年版，第136页。

② 张曙光：《生存哲学：走向本真的存在》，云南人民出版社2001年版，第199页。

③ Kanpol, B., *Critical Pedagogy: An Introduction* (2nd), London: Bergin & Garvey, 1999, p. 93.

④ Wink, J., *Critical Pedagogy: Notes from the Real World*, N.Y.: Longman, 1997, p. 146.

增加课堂教学的生机和活力；学生之间的个体差异可以丰富学生的经验，拓展学生的视野，实现差异共享。① 也正是在此意义上，联合国教科文组织21世纪教育委员会鲜明指出："教育的使命是多么崇高啊！它需根据每个人的传统和信仰，在充分尊重多元化的情况下，促使每个人将其思想和精神境界提高到普遍行为模式和在某种程度上超越自我的高度。"②

如马克思所言："人对自身的关系只有通过他对他人的关系，才成为对他来说是对象性的、现实的关系。"③ 这种主体性是一种在永远没有完结的与"他者"相互作用中不断走向不能预先确定的主体性，因此，这种主体性又是一种不断生成的主体性。这种主体性才是一种真正"人——我"之间的主体间性。正是在这样一种"人——我"之间的相互作用，相互交往中，"我"才成为一个相对确定性的"我"，而他者也才成为另外一个和"我"一样的"他者"，"我"与"他者"才有相对而言的"自我实现"④。

（二）主体立场，实践取向

教育面对的是"使自己的生命活动本身变成自己意志的和自己意识的对象"的生命⑤，是通过自由自觉的、有意识的生命活动直接把自己跟动物的生命活动区别开来的生命，是可以在一定程度上决定自己的发展速度和方向的主体的人。英国教育家怀特海在《教育的目的》中开宗明义说："学生是有血有肉的人，教育的目的是为了激发和引导他们的自我发展之路。"⑥ 同时，"从马克思主义实践观点来观照教育，真正用实践唯物主义的'实践'范畴来理解教育，教育就是人以理想的自我为目的，以现实的自我为对象的一种自我改造、自

---

① 曾继耘：《关于差异教学若干理论问题的思考》，《教育研究》2007年第8期。
② 联合国教科文组织：《教育：财富蕴藏其中》，教育科学出版社1996年版，第5页。
③ 《马克思恩格斯选集》第1卷，人民出版社1995年版，第49页。
④ 李建国：《教化与超越：中国道德教育价值取向的历史嬗变》，中国社会科学出版社2014年版，第216—217页。
⑤ 《马克思恩格斯选集》第1卷，人民出版社1995年版，第46页。
⑥ ［英］怀特海：《教育的目的》，庄莲平、王立中译，文汇出版社2013年版，第1页。

我建构、自我发展的实践活动"①。因此"思想政治教育不仅是政治文化、公民文化、道德文化的重要传承方式，而且更是人生存、发展和思想品德自主建构的主体活动方式"②。高校思想政治理论课差异教学，必须尊重人的主体地位和重视发挥人的主体性，坚决警惕任何抽象的人性概括和认识对人性整齐划一的规制，坚持面对真实的具体的个人，关注其人性、分析其人性，并以此为基础引导其发挥自身主体能动性来促进其人性发展。相应地，主体立场的高校思想政治理论课差异教学只能坚持实践取向。因为主体的人总是在实践活动中发挥自身的主体能动性、体现自身的本质力量并发展自己的。且德性作为一种获得性人类品质③，所表征的就是道德主体的内在的精神品质与道德境界。是一种必然指向实践并且必须通过道德实践中的德行来证成的精神品格或道德人格。"我们的美德来源于我们的行为，我们的行为又证明了我们的美德。"④ 就德"性"与德"行"而言，两者常被视为主观原因与客观结果的关系，即所谓的"在心为德，施之为行"（《周礼·地官》）。

（三）生成立场，过程取向

对学生的成长而言，其人性是在生命实践中不断地生成、丰富和发展的。人性在生命实践中如生命体般的不断生成、丰盈、完善都离不开过程。人性绝不是现成性存在，而是在原有基础上有待发现、发掘、引导、发展、完善的生成性存在。所以高校思想政治理论课差异教学应坚持人性的生成立场、过程取向，重视人性得以生成的基础、人性发展现状及人性未来的发展趋向，反对把人性当成是既成的不变的事实，反对戴着有色眼镜看待人性，反对用先验的预设看待学生的人性。应把人性"看作一个流动的过程，而不是一成不变的抽象物"，视"人性的历史是一条奔流不息的江河，而不是一块坚硬不化的顽石；人性是人类潜能的无限发展的趋势，而非若干固定特征的简

---

① 张应强：《高等教育现代化的反思与建构》，黑龙江教育出版社2000年版，第173页。
② 张耀灿等著：《思想政治教育学前沿》，人民出版社2006年版，第2页。
③ ［美］麦金泰尔：《德性之后》，龚群等译，中国社会科学出版社1995年版，第241页。
④ ［美］彼德·诺思豪斯：《领导学：理论与实践》（第二版），吴荣先等译，江苏教育出版社2002年版，第165页。

单汇集"[1]。它绝不是对一成不变的人性的顺应或改造,而是要借助道德经验和道德知识的学习、体验和积累,通过教学活动为学生人性的健康成长提供养分,拓展学生对于人性的认识视野,提高学生的人性鉴别和分析能力,促使学生人性更好地发展。

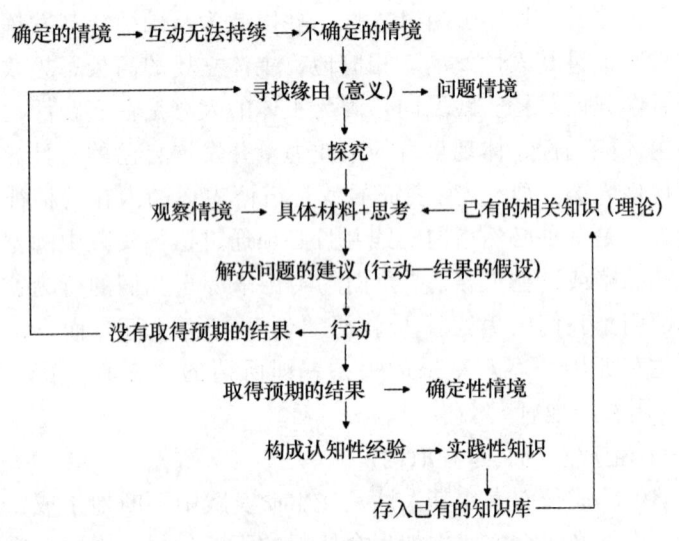

```
确定的情境 → 互动无法持续 → 不确定的情境
                              ↓
              ┌──────→ 寻找缘由(意义) → 问题情境
              │                ↓
              │               探究
              │                ↓
              │    观察情境 → 具体材料+思考 ← 已有的相关知识(理论)
              │                ↓
              │       解决问题的建议(行动—结果的假设)
              │                ↓
              └── 没有取得预期的结果 ← 行动
                                ↓
                         取得预期的结果 → 确定性情境
                                ↓
                         构成认知性经验 → 实践性知识
                                ↓
                           存入已有的知识库 ─────────┘
```

图 2-1 杜威实用主义知识论中知识形成的过程

资料来源:陈向明、赵康:《从杜威的实用主义知识论看教师的实践性知识》,《教育研究》2012 年第 4 期。

上图非常清晰地呈现了教师的实践性知识的形成过程,教师以不确定的情境为起点,经过探究、行动取得预期效果,直至新的确定性情境产生,将知识视为知者与被知者的有机整体,是一个复杂的、统合的系统。后现代主义主体论、知识观的重构,为课程观的变革提供了理论基础。基于知识意义性的知识观反对传统课程所追求的权威意识和控制意识,提倡一种开放的课程观,强调在知识传授的过程中关注课程知识建构的过程和情境,尊重每个个体发展的独特性,进而在知识与人对话的过程中帮助学生不断建构自己的意义世界,提升自己

---

[1] 袁贵仁:《人的哲学》,工人出版社 1988 年版,第 61 页。

的精神境界。

## 第三节 思想政治理论课差异教学的价值论基础

追求价值是人们认识与实践的内在动因，只有正确理解了差异教学的价值取向，才能正确地认识差异教学的本质，促进其健康发展和进一步完善。

### 一 逻辑起点：思想政治理论课差异教学的社会发展取向

教学的终极目标是促进学生的发展。思想政治理论课差异教学也不例外，所以，思想政治理论课教师要以更加开放和包容的自信心态正视多元文化并存的现实，加强马克思主义的宣传不等于排斥其他思想的存在，加强马克思主义的教育也不等于否定其他理论的价值和意义。要用马克思主义的立场、观点和方法对社会上存在的各种影响较大的价值观念和社会思潮进行全面、客观、理性的分析，让学生自己在深入学习思考的过程中认清各种思想流派的起源流变、精神实质，并逐步提高自身审视、鉴别的能力。

（一）发展观的演变

人类的发展被区分为古代、近代和现代，以历史进步论范式将人类的进化和共同体的状态区分为野蛮与文明，某种意义上都是以生活形态和质态的变迁与攀升为依据的。近代以来，发展观深受理性主义和实证主义的影响。"启蒙的发展观"可追溯至十八至十九世纪以来的进化论思潮及其相应的社会学实证研究，主要关注"传统社会"向现代社会转变发展的普遍规律。就发展理论的"范式"而言，开始采用有关理性的逻辑演绎法，将错综复杂的人类发展进程和复杂现实无一例外地还原为"人类社会如何由低级阶段向高级阶段演变"这样一种普遍的历史哲学问题。发展的差异性、多样性和自主选择性等，则被视为一种"特殊"和"例外"。其中，最典型且最有影响的当属黑格尔所创制的代表了所谓"历史真理"的"理性的一维发展观"。黑格尔对"理性"及其所主导的社会发展和进步历程充满乐观主义;"理性出现在世界上,具有绝对信心去建立主观性和客观世界的同一,并能够提高这种确信使成为真理"①。但是,黑格尔却忽视了理性的极限化运用依然会使理性"走向自己的反面"。

从古希腊的苏格拉底、柏拉图一直到近代的黑格尔,哲学史上一切唯理主义的传统形而上学把世界的存在理解为超感性的理性化实体,理性是唯有人才具有的一种高级禀赋,是人区别于他物的根本特性,因此构成了人的本质,是人的真实存在之所在。在人的存在问题上,传统形而上学认为:人是一种超越矛盾关系、被清除了差异性、丰富性和具体性的单极性、单向性的存在。既然在人的存在的诸多性质之中,有着现象与本质、变与不变、多样与永恒、表层与深层之间的二元等级结构,后者在此等级结构之中占据着绝对的优先和统治地位,为了获得人的原型和隐秘本质,必须在二元对立关系寻求绝对一元化的一极来作为人之存在的根据,那么,在两极之中牺牲另一极,在二元之中虚化另一元,在差异之中清除"杂多性",就成为建构人的形象所作的必然选择。由此,本来蕴含着矛盾性、多元性、差异性内容的人的生存结构被纯化和蒸馏成单向的、单极的抽象化幽灵②。

进入十九世纪以后,发展自身原本具有的人文的、价值的、实践理性的原初价值内蕴,逐渐被推崇"财富最大化""享乐最大化"的各种显性的经济、生物和文化事实所遮蔽。20世纪30年代,在面对工具理性压抑,而造成人新的异化的过程中,最先对这种不断膨胀和蔓延的理性主义发出批判、质疑声音并加以系统理论研究的,是以"社会批判理论"著称的德国法兰克福学派,理论中坚霍克海默和阿多诺作出了杰出的贡献。阿多诺在其奠基性的著作《否定辩证法》一书中,详细地阐发了"非同一性"的思想,这是继黑格尔从强调"同中有异",关注差异性开始(这可以从黑格尔对法的理解中得到证实,黑格尔指出:"法的命令是:'成为一个人,并尊重他人为人'"),"差异性"思想被再次发挥到极致。批判理论对教育的影响

---

① [德] 黑格尔:《小逻辑》,贺麟译,商务印书馆1984年版,第410页。
② 贺来:《辩证法的生存论基础——马克思辩证法的当代阐释》,中国人民大学出版社2004年版,第190页。

重大,出现了批判教育学。20世纪60年代之后,教育领域中批判理论逐渐发展成燎原之势。以马尔库塞、霍克海默等为代表,主张以"审美性教育与艺术生活"的乌托邦式个体改造理想,来对抗资本主义的现代性异化压抑。"批判理论"认为,在资本主义进入垄断之后,资本主义社会的整个庞大的经济基础已经形成了稳定的"结构",因此,必须使文学艺术具有审美教育性,应发挥自身所具有的审美教育功能,培养具有独立性、反思性类型的理想人格,来推动和改造社会走向未来。批判教育学有很多派别,但只有哈贝马斯的交往行动理论从理论上解决了工具理性与价值理性的矛盾对立状态。

马克思主义哲学的(反面)批判性和否定性是通过对资本主义的不合理性的揭示而体现资产阶级哲学对人、社会和自然的一般本性和规律的错误认识,马克思主义哲学的(正面)批判性和肯定性是进一步通过对社会主义的合理性的揭示而体现无产阶级哲学对人、社会和自然的一般本性和规律的正确认识。工具理性是德国社会学家马克斯·韦伯(Max Weber)提出的,指行动只由追求功利的动机所驱使,行动借助理性达到自己需要的预期目的,行动者纯粹从效果最大化的角度考虑,而漠视人的情感和精神价值。所谓价值理性,是指"通过有意识地对一个特定的行为——伦理的、美学的、宗教的或作任何其他阐释的——无条件的固有价值的纯粹信仰,不管是否取得成就"。价值理性体现一个人对价值问题的理性思考,价值理性比工具理性更为本质,工具理性是为价值理性服务的。

在工具理性和价值理性背道而驰的现代社会,理性自身被"工具化",蜕变为"工具理性","一切文明的理性的核心就构成了丛生的神话的非理性的细胞;由于否认人的自然特性,不仅熟练地支配自然界的目的,而且人自己生活的目的,都变成了迷惑和看不清的了。……手段作为目的被提高到登峰造极的程度"[①]。当代西方社会秉承的、片面强调经济发展的实证主义发展观,正是在理性形而上学之上生长、壮大起来的。自欧洲启蒙运动直至整个20世纪,社会现代化实

---

① [德]马克斯·韦伯:《经济与社会》(上卷),林荣远译,商务印书馆1997年版,第56页。

践历程的开启，提高了人们的生活质量，改善、优化了人们的生存境遇。但发展中原本包含着的"社会向善"及"主体德性"提高等内在意蕴被逐步淡化、遮蔽以至最终被抛弃，发展成为唯一的目的，变成了单纯强调经济的增长和财富的积累，人则成为发展的工具和手段。人的自主性、主动性、个人能力及正当利益和选择都被忽视。以哈贝马斯和罗尔斯等为代表的规范论者认为，现代社会中价值观念的多元，利益主体的多样已经是一个既存的社会事实，在这样的社会现实中，个体之间行为规范的分歧，只有诉诸交往理性的方式才能得以解决。

各种文化之间的碰撞其实质是各种文化所负载的价值观念之间的碰撞。文化的价值观念对于一个民族而言，"它体现为一个民族的生存理想和对自己生活道路的选择。"文化观念之间碰撞的实质是以民族国家为主体的民族文化发展中所面临的异域文化、甚至是强势文化的同化、渗透和冲击的矛盾状态。其最根本的特质在于，"民族文化怎样在开放的环境中保持其自身的自主性和发展性的问题。"各种价值观念之间的碰撞与交流在为人们提供和展现多种可能的人类文明的样态、生存理想与生活方式的同时，也导致人们重新思考和定位其自身的认同。使得"我是谁""我从哪里来？""我要到哪里去？""我和你是什么关系？"这些古老而又新鲜的追问成为社会生活中一个极为重要的组成部分。因此，我们面对的时代主题与进一步发展所直面的时代境遇"不是价值的匮乏，而是如何处理不同价值观念之间的磨擦与冲突，使之和谐共生，并建构一种具有普遍意义且能够共同认同的普遍价值原则。"[1]发生在文明断层线上的各种"文明的冲突"，表明人类对价值"共享"的渴望。同时说明，世界上的每一种文明都有其存在发展的依据，保有"他者"的"他性"，允许"差异化"的存在。因此，有学者认为：在这个层面来讲，深入发现"异"就是发现世界，只有"求同"而且"存异"，世界才会走向更和谐，人类才会更美好[2]。

---

[1] 刘芳：《全球化时代的价值认同》，《甘肃理论学刊》2004 年第 5 期。
[2] 李建国：《教化与超越：中国道德教育价值取向的历史嬗变》，中国社会科学出版社 2014 年版，第 222 页。

## (二) 社会发展取向的思想政治理论课教学面临的挑战

当代人类社会的危机,无一不是占有性个人主体性张扬、肆虐的结果。表现在人与人的关系中为严重个人主义;人与社会的关系中的表现为缺少社会成员的责任感;国家与国家的关系中,表现为大国沙文主义和霸权主义;在宗教与宗教的关系上,盛行原教旨主义;人与自然的关系中呈现为对征服占有自然的人类中心论。可以说,当代社会,人类生存与发展中的差不多所有问题,都是由于对类意识的自觉程度不够,以及由此带来的对于类本位的实现程度不够造成的[①]。当代人类发展面临的问题,只有把个人的主体意识提升到类意识,把个人主体提升为类主体,才能真正得以解决。从群体本位、个人本位到类本位,是人类社会自觉发展的趋势,也是当代社会的基本状态。走向类本位,自觉为人,是当代社会发展的要求。这一要求伴随着世界的全球化、网络信息化和人类可持续发展等,正在逐步变为现实。这意味着,人类正在走向自觉为人的时代。

当代中国社会,总体上看,也处于第二向第三种社会形态的过渡,与西方语境下的人类社会发展具有一致性,但还要看到中国的特殊性。近代以来,西方以个人主体为核心,以至于当代西方个人主体性泛滥成灾,因此,当代西方反思和批判个人主体性,走向后个人主体性或主体间性。而中国近代长期的封建宗法制对个体的压制,改革开放以后,是对宗法社会"权力至上性"的批判与超越,使人成为一个具有权利、理性的和自主性的个人主体。我们在解放个人主体性,弘扬个人主体性之时,西方社会在反思和批判个人主体性,步伐看似不一致,但我们也感受到了"物的依赖性"所导致的个体人格不健全的问题,集中体现为现实中存在的"物的生存大于个人自由发展""权利大于义务""能力大于道德""感性大于理性""依附大于自立""工具理性大于价值理性""资本大于劳动"等现象[②]。所以,中国社会需要在高扬个人主体性中,以类的意识、自觉为人的意识约

---

[①] 韩庆祥、邹诗鹏:《人学——人的问题的当代阐释》,云南人民出版社2001年版,第224页。

[②] 韩庆祥:《现代性的本质、矛盾及其时空分析》,《中国社会科学》2016年第2期。

束个人主体的问题,防止重走西方社会的老路①。

　　正如马克思指出的:"工业较发达的国家向工业较不发达国家所显示的,只是后者未来的景象。"② 以上西方社会的发展历程,无疑是我国现代化进程的前车之鉴,也构成了影响深远的国际环境。同时,20世纪90年代苏东剧变被西方学者认为是社会主义制度的失败,是"历史的终结"。苏东剧变所造成的信仰危机余波未平,使世界范围内的社会主义事业跌入低谷,人们对社会主义理论与实践产生了诸多困惑,动摇了对马克思主义、共产主义的信仰。虽然这一事件已经过去二十多年,但它对中国社会及高校思想政治理论课教学所产生的消极影响并未真正消除。

　　世界多极化、经济全球化,网络技术和新媒体发展快速化,推动了商品贸易、资源、资本、技术、人才、各种社会思潮的全球大流动,导致国家、组织、个人之间以及社会生活各个方面的竞争越来越激烈,实用主义、物质主义、拜金主义、享乐主义、虚无主义盛行,价值观多元化,意识形态淡化,思想理论教育虚化。以开放自由、多元交互、便捷海量为特征的新媒体改变了人们的生活方式和认知方式,大学生不再依赖主流媒体、思想政治理论课的课堂来获得信息,主流意识形态的权威性遭遇空前挑战,而思想政治理论课的传统话语体系、话语方式、教学手段、教学方式创新滞后于时代的发展。

　　从国内环境看,经过四十年的改革开放,一是国家面貌发生了历史性变化。经济总量位居世界第二,经济平稳快速发展,综合国力大幅提升,国际竞争力和影响力与日俱增。民生不断改善,人民物质生活水平、社会保障水平不断提升,精神文化生活日益丰富多彩。二是中国社会结构发生了深刻变化。随着社会主义市场经济的发展,社会经济成分、组织形式、就业方式、利益关系和分配方式日益多样化,社会阶层不断分化,利益主体日益多元。思想领域一元主导多样并存,人们思想的独立性、选择性、多变性、差异性显著增强,价值观

---

①　参见冯建军《教育哲学中的"人"与人的"教育哲学"》,《教育学术月刊》2016年第10期。
②　《马克思恩格斯全集》第44卷,人民出版社2001年版,第8页。

混乱,全社会信奉的核心价值及价值观有待进一步培育。三是改革开放以来社会各个领域累积起来的问题和矛盾越来越凸显。发展过程中的城乡差别、地区差别、贫富差距问题尚未得到有效遏制,党群关系、干群关系、警民关系、医患关系、民商关系、劳资关系等有日趋紧张之势,不同群体之间、不同阶层之间信任缺乏,诚信问题、道德伦理问题日益凸显。所有这些问题相互交织,尤其是一些突发性事件经网络发酵成为社会舆论关注的焦点,牵动着全社会的神经,而舆论矛头集中指涉的有关党政机关及其工作人员又屡屡被事实所证实,极大地伤害了民心,严重影响了人民群众对党和政府的信任、对党的理论主张和政府政策的认同。原本理论形态与实际生活的差别和矛盾,在这种环境下变得更加突出。照本宣科同质化的思想政治理论课教学在这样的现实和事实面前难以做到理直气壮,显得苍白乏力。

从思想政治理论课教学微观环境看,由于社会成员生存和发展环境的变化,作为教学主体的教师,对思想政治理论课的地位和功能认识偏颇,教学理念、教学内容、教学方法和手段并未真正做到与社会发展和现代科技发展同步,其备课、上课考虑更多的是教学本身的系统性和逻辑性,较少注意到学生的差异性。

传统的高校思想政治教学以教材为唯一的"范本",在教学过程中"照本宣科",而随着教育的全球化、信息化与现代化的推进,使得知识海量化、碎片化特征凸显,要求教师不能再以"教材为纲"、以自身的教学为本位,必须树立"学生本位"和"学生主体"意识,对教学内容进行有效拓展。在教学过程中,以启发、引导为主,以讲解为辅,突破时间与空间的限制,打破体制与机制的藩篱,为学生提供更加丰富多彩、引人入胜的教学内容,才能激发学生的学习兴趣,创设学生自主学习的良好氛围。

## 二 逻辑终点:思想政治理论课差异教学的个人发展取向

人的全面发展是人类数千年来的不懈追求。《共产党宣言》的发表揭示了人的全面发展的科学内涵,也为实现人的全面发展指明了方向。人的全面发展是共产主义社会的主要特征,也是我国社会主义社会的本质要求。高校思想政治理论课是我国高等教育的重要内容,其主要任务是对大学生进行系统的马克思主义理论教育，帮助他们树立正确的世界观、人生观、价值观，提高运用马克思主义的立场、观点、方法分析问题解决问题的能力。

（一）发展观从"社会本位"向"个人本位"的转变

高等学校的根本任务是培养人。引导学生树立正确的世界观、人生观和价值观，是思想政治理论课的重要使命，也是思想政治理论课的立身之本。忽视、弱化意识形态性，思想政治理论课也就失去了存在的价值。习近平总书记指出：高校肩负着学习研究宣传马克思主义、培养中国特色社会主义事业建设者和接班人的重大任务，要坚持不懈传播马克思主义科学理论，抓好马克思主义理论教育，为学生成长奠定科学的思想基础。唯有坚持意识形态的"纲"，才能打造有虚有实、有棱有角、有滋有味的思想政治理论课，培养又红又专、德才兼备、全面发展的社会主义事业合格建设者和可靠接班人。

国家教育路线、方针、政策的制定充分考虑国家的稳定与发展是必需的，然而教材、教学大纲、考试标准和方法等方面的整齐划一，给高校教育划定了许多框框，而高校为了统一管理和大规模作业，在对学生教育时又过于强调共性教育，忽视了学生的个性培养。从专业选择来说，一些学生一入学就被迫进入自己不想学的专业，而中途又鲜有机会转专业学习，从而导致一部分学生消极地以应试的方式应付学习，这种现象极其不利于创新人才的成长。国家和高校的共性制约严重束缚了学生主体的凸显，使学生独立人格的获取失去了主体独立性的基础，从而影响了学生的全面发展。

现代社会发展曲折复杂的历史进程一再提醒仍然处于现代化历史进程之中的民族和国家，必须始终对下述两个问题保持足够的理智和清醒认识。一方面，发展作为创造、引领、实现和规制人类普遍的美好生活的手段，究竟在何种意义上实质性地促进了其所承诺的既定价值目标的不断实现，从而使人们能够真切地感受到生活水平、生活质量和生活品质与境界的不断提升；另一方面，发展在何种意义上、以何种方式、基于何种目的，明显地一再偏离、误导了人类的生活目标和秩序，导致生态、世态以及心态之严重的、持续的、大面积的失衡，从而使人们普遍感受到财富的增加、空间的拓展、选择的多样化等,其实并没有带来这一过程原本应具有的快乐、舒适、充实、体面和尊严。

发展价值观的偏离,是发展被狭隘工具理性化理解和对待的结果。1983年,法国著名经济学家弗朗索瓦·佩鲁在《新发展观》一书所建构、主张的"发展理念"及其发展观,对后发现代化国家充满理智上的期待,相信不发达国家"经过沉思之后,会起来反对经济主义,因为经济主义对人的生存是具有危害性的,而人的生存则是实现其自由最可靠的保证"①。有鉴于此,"必须就生活条件、文化和政治意志的锻炼提高个体和群体的标准""以促进共同体内每个个别成员的个性全面发展"②。由个体发展和群体发展相互促进的理念跃然纸上。

时任罗马俱乐部主席的奥尔利欧·佩奇表达了他的立场和识见:"从最广泛的意义上说,人的发展是人类的最终目标,与其他方面的发展或目标相比,它应占绝对优先的地位。"美国现代化专家A.英格尔斯更是直接指出,社会发展与社会现代化的实质,是"人的现代化"。"人的现代化是国家现代化不可缺少的因素,它并不是现代化过程结束后的副产品,而是现代化制度与经济赖以长期发展并取得成功的先决条件。"③

"主体主义是20世纪人类一系列思想的集中概括和总结,人类中心主义、个人主义、国家主义、民族主义是主体主义的重要表现或重要组成部分。20世纪西方道德教育理论深深地扎根于主体主义思想之中。"④当人的存在遭遇现代与后现代之后,道德出现"碎片化"的趋势。"道德开始被分离成人们思想、感觉和行为的一部分,有了'正确'与'错误'的区别。对人的行为作了严格区分的标准,诸如

---

① 薛羽:《"以人民为中心的发展思想"之历史审视》,《中学政治教学参考》2017年第12期。
② [法]弗朗索瓦·佩鲁:《新发展观》,华夏出版社1987年版,第175页。
③ [美]阿历克斯·英格尔斯:《人的现代化》,殷陆君译,四川人民出版社1985年版,第8页。
④ 李太平:《20世纪西方道德教育理论的特点及其思想根源》,《比较教育研究》2003年第9期。

'有用''真理''美''适当'等，在人类历史上的大部分时期，并没有被注意或者指定出来。"①"追寻美德"已经成为时代的呼唤。

与此同时，以罗尔斯、哈贝马斯为代表的普遍理性主义所主张的"程序正义"与"交往理性"开始大行其道。交往理性是当代著名哲学家和社会学家哈贝马斯（J. Habermas）的代表性理论，他认为早期的先验理性和工具理性存在一定缺陷，过多强调以主—客体二元对立关系把握人的主体性和理性能力。在哈贝马斯看来，策略行为和交往行为是存在于人类社会关系的两种主要行为方式。策略行为受工具理性支配，代表了社会中最典型的主—客体关系；交往行为则受交往理性或价值理性支配，其行为关系建立在强有力的语言理解的共识力基础之上。

正如马克思所言，每一个人的自由而全面的发展是一切人自由而全面发展的基础。人通过实践把对象世界改造为符合"我"与"他者"要求的生活世界，实现"我"与"他者"的不断统一。也只有在这样的"共在"状态中，人才会有自由。而这样的"共在"状态，恰恰是在承认他者的他性，承认他者之异的前提下才能够得以保存的，这样的存在状态才是一种"求同存异""和而不同"的"共在"状态。

他者哲学的核心价值是：尊重生命，善待他者，和解共生。他者哲学的核心价值体现在对他者他性的尊重，对在"共在"状态的"求同存异"的维护，对"你活—我也活"（live - and - let - live）结构的保有上，并最终使生活世界本身所具有的丰富性、多样性、灵动性、鲜活性、开放性得以呈现。把他者看作另一个"我"，尊重他者的差异性，让他者有尊严地活着。使"我"与"他者"在相互作用、相互交往的过程中，彼此交融，双向流动，进而走向无限的超越。在以"他者"为视角审视众多研究主题的时候，采用的是一种发现"异"的眼光。在后现代理论视域中，对"差异"的重视成为突破原有思维定式的切入点。

---

① ［英］齐格蒙特·鲍曼：《后现代伦理学》，张成岗译，江苏人民出版社 2003 年版，第 4 页。

规范伦理虽然将注意力集中在规范的"生成"即规范本身的正当性问题之上,但"规范"本身的实现,离不开对人自身内在超越性与自律性的培育。规范作为当然之责是一直存在着的,不因德性伦理的消亡而消亡,也不因规范伦理的兴起而兴盛。人们从对规范的接受、认同走向了对规范本身以及规范制定的程序的追问,而不再仅仅停留在了善本身。从善本身走向对善的制度与规范的追问,源于世俗化的进程,也说明主体从自我建构自身走向了一种他者与自我共同建构的过程。与此同时,从经济社会变迁的视角来看,在古代社会伦理与道德的或者说共同体的同一性程度非常高,幸福的生活、德性等与规范是同一的,人们对规范的正当性很少提出质疑,但到了近代启蒙以后人们对伦理规范本身的正当性、程序的合法性提出了质疑,这一方面由于权威的消失导致规范本身受到质疑,同时也因为经济制度的变迁引发了人与人之间关系的重新建构。人的发展最终是在社会关系中的发展,社会实践的广度和深度为人的发展设置了基本的边界。

"发展才是硬道理",是邓小平的一句名言。未来的发展观的选择或确立,需要一个正确的历史观和方法论——马克思的唯物史观理论和历史的实践辩证法理论支撑,并在此基础上建构起一种既立足于现实,又面向未来的新发展观。这种新发展观的确立,意味着对"发展"本身、发展满足人的需要的方式本身,以及对"人的需要"的性质和限度等,作出一种人类学本体论意义上的肯定和认识论意义上的慎思明辨、价值论层面的人文关切,以及制度论层面的实践规制。邓小平同志于1992年提出将"三个有利于"作为衡量人们一切工作是非得失的判断标准,即判断的标准应该主要是看是否有利于发展社会主义社会的生产力,是否有利于增强社会主义国家的综合国力,是否有利于提高人民的生活水平。"三个有利于"成为衡量人们一切工作是非得失的判断标准。在"三个有利于"标准的指引下,中国社会由此确立了对于人自身的创造及人的自我价值的给予充分肯定的新的价值取向。

把培养国家发展和社会进步所需的多种多样的人才明确作为我们教育改革的目的,以各行各业拔尖创新人才和国民科学文化素养的培养等成绩作为衡量教育部门政绩的基准。英国教育家弗雷德·诺思·

怀特海在《教育的目的》一书中开宗明义说："学生是有血有肉的人，教育的目的是为了激发和引导他们的自我发展之路。"教育的根本目的是"人"，必须警惕学校办学目标的异化。学校一切工作的出发点和立足点都应该是促进人的自我发展，身在其中，学生能够时刻感受到来自师长的善意，感受到学校对生命成长的期待。任何教育教学活动都不可能回避价值问题。"差异教学"的产生和发展也立足于本身的价值追求，包括：促进每个学生最大限度发展的人本价值、实现高水平高质量教育的教育学价值、推进社会的民主进程的社会价值和促进多元文化发展的文化价值①。

长期以来，在我国教学实践中存在着过于追求表面知识或知识外在化的工具主义价值取向，教师实施的课堂教学缺乏灵活性、自主性和独立性，致使学生处在一种狭小的学习空间，沦为缺乏个性、缺乏创造力的知识的储存器，并无奈地接受烦琐的标准化试题对知识"复制"程度的检测，从而严重抑制了灵性思维和创新智慧的发挥。

有鉴于此，差异教学以皮亚杰、布鲁纳认知理论及加德纳的多元智力理论为依据，注意借鉴科学主义和人文主义的教育理论，重视学生的原有认知基础、认知结构、学习兴趣、态度及学习方式等和教学的相互作用、注重通过体验与反省使知识进入个人的内心世界，与学生个体的生活境遇和人生经验融化在一起。差异教学从关注个体间的差异出发，强调尊重生命的独特性和生成性；因为每个人都是独特的个体，教师不应用同一的标准去衡量所有的学生；从关注个体内的差异出发，强调每个学生都拥有智能的优势领域和弱势领域，教师应了解学生的长处和短处，知道每个学生学习方式的不同，善待处于弱势的学生，让每一个学生都能在教学中获得成功的机会，体验到生命成长的快乐；从关注自然规律出发，强调人是未完成的存在，也是非特定化的存在。学生总在变化着、生长着，他们在不同的学习阶段有着不同的生命体验，教师应为学生创设一个有助于其生命充分生长的和谐、宽容、平等的教学情境，把学生的生命力量引发出来，使学生的学习过程成为生命成长的过程。总之，差异教学不片面追求高分和升

---

① 王辉、华国栋：《论差异教学的价值取向》，《教育研究》2004 年第 11 期。

学率，它重视人本身的发展，将个体的全面发展与个性发展统一起来，强调教师教学要以学生为中心，采用多样化、个性化的教学策略，促进每个学生最大限度地发展，使之能够在复杂、多元、快速、多变的社会环境里正确地进行知识选择和创新，实现人的价值。差异教学对社会民主的关注，基于以人为本的思想，体现在关注人的基本权利方面。托克维尔认为："社会民主是指一种平等、被普遍接受为根本价值的社会状态。"① 布赖斯把民主的观念解释为一种民族精神和一种生活方式。实质上，社会民主是指其民族精神要求它的社会成员认为自己有平等社会地位的社会。②

（二）思想政治理论课差异教学中蕴含的价值基础

在集体主义教育的内容上强调，"毫不利己，专门利人""个人是社会的一块砖，哪里需要往哪里搬""人是社会这台机器上的螺丝钉，哪里需要哪里拧"等。这种教育的目的在于强调社会道德的整齐划一，千人一面。这种思想政治教育，不仅违背教育的基本规律，将社会规范与人对立起来，视为外在于人的要求，而且在教学过程中，将教师视为道德的化身，将学生视为非道德的化身。同时又违背了个人与社会之间基本关系的规律。马克思指出："首先应当避免重新把'社会'当作抽象的东西同个人对立起来。个人是社会存在物。"③ 伽达默尔的"生活世界"，指"人最内在地理解的、最深层地共有的，由我们所有人分享的信念、价值、习俗，是构成我们生活体系的一切概念细节之总和"④，引导主体间对话的是问题的内在逻辑，而非主体或客体的单方面意向。对话的结果既不是主体对客体的消融，也不是客体对主体的吞噬，而是"对话共同体"的形成以及存在意义的生成和丰富。对话双方是相互依存，融为一体又不断超越的。

蔡元培认为在民主共和社会，道德教育的首要目的是使人们遵守社会规范，摒除恶念，不做违法乱纪之事，不损害他人利益，但这仅

---

① ［法］托克维尔：《论美国的民主》，商务印书馆1988年版，第195页。
② 陈秋平等：《教育与社会民主》，《天府新论》2003年第6期。
③ 《马克思恩格斯全集》第42卷，人民出版社1979年版，第122页。
④ ［德］伽达默尔：《赞美理论：伽达默尔选集》，夏镇平译，生活·读书·新知三联书店1988年版，第56页。

仅是"不可为"的消极道德范畴。要想提高一个人的品德修养，发展其人格，只有消极道德是远远不够的，还必须济以自觉性、自为性的积极道德。"人性何由完成？曰：在发展人格。发展人格不外乎改良其品格而已。"[①] 道德教育的最终目的就在于培养国民健全的道德人格，实现人的自由全面发展，完成人性。蔡元培强调发展人格，是对封建专制社会伦理体系教育的极大突破。"所谓健全人格，分为德育、体育、知育、美育四项。"[②] 因此，他提出了以公民道德教育为核心，军国民主义教育、实利主义教育、公民道德教育、世界观教育、美感教育共同发展的教育理念。在他看来，这五种教育是知、情、意、行的结合，要养成完全的人格必须知、情、意、行并举，通过道德教育和文化知识的学习提高人的道德认知、丰富人的道德情感、坚定人的道德信念及提高人的道德实践水平，从而实现人的自由全面发展。众所周知，辩证法的原始含义是"对话"，但在传统哲学中，这种含义或者被绝对的同一性话语所窒息，或者被抽象地理解成抵达肯定性和同一性的途径和桥梁，对话原本具有的开放性和流动性意义消失了。在"德性之后"，重建"普适伦理"的关键，是以"他者"为视域重新审视集体主义教育中所指向的个人与社会之间的关系。他者表示一种"人—我"之分，表示"人—我"之间的差异性，意味着价值取向的多元化，"正是由于他者性，构筑了具有差异性的主体共生体，实现了主体间的共在、共生、共享"[③]。因此，首先要承认个体之间的差异，并尊重差异。他者既然具备差异性，在教育中就应当把他者看作另一个和自我对等的个体或者存在，而对他者做到起码的诚实与尊重。其次，"己所不欲，勿施于人"表达了一种最基本的"去自我中心化"的要求。必须设身处地，将心比心地从他者出发去为他者考虑。

---

① 蔡元培：《在北京高等师范学校〈教育与社会〉社演说词》(《蔡元培全集》第三卷），中华书局1984年版，第395页。
② 崔军：《蔡元培教育思想对中国高等教育改革发展的启迪》，《江苏大学学报》2004年第2期。
③ 冯建军：《从主体间性、他者性到公共性——兼论教育中的主体间关系》，《南京社会科学》2016年第9期。

傅莹是第十三届全国人民代表大会外事委员会主任委员、国际经济交流中心特邀副理事长、中国社会科学院国家全球战略智库首席学者。她在《讲好中国故事改进国际传播》中着重指出：对外传播要心里装着"人"①。

沟通和传播是有明确对象的。不论是对外演讲、接受记者采访还是出席国际论坛，对象虽然不同，但有一个基本共同点——面对的都是人，是有思想和各种文化习惯的人。我的体会是，开展国际传播心中始终要装着"人"，包括三个渐进的层次：了解、重视和尊重。

首先是了解对象，特别是"第一现场"的听众，即在特定时间和空间下对话的具体人。如果是演讲，需要考虑台下的听众主要是学生、学者、业界人士，还是政策制定者，他们对中国哪方面的政策和情况更加关注或者有疑问。如果是采访，记者或主持人关心什么问题？相关的新闻机构有什么政治倾向，秉持什么立场？如果是国际论坛，主持人或者嘉宾也会有自己侧重的问题或者角度，应尽量多地了解他们的背景，论坛通常关注的重点是什么、讨论的主题又是什么？同台嘉宾是谁？他们关心哪些问题？对中国采取的立场是什么？所谓"知己知彼，百战不殆"，了解对方，才能进行有针对性的对话。讲中国故事，目的是让对方了解自己。重要的不仅是自己想讲什么，也需要了解对方想知道什么。"讲"和"听"这两个管道接通了，才能达到传播的目的。

第二是重视。这既包括同意自己观点的人，也包括那些反对或者不认同的人。遇到对中国误解和偏见比较深的人，需要考虑如何应对对方提出的挑衅性问题。例如在接受记者采访时，采访者与被访者之间是一场智慧的博弈，双方都是要赢取镜头背后公众的认可。尤其西方媒体不会轻易让我们利用它们的平台传播我们的主张，总是会试图抬高门槛、提升难度。而我们既然要登上它们的平台，就要做好打硬仗的准备，提升自己应对尖锐问题的能力。

提尖锐问题的人，可能是出于偏见，也可能是想通过引起争论增加新闻性。尖锐问题既是挑战，也是机会。就像打网球，对方打过来

---

① http://ihl.cankaoxiaoxi.com/2018/0312/2258160.shtml.

的球越重，越有机会借力打力。应对尖锐问题需要判断对方的质疑是基于错误的事实还是错误的逻辑。如果"事实"存在问题，那么真实情况是什么？如果逻辑存在问题，如何找到其破绽，釜底抽薪地化解掉？通过回答问题赢得理解，实现传播的目的。

第三是尊重，对人的尊重，对人性的尊重，这是我们作为发展中国家在国际行为中需要一直秉持的信念。今年是周恩来总理诞辰120周年。周总理处理涉外事务的一个鲜明特色，就是他在与人交往时彰显的那种源自内心的尊重，使得与他打交道的人，无论是朋友还是对手，都对他充满敬意。

教学也是一种沟通和传播工作，对象是有差别的"人"，实施思想政治理论课差异教学要心里装着"人"，需要对学生的了解、重视和尊重，特别是当有学生提出不同见解，发出不同的声音时，就检验出教师是否发自内心地重视和尊重学生，是否能以事实为依据，以理服人。同时，对于教学效果的判断，笔者认为也可以借鉴2016年12月傅莹女士在美国纽约大学以《国际行为中"人"的因素》为题进行演讲时，表达过的思考："多年的实践让我观察到，在现代文明环境下，无论是多么富有激情的理念、无论有什么样的道义目的，对国际行为的最终判断，还是要看它对人和家庭带来什么样的影响。"确实，对人性的尊重正是我们与帝国主义和强权政治的国际理念重要的区别之处，也可以说是差异教学和无差别教学理念的重要区别之处！

习近平主席倡导的构建"人类命运共同体"理念及共同安全等观念，强调中国将始终致力于基于相互尊重和互利共赢的国际安全合作，期待在相互尊重和互利的基础上与世界各国建立牢固的、可以适应新形势的伙伴关系。对于教师构建自己的"相互尊重""互利共赢"氛围和谐的课堂也颇有启发。

人的类特性正如马克思所言："恰恰就是自由的自觉的活动"[①]，"自由自觉的人类主体性体现在个人身上就表现为个人的自主性、能动性、自觉性个性。有个性的个人是指在一定历史条件和关系中的具有自主性、能动性、自觉性的从事实践活动的现实的个人。塑造有个

---

[①] 《马克思恩格斯全集》第42卷，人民出版社1979年版，第96页。

性的个人就是根据个人自身内在与社会外在实践推动其自主性、能动性、自觉性个性的发展"①。在教育改革过程中，无论何时何地，我们都应当始终牢牢记住：人才培养，才是衡量一切教育改革成败的核心标准。正如怀特海所言："我坚持认为这是教育中的一条原则：在教学中，一旦你忘记你的学生有躯体，那么你将遭到失败。"② 怀特海说："人的天性各不相同，有很大的差异性。有的人可以鸟瞰、甚至融会贯通整个课程，而另一个人可能发现一些不相干例证。"他还强调："我相信，在教育中如果排除差异化，那就是在毁灭生活。"③ 每个学生都是独一无二的，出生环境、天性、禀赋、兴趣等都不相同，教育者如果缺乏"差异"理念，执意用同一把尺子要求学生进行同质化教学，无疑是一场灾难！

学习是学生内在长久的、稳定的变化，是学生进步的根本途径。思想政治理论课的教学目标的完成，必须通过学习者内部的活动和努力来实现。差异教学比较有助于学生的学习，主要表现在以下几个方面：

第一，差异教学环境下，学生学习的主动性较强。传统教育一贯强调的是教师的权威、控制作用，把认知理解为知识的传授与灌输，学生则处于服从、被动、接受的地位，由于学生是被动地接受教育，他的整个心理活动并没投入到学习活动中，妨碍了学生主动性、积极性、创造性的发展。一个人的身体与心理、右半脑和左半脑、认知与情感本来是密不可分的，如果只注重学生对外部信息的接收、加工和存储，忽视学生的身心特点和内化能力，不注意学生对知识的学习是否出自内在需要，这种只注重学生对符号系统的认知的片面的教育，必然会导致学生感觉迟钝、缺乏想象力、情感冷漠，同时也会严重影响认知效果。在这种情况下，学生的许多学习没有个人意义，难以实现内化。从心理学角度讲，一切真正学到的东西，是靠他们自己智力

---

① 范宝舟：《论马克思交往理论及当代意义》，社会科学文献出版社 2005 年版，第 298—299 页。

② ［英］怀特海：《教育的目的》，许汝舟译，生活·读书·新知三联书店 2002 年版，第 72 页。

③ 同上书，第 14—15 页。

的积极活动，而不是作为被动的听讲者而学到的。

　　提倡学生自我管理和自我教育，在道德教育过程中注重发挥学生的主观能动性，一方面，我们要注重培养学生的主体性人格，尊重学生的差异性，发展学生的个性；另一方面，我们不能一味地强调道德灌输，要注重学生的自我管理和自我教育，充分发挥学生的主观能动性。差异教学中教师是教学的主体，学生是学习的主体，教师不以权威的面目自居，是课堂氛围的创建者，师生地位平等。主动学习的学生较之被动学习的学生，其积极的情绪能够刺激大脑神经细胞，从而大大提高学习活动速度和质量。积极主动是一种健康的情绪状态，处于积极的情绪中的学习者，思维、记忆、想象等都要比处于消极状态中的学习者更高效，表现为反应灵敏、记忆迅速、想象丰富。教师的肯定鼓励和同学之间相互交流讨论，更是激发积极情绪的催化剂。

　　第二，差异教学促进学生的交往性学习。人的个性是历史的，是由交往形式和人的自主活动的矛盾关系决定的。交往形式同人的自主活动相一致，人的个性就会得到张扬，成为有个性的人，反之，则成为偶然的人。因此，"改善人的品质与能力实质在于改变人的交往关系"[①]。要实现人的自由个性、自由发展，就不能把学习视为个体单一地、孤立地获得知识和培养能力的过程，学习是人与人之间相互尊重的交往过程。在交往的过程中，思维受到刺激会加强，知识的价值也能得到提升。基于交往和合作的学习，能让学生在学科知识增长的同时也得到人格的健全和提升，获得丰富的人生体验。分数不是考查学生学习效果的唯一标准，同学之间也不是争先恐后的竞争关系，而是一种"共生"和"互补"的关系，每个人在自己原有的基础上取得进步。

　　第三，差异教学有利于学生的创新性学习。古代科举制模式下皓首穷经的应试僵化了学生的思维模式，忽视了学生真正的兴趣和潜力所在。与传统教学追求统一步调不同，差异教学呼吁创新性学习，鼓励学生求新立异。创新是人类进步的动力，总在不断地突破和超越。

---

① 舒志定：《人的存在及教育——马克思教育思想的当代价值》，学林出版社2004年版，第54页。

"尽信书不如无书",与其追求整齐划一,不如尊重学生的个性,针对学生的兴趣爱好和潜力所在,因材施教,尊重学生个性的发展。差异教学理论提倡积极质疑、大胆批判,是其外在表现;敢于和善于进行自我否定,破除陈规旧知的限定和思维定式的束缚,不断对自我进行反思、更新、超越,更是内在的突破。

第四,差异教学强调体验式学习。传统德育是要求学生按照前人预定的格言行事,差异教学是通过社会生活实践让学生找到了一种公认的适宜的道德标准,而且要把道德知识的学习应用于社会生活的实践中去,在日常生活的点滴中践行德育,身体力行,言行一致。教师在教授修身养德的方法时不能一味地进行道德灌输,不仅要传授具体的道德知识,而且应该结合实际,讲一些生动活泼的历史故事,举一些现实生活中的鲜活例子。体验是强调学习者的参与,重视由直接经验而产生的感情和意识。体验将学习提升到生命的高度,因为有了体验,知识的学习不再仅仅是理性的追逐,还涵盖对感性经验的重视。差异教学理论强调感性因素与理性因素的整合统一,促使学习活动成为完整的心理活动,体现出差异发展的根本要求。高校可以通过开展丰富多彩、形式各异的社会实践活动,来升华和内化道德理论知识的学习,如定期举办道德讲堂系列讲座、开展社会调研活动、开展支农支教活动、线上开设道德论坛等等。道德理论知识的学习可以提高个体的道德理论水平、提升个体的道德认知水平,而通过丰富多彩的社会实践活动能够促进个体对道德问题的理解与领悟,使个体对道德理论的领悟由感性认识上升到理性认识,在实践中提升个体的道德判断力,引起个体的道德情感上的共鸣,使道德主体把外在的道德规范和原则真正地内化为自己内心的道德准则。

教师深厚的学科素养和教学艺术是实施差异教学的根本前提,也是教育智慧的基础。首先是深厚、独到、系统的学科素养,既能一针见血、入木三分地挖掘出教材的精髓内涵,又能对教材有真知灼见,于平凡中见新奇,发人之所未发,见人之所未见,不仅是所教学科领域的专家,也是博览群书的饱学之士。其次,实施思想政治理论课差异教学要心里装着"人",教师的促进者角色使教师更类似于学习顾问或意见交换者,是帮助学生发现问题和不足的人,而不是直接揭示所谓的真理的人，更多的时间和精力被分配到创造性和有效性的工作中。相对于传统的传授者，教师要注重对学生的学习热情和学习兴趣的激发和学习方式和思维方法的启示和点拨，在这里，教育智慧表现为结合学生特点的机智、有组织、有技巧的教学。

## 第四节 思想政治理论课差异教学的方法论基础

高校思想政治理论课差异教学是大量教育理论和实践的综合，既是一门科学，也是一门艺术，思想政治理论课教师必须以严谨科学的态度研究它，深入细致地感悟它，才可能真正掌握其方法，把握其内在规律性。

### 一 思想政治理论课差异教学的方法论前提

高校思想政治政治理论课教学要因教学内容而异、因教学对象而异、因教学环境而异、因教学资源而异，概言之，因人而异、因势利导、因地制宜是思想政治理论课差异教学的方法论前提。

(一) 基于"受众细分"理念的因人而异

"受众细分"理念以受众理论为基础，指的是"将受众根据其人口、心理和行为等方面的特征，分为许多小的群体，传播者针对不同的受众群体确定不同的传播策略。"① 受众细分理念在媒体、广告、营销等领域得到了广泛的认可与运用，近十年来，这一理念也被纳入到教育领域，希望能借此提高教育质量，促进课程改革研究。"受众细分"理念的发展得益于受众传播动因的研究，西方学界有关受众传播动因的研究大致可分为五种理论，分别以心理学、社会学、政治学为研究基础。

以心理学为理论基础的受众传播动因研究有个人差异论与满足需要论。1946 年卡尔·霍夫兰（Carl Hovland）提出了个人差异论，该理论以心理学中"刺激—反应"模式为基础，把人的心理认知结构看

---

① 董路：《传播学核心理论与概念》，北京大学出版社2008年版，第193页。

做是影响媒介传播的关键因素,即个体在接受讯息时会根据个人喜好与价值观等差异,选择性地注意、理解与接受。满足需要论着重探讨受众对于大众媒介的消费是有目的性的,是为了满足受众自身的某些需求,该理论驳斥了以往认为受众面对大众媒介是被动的、消极的,强调了受众的主体地位。

以社会学为理论基础的研究包括社会类型论与社会关系论。1959年约翰·赖利(J. Larry)、蒂达尔·怀特·赖利(H. Larry)提出了社会类型论,强调"受众社会群体的特性差异"[1]。该理论认为因性别、年龄、地区、民族、职业、收入等差异,可以将受众分为不同的社会类型,学界普遍认为社会类型论是对个人差异论的修正。社会关系论则认为受众并不是孤立存在的,而处于一种复杂的联系网络中,或是有组织有领导的团队,或是仅仅由血缘、兴趣等因素聚集在一起的群体关系。大众媒介所传播的讯息将会受到这种联系圈的审视和排查,一旦媒介所传播的讯息与团体的观点或利益不一致,便会受到抵制与不信任。在社会关系论的基础上,拉扎斯·菲德尔(P. Lazarsfeld)提出了"两级传播论",他认为大众媒介并不是直接对受众产生影响,而是一小部分经常接触媒介的人在接受讯息之后再通过人际传播传达到所在的联系圈。这些在公众舆论中起引导和影响作用的人被称为"意见领袖"。"在两级传播中,第一级是媒介把信息传递给特殊的受众——意见领袖;第二级再从意见领袖通过人际传播把信息传递给大多数的受众。"[2] 两级传播理论改变了以往对于传播过程是简单的、线性的认知,揭示了大众传播的过程实际上是复杂的,多层次的。

以政治学为理论基础的研究是社会参与论,最先由 J. A. 巴伦(J. A. Balen)提出,他主张应当保障受众参与和使用媒介的权利。邵仁培将社会参与论的主要观点归纳如下:"(1)大众传媒是公众的讲坛,而不是少数人的传声筒。(2)公民及团体既是讯息的接受者,也是传播者。(3)人们不满足做一名消极的受众,而是试图积极参

---

[1] 邵培仁:《传播学》,高等教育出版社2007年版,第285页。
[2] 刘强:《传播学受众理论战略》,《西北师大学报》(社会科学版)1997年第6期。

与到媒介的传播与制作过程。(4) 受众积极主动的传播比被动传播更容易接受。(5) 传播是受众表达权、反论权的具体体现。"[1]

思想政治理论课,它重在传播主流价值观,属于一种特殊的传播活动。此前已有不少学者从多个角度论证了思想政治教育与传播学具有内在统一性,主要体现在以下几个方面:(1) 思想政治教育过程中教育者与受教育者之间的互动,受教育者内部之间的交流,以及伴随媒体、网络的日益发展,思想政治教育要及时革新方法与途径,注重对人民群众在日常生活中进行潜移默化。这些都属于传播学的范畴,譬如人际传播、组织传播,大众传播等。(2) 二者的目的具有一致性,"传播学与思想政治教育都是传播者(教育者)通过特定的方法或手段对受众(教育者)实施某种影响,以达到转变其观念和行为的过程。"[2] (3) 二者之间的要素(角色)可以互相对应,"教育者对应着传播者;受教育者对应着受传者;教育内容对应着传播学中的信息;教育方法和载体对应着传播学媒介;教育效果对应着传播反馈;教育环境对应着传播中的噪音及环境。"

思想政治理论课不同于专业课等知识性课程,以传播主流价值观为教学目标,而价值体系的有效构建要遵循大学生的认知特点,采用适宜的传达方式。将受众细分理念运用到思想政治理论课差异教学之中,借鉴受众传播动因研究、"意见领袖"作用机制、"集体参照标准"等理念,将课堂打造成一个信息传播场所,不回避与传播者观点相反的事实与论据,遵循"两面说服"大于"一面说服"的原理,按照大学生的认知特点据理批驳。同时,通过情景设置引发不同思维水平的学生在学习交流过程中的观点交锋,发挥内部信息交流机制,进一步增强传播效果,增强思政课差异教学的针对性和有效性。

(二)以人民主体为导向的因势利导

毛泽东在《关于领导方法的若干问题》一文中曾提出"从群众中来到群众中去"[3]的思想,主流意识形态建设同样应坚持这一原

---

[1] 邵培仁:《传播学》,高等教育出版社2007年版,第288页。
[2] 王贤卿:《论传播学受众理论与思想政治教育创新》,《思想政治教育研究》2009年第11期。
[3] 《毛泽东选集》第3卷,人民出版社1991年版,第899页。

则，如在网络社会，善于从网民的点赞、评论、转发等网络行为中准确判断并主动适应其心理需求与价值期待，赢得网民自下而上的选择与支持；坚持治理意识与服务意识相结合的原则，积极发挥网民的主体性和参与性，实现自上而下和自下而上的双向互动。在利益关系复杂化、意见表达交响化的社会，主流意识形态的建设需要守住底线、包容多样，凝聚最大公约数。习近平总书记曾指出，凝聚共识工作不容易做，大家要共同努力，网上网下要形成同心圆。中国最强的软实力根植于自身文化之中，一个民族、一个国家的核心价值观必须同这个民族、这个国家的历史文化相契合，同这个民族、这个国家的人民正在进行的奋斗相结合，同这个民族、这个国家需要解决的时代问题相适应。因势利导体现为以人民主体为导向，把跨越时空、超越国度、富有永恒魅力、具有当代价值的文化精神弘扬起来，把继承优秀传统文化又弘扬时代精神、立足本国又面向世界的当代中国文化创新成果传播出去。从一定意义上看，主流意识形态的建设是一个不断凝聚共识的过程，共识的达成对主流意识形态的建设起到了导向和凝聚作用。

马克思主义理论学科的引领作用，一是体现在对哲学社会科学学科建设的引领上，二是体现在对提高思想政治理论课教学实效的引领上，三是体现在对大学生群体及社会各群体思想的引领上。思想政治理论课差异教学肩负着引导价值层面信念共识的使命，其主体为思政课教师和大学生，从教师主体而言，培育和弘扬社会主义核心价值观，要下好落细、落小、落实的功夫，研究教学内容和教学对象，增强教学的亲和力和说服力；从学生主体而言，大学生正处在人生成长的关键时期，知识体系搭建尚未完成，价值观塑造尚未成型，情感心理尚未成熟，需要加以正确引导。大学生在教师的言传身教影响下，切实做到勤学、修德、明辨、笃实，使社会主义核心价值观成为一言一行的基本遵循。

在课堂教学中，价值层面的信念共识是主流意识形态建设的核心，是主流意识形态建设的"同心圆"和"共振器"，要求教师构建宽松和谐的课堂氛围，从学生的畅所欲言各抒己见中发现差异，通过思想的碰撞和交锋达成共识，而不是故意忽略不同的声音，简单粗暴地给学生提供一个考试用的标准答案。

（三）以共同利益为基础的因地制宜

思想政治教育工作的生态化运行，就是"将思想政治教育方法论看作是一个具有内在活力、有各种内外相互制约、相互联系的因素在发生着牵制、促进、平衡、协同等综合作用的生态系统。"① 同时，思想政治理论课差异教学的方法论作为一个实践性较强的理论体系，更应注重自然生态环境、经济生态环境、政治生态环境、文化生态环境以及社会心理生态环境等大生态要素对其的影响。因此，思想政治理论课差异教学方法论的生态运行需要以系统思考的思维方式与普遍联系的研究视野正确处理自身内部与外部之间的众多关系，从而建构和推动思想政治理论课差异教学的生态发展。从微观环境来看，在一所大学内部，"实现更有效的差异性课堂的目标需要系统的努力……领导者在差异教学计划的制定、实施和评估过程中发挥着重要的作用"②。

伴随着西方文化的隐形渗透，极端个人主义、享乐主义和拜金主义盛行，影响着我国民众的思维方式、价值判断和政治观念，一定程度上冲击了社会主义核心价值观的主导地位。在社会转型时期，伴随着利益主体的多元化，社会各阶层的利益诉求不断增多，人们也越来越关注和维护自身的利益需求。思想一旦离开利益，就一定会使自己出丑。人们的价值观念究其根源是由其自身的利益所决定的，社会利益主体的多元化和利益关系的复杂化也使得社会主义核心价值观受到了多种价值观念的冲击。

意识形态代表着一定阶级的根本利益，是一定阶级政治纲领、行为准则、价值取向、社会理想的思想理论依据。③ 自上而下树立主流意识形态的权威是意识形态建设的传统，灌输法是这一认知的生动体现。作为国家意志的体现，主流意识形态需要国家和统治阶级通过整合不同的价值选择和社会思潮确保其主导地位。正如恩格斯在《论权

---

① 邱柏生、董雅华：《思想政治教育学新论》，复旦大学出版社2012年版，第199页。
② ［美］Carol Ann Tomlinson, Susan Demirsky Allan：《差异教学的学校领导管理》，杨清译，中国轻工出版社2005年版，第176页。
③ 宋惠昌：《当代意识形态研究》，中共中央党校出版社1993年版，第9—10页。

威》中一文中所指出的"一方面是一定的权威,不管它是怎样形成的,另一方面是一定的服从,这两者都是我们所必需的,而不管社会组织以及生产和产品流通赖以进行的物质条件是怎样"①。为整合不同的意见,确保长治久安,国家有权动用其宣传机器自上而下地树立主流意识形态的权威。但是在几乎人人都可以发声的网络社会中,主流意识形态的建设仅仅依靠顶层设计、阵地建设、理论说教等措施是行不通的。这种自上而下的单向度路径在某种程度上蕴含着以外在力量驱使民众被迫服从的逻辑前提,并不是主流意识形态建设的长久之策,以共同利益为基础凝聚共识,则自下而上地夯实了培植主流意识形态的土壤。

## 二 思想政治理论课差异教学的方法论原则

高校思想政治理论课教学要遵循高等教育规律、思想政治教育规律、遵循教书育人规律、遵循学生成长规律,这是思政课差异教学的方法论原则。

首先,思想政治理论课差异教学必须遵循高等教育规律。

"教育的本质是人格建构和塑造,即开发人的潜能、塑造完全的人格、建设完全的文明。"② 作为育人的重要理论与手段,思政课教学必须坚持以人为本,明确其根本任务在于建构人的"完全人格",培养具有进取性、创造性和超越性等现代特征的人。同时,主体人类学对教育理念的反思,指出工具理性主义和"流水线作业"对教育的异化影响,以及现代教育存在严重缺位与不当省略,提醒我们思想政治理论课差异教学在发展过程中坚持"培养人"与"教育人"的基本规律,推动人的"精神世界的均衡"与"人格建构的完整",侧重创造性智慧和能力的开发、人文历史知识的教育、广泛情趣爱好的培养以及道德情感的养成③。

---

① 《马克思恩格斯选集》第 3 卷,人民出版社 1995 年版,第 226 页。
② 陈秉公:《主体人类学原理:"主体人类学"概念提出及知识体系建构》,中国社会科学出版社 2012 年版,第 453 页。
③ 马超、娄淑华:《思想政治教育方法论现代性探析》,《思想教育研究》2016 第 7 期。

大学的人才培养必须适应社会的需要，大学的定位本身也必须反映社会对大学的要求和期望，我国高校的人才培养目标总体而言是"培养德智体美劳全面发展的社会主义建设者和接班人"。思想政治理论课对学生施以政治素质和道德素养的培养，有利于大学生树立正确的世界观、人生观、价值观，形成坚定的社会主义理想信念，培养爱国主义情怀，养成高尚的道德品行等。虽然不同专业属性的人才培养目标具有多样性，但强烈的社会担当和国家责任又赋予了不同专业的人才培养目标决不能放弃应有的共性要求，如爱国主义精神和对人类、国家、社会、环境负责的精神；坚定的科学信仰、高雅的文化修养、高尚的道德操守；国际文化视野、世界胸怀和国际社会适应能力；自我发展和创业、创新的能力等。目前，在高等教育人才培养过程中重视本科教学逐渐成为共识，而真正提升本科教育教学质量，必须从源头入手，深入课堂、研究课堂、研究教学，开展微观的差异化课堂教学研究。

其次，思想政治理论课差异教学必须遵循思想政治教育基本原理与方法论。

思想政治理论课的根本任务在于立德树人，培养中国特色社会主义建设所需要的创新型人才。教育部部长陈宝生指出："立德树人要落实到学生健康成长上。要认真研究对象特点。这一代大学生数量越来越多，人生目标更加多样，价值观更加多元，接受新思想新知识的渠道更加多面，大学生活更加多姿多彩。面对这样的大学生，我们要更加重视因材施教，真诚突出学生主体地位，着眼于学生的健康成长，改进教育教学方法，发展每一名学生的优势和潜能。要强化教育教学与现代信息技术的深度融合，推进教育教学方式变革，提高教育教学实效"[1]，思想政治理论课差异化教学正是着力于正确研究教育对象特点的基础上而展开教学的，把学生作为教学工作的出发点和落脚点，能更好地实现立德树人这一根本目标。

思想政治教育学原理指出：教育者与受教育者是主体范畴，其关系在一定条件下可以相互转化；思想与行为是思想政治教育的起点、

---

[1] http://192.168.73.134/www.sohu.com/a/122992000_116897.

过程与归属范畴；灌输与疏导是思想政治教育的功能性范畴；内化与外化是受教育者在教育者的教育引导下所进行的自我教育、自我改造，这几对基本范畴也是本书的核心范畴。思想政治教育学的指导理论同中国共产党的指导思想是一致的，坚持马克思列宁主义的指导，坚持毛泽东思想和中国特色社会主义理论体系的指导，坚持马克思主义的立场、观点和方法，思政课差异教学以这三个坚持为基本遵循，充分体现了思想政治教育的导向性、群众性、渗透性、综合性等特征，符合思想政治教育以人为本、科学性与思想性结合、理论联系实际、一元主导与包容多样结合、知行统一、教育与自我教育结合等原则①。

思想政治教育方法论是关于思想政治教育方法的理论体系。思想政治教育方法论不能没有坚实的哲学基础，离不开哲学眼光和哲学视角。学者张雷生在《思想理论教育导刊》发文指出，马克思主义理论学科研究方法是一个多层次性的方法体系。唯物辩证法表现出来的矛盾分析法、范畴辩证转化法等是马克思主义理论学科研究方法的第一层次方法。唯物辩证法转化的第二层次的具体方法，如抽象法、系统方法、抽象上升到具体的方法、逻辑与历史相一致的方法等，是马克思主义理论学科研究中的分析性方法，展现了马克思主义理论研究、教学和传播的全过程及深刻意义，并进一步延伸出理论逻辑与历史逻辑、实践逻辑相统一的方法，理论原理与理论原理的运用、理论原理的发展相统一的方法。案例分析法、实验研究法、调查研究法、引证分析法、数量分析法等，这些工具性方法是马克思主义理论学科研究方法的第三层次方法。有学者认为，"由于不少研究与人们生活和社会发展中不断出现的现实问题、思想政治教育实践中不断出现的热点难点问题联系不够紧密，研究成果的现实应用性和可操作性不够强，没能及时发挥对思想政治教育实际工作的指导作用。"② 可以说对思想政治理论课差异教学的理论研究和实践探索，不仅是对思想政

---

① 参见马克思主义理论研究和建设工程重点教材：《思想政治教育学原理》，高等教育出版社 2016 年版。

② 万美容、洪星：《思想政治教育方法论研究：回顾与反思》，《思想理论教育》2014 年第 11 期。

治教育的过程和规律的检验，也是对思想政治教育方法论的有益补充，特别是在正确认识和对待教育对象的原则和方式方面。

思想政治理论课差异教学遵循思想政治教育学科的总体方法论，以科学发展观与社会主义核心价值观为统筹和引领。科学发展观把以人为本、全面协调可持续发展理念贯穿于自身体系建设的始终；坚持自身发展与学科建设相协调，决不与其脱离或背离而独立发展；按照现代人的精神活动和思想道德发展规律，创新自身具体方法、技术手段与载体途径等，使自身在应对不断变化的现实面前保持旺盛活力，有效服务于现代人在物质性、精神性和社会性上的全面发展。思想政治理论课差异教学内在地蕴含着社会主义核心价值观的基本理念和精神。社会主义核心价值观以"富强、民主、文明、和谐"的时代意蕴与发展战略，提升思想政治教育方法论的国家意识与社会责任；以"自由、平等、公正、法治"的基本属性与辩证关系，明确思想政治教育方法论的发展原则与价值取向；以"爱国、敬业、诚信、友善"的道德情感与行为标准，优化思想政治教育方法论的实施理念与运行规范。

最后，思想政治理论课差异教学必须遵循教育心理学规律。探索大学生优势能力、认知特点在其内化主流价值观过程中的调控机制，为思想政治理论课差异教学提供内在依据。思想政治理论课教学具有受众庞大的特点，但教学的同质化十分明显，对于思维仍处于发展阶段的大学生，教师没有从学生的思维水平、优势能力、专业特性、兴趣偏好等特点出发，设计出层次性的教育内容、针对性的教育手段。将学生的个别差异视为教育的组成要素，从学生的不同准备水平、兴趣和认知风格出发来设计差异化的教育内容、过程与评价，最终"促进所有学生在原有水平上得到应有的发展"，这本身也是检验思想政治教育效果的一个重要标准。研究特定阶段学生的身心发展、认知特点是确定教学目标不可或缺的心理依据。华东师范大学钟启泉教授认为，根据学生的需要确定课程目标，比较科学的方法是三个方面的有机结合。一是对学生的现状进行调查研究，二是对学生个体差异的研究，三是用动态发展的观点来看待学生的需要[①]。

---

① 钟启泉：《课程论》，教育科学出版社2007年版，第113—114页。

国外对思维能力的研究具有理论体系完善、量具成熟、内容丰富、方法多样等特点,从二十世纪三、四十年代以来,众多的研究者为人类思维的发展提出了各种模型和理论:心理学家皮亚杰(Jean Piaget)以发生学和发展的观点探讨人类认识的个体心理的起源和历史发展,将人的认知分为四个阶段:感知,前运算,具体运算,形式运算,强调发展的内在性和自我协调性,而维果茨基认为人各方面的发展受整个社会的文化、教育以及其他社会因素的影响。他将学生在成人指导下所能达到解决问题的水平与在独立活动中所达到的解决问题的水平之间的差异称之为"最近发展区",其后的研究者提出:学生思维发展主要得益于教育过程中"促进者"和"帮助者"的指导、激励、帮助。布鲁姆 1956 年提出学生认知及情感发展的教育目标分类学(Taxonomy of Education Objective);吉尔福德 1959 年提出智力结构模型(Structure of Intellect)理论;英国剑桥认知研究中心主任爱德华·德波诺认为思维技能是可以培训出来的,为此他设计了多套思维训练课程方案,如《柯而特思维教程》(The CORT Thinking Programme,1971)。

美国心理学家佩里、布朗等认为,进入成年早期以后,由于个体意识到围绕同一个问题多种观点的存在以及解决问题的方法并非单一性的事实,个体思维中的逻辑的绝对成分逐渐减少,辩证成分逐渐增多,在强调确定性和逻辑性的前提下,承认相对性和矛盾性。佩里对大学生的思维特点进行了较深入的研究,发现上述转变过程至少可以分为三种水平、九个阶段:二元性思维水平(dualism)、相对主义思维模式水平(relativism)、约定或承诺水平(commitment)[1]。形式运算是一种依照假设进行的严格的推理形式,当现实情况错综复杂的时候,此种推理会显现出局限性;拉勃维维夫(Labouvievief,1980)认为,成年初期出现的"变通性"思维是思维的一种新的整合,由于意识到现实生活中的各种条件及限制,根据问题情境进行具体的分析和思考,并不严格按照逻辑法规进行推演,这是思维成熟和发展的表

---

[1] 牛慧娟:《佩里的大学生认知发展理论对教学改革的启示》,《现代教育科学》2008 年第 1 期。

现。成年初期个体思维所发生的这种适应性变化，与其所处的客观环境和生活经验密切相关。

在我国关于思维的研究比较有代表性的著作有朱志贤和林崇德的《思维发展心理学》、林崇德的《学习与发展》以及董奇的《关于元认知的研究》。

根据拉扎斯菲尔德和列文的组织传播效果和二级传播理论，传播效果的产生还取决于社会群体内部的信息交流，在社区内符合集体参照标准的信息与观点的交流与分享更为活跃，因此，了解受众群体的"集体参照标准"，引发学生在课堂及其他教育过程中的思想交流与分享，是思想政治理论课差异教学的关键。施拉姆认为，在传播过程中，信息发出者和接收者的编码和解码系统必须具有重叠部分才能使传播行为产生效果，而效果的产生是辨别传播行为是否发生的必要条件。传播者（教师、思想政治教育工作者）是否能够尊重受众之间的差异并充分利用这种差异，以人的思想道德素质形成和发展规律为尺度，构成与受众的思维水平、优势能力等相一致、相适合、相接近的主客体关系并使教育内容的设计与受众群体的"集体参照标准"产生互动。教育心理学研究表明：在大学生群体中，充分利用群体内部思维发展水平的差异化，不仅引发了学生对不同类型学习的迁移，增强了学生创造性解决问题的能力，促进了整体思维水平的提升，而且，学生在解决问题中，拓宽了知识面，学会了在小组中工作的技巧，提高了社交能力。

中国特色社会主义理论具有很强的"意识形态性"和"政治性"，同时有很强的"社会公众性"，如果思想政治理论课教学不能让受众感受到自己所接受的主流意识形态教育是为自己量身定做的，是符合自身发展需求的，其教学有效性就会受影响。这就需要借助教育学、心理学的理论与方法，在受众细分的基础上实现有差异的教学。

### 三 思想政治理论课差异教学的方法论保障

当前高等教育正受到现代信息技术革命的严峻挑战，传统教育的基本要素和关系都面临着一些系统性和革命性的变化。改革创新，是思想政治理论课差异教学的方法论保障。

　　首先，互联网技术使得传播知识的方式和学习知识的方式都发生了变化。进入大数据时代，海量数据获取、存储等技术的不断发展以及人们对数据的重视程度不断提高，大数据不仅仅在自然科学领域发挥着巨大作用，而且在经济学、社会学及教育领域得到应用，在线教育大数据为思政课个性化教育提供了非常好的途径和机会，教育技术开始"倒逼"教学方式方法改革，许多学校也都采取了积极措施为教学改革提供硬件支撑，如开始建设智慧教室、打造网络课程平台等，部分教师能够熟练使用现代教育技术为差异教学铺路架桥。虽然实现教育技术现代化的路还很长，但教育技术与教学改革相结合，已经成为一个无法阻挡的趋势。

　　随着互联网的快速发展，人们得知了解世界各国各地区的消息基本上都来自互联网，互联网是信息的重要来源。当然，大众媒体属于一种间接联系，民众所得到的信息已经经过多次加工过滤，大众媒体作为政府与民众之间沟通的桥梁，具有十分重要的作用，大众媒体的传播功效往往对民众的影响力非常大。大众媒体在传播信息的过程中往往将信息经过一层层的筛选，使其符合社会民众能够接受的风格或是政府主导的信息导向，这种传播只能是一种间接联系。在认知推理方法中，一种态度发源于一种认知发展，并且包括个人知道或认为是"真实"（信念、图像、感知）。知识只限于"真相"，即已经或可以被证明是真实的东西。积极的信念或看法有助于更积极的态度：我们了解了、喜欢（或有好的态度）的对象，我们认为有积极的特点；我们对与我们关联的负面的对象有不利的态度和认为有不积极的特点。图像理论预测了积极的信念、形象和观念导致更积极的态度。

　　其次，思想政治教育活动不仅仅是一种对象性活动，还是师生、生生交往活动，现代教育技术为各种形式的交往互动提供了平台。思想政治理论课作为传播价值观的课程，一味地灌输和说教会引起学生的反感。传统的思想政治理论课局限于课堂，对教师与教学对象主客体关系的划分较为僵硬，弱化了学生的主体地位。唐昆雄和郭蕊提出："教育者忽视了受众（学生）的主体性，没有根据受众的兴趣、爱好和需要等来选择教育内容,从而影响了信息传播的效果。"[1] 在网状传播的网络媒介技术阶段,教育内容的选择成为可能,线上交流、讨论则打破了时空限制、改变互动方式。

运用传播学中"滋补法"的效果弱于"接种法"的实验结论,学者付长海,陈占安等人提出在思想政治教育过程中要重视两面教育,不回避与传播者观点相反的事实与论据,并据理批驳。分众化、差异化传播是相对于群体化、同质化传播而言的。分众化是差异化的一种体现,但分众化之后仍有差异化的诉求。从某种意义上可以说,群体化、同质化传播对应于线性传播、单向传播为主的传统媒体技术阶段,分众化、差异化传播对应于网状传播的网络媒介技术阶段。

随着网络媒介技术的发展,受众可以相对自由地选择信息内容,并且可以开展与媒体的积极互动。在传统媒体技术阶段,国家和民众对媒体选择的余地很小。对于国家而言,权力在一定程度上依赖于对信息的操控,对于民众而言,信息就是"权力的声音"。传统新闻媒体系统在政治体制改革不断深入、市场经济突飞猛进和公民意识渐进觉醒的时代背景下,其独立性相对有所改善,此时的广播、报刊、电视为扩大收听率、发行率、收看率都程度不一地实行分众化、差异化传播策略。1994年中国接入互联网,网络媒体大致也在这一年产生。经过几年的酝酿,1999年"强国论坛"的诞生开启了中国民意表达的新渠道,在这之后,新华网论坛、中华网论坛、新浪社区、搜狐社区、天涯社区等纷纷建立,网络民意表达逐渐成为时尚。可以说,目前由各种信息网络技术构筑的分众化、差异化传播在公众之间、公众与政府之间发生的沟通、交流和对话已经达到了空前的规模。

从受众(学生)的主体性出发,结合受众理论对思想政治理论课教学进行改革,已经成为近年来提高思想政治教育实效性的一个研究热点。马文哲提出要在思想政治教育中注重倡导以人为本,充分发挥受教育者的主观能动性,具体来说,则是从受众自身、受众的媒介、受众环境等方面优化思想政治教育的实效性。王贤卿提出要重视"意

---

[1] 唐昆雄、郭蕊:《受众理论视角下的大学思想政治教育接受过程优化途径分析》,《贵州师范大学学报》,2010年第4期。

见领袖"在思想政治教育中的作用,意见领袖的地位是在群体关系中自发形成的,"传播信息通过'意见领袖'的'过滤'和'加工'后到达与其有社会接触的个体,这样的信息针对性更强,也更容易被受众接受和相信。"[1] 尤其在网络空间中"意见领袖"的作用机制愈发明显。熊晓琳、李海春从受众的"意义空间"出发,着手于"意义尺度"与"意义内容","学生对思想政治理论课的直观判断基本来自于意义空间的'内容'和'尺度'两个方面,有抵触情绪的学生多数源自于作为'尺度'的'伦理'的不一致,而认为课程'过时'、'无聊'的更多是因为意义空间中的意义内容不一致造成的。"[2] 所以,思想政治理论课差异教学的内容选取、教学方案的撰写与设计既要符合学生心理、生理特点,又要具有时代性,切实贴近学生生活,能够真正回答学生当下或未来所面临的问题,才能让学生感受到该课程是为自身发展服务的,是学有所用的。

最后,随着移动互联网和智能移动终端的普及,信息源头和传播渠道增多、网络舆论规模与影响增大,信息传播的即时性、受众结构扁平化等特征使高校思想政治工作面临极大挑战,高校思想政治教育工作者如何以"用户"为核心,以创造知识取代传授知识,从"输入"到"代入",适应以"选择"为导向的"云时代"?

思想政治理论课必须坚持其主导价值,从这一角度而言,在实施过程中的知识灌输作为一种德育原则的存在是有其合理性的。但另一方面,大学生群体内部分层和跨度愈发明显,思想观念、认知水平、学习能力各有不同,甚至话语系统都有差异,难以形成一种普遍的、均质、同步的价值认同。作为一个方法性问题,道德知识的传递、道德信念的灌输还必须考虑学生的接受性,外力无法强制一个人真正接受知识,遑论信念。灌输教育就极易被人们认为是一种"强制灌输",是强制的和封闭的教育。因此,现阶段面对着在多元复杂的社会文化环境中成长起来却又缺少独立做出道德判断和选择能力的大学

---

[1] 王贤卿:《论传播学受众理论与思想政治教育创新》,《思想政治教育研究》2009年第11期。

[2] 熊晓琳、李海春:《传播学受众理论与思想政治理论课教学改革研究》,《学校党建与思想政治教育》2013年第7期。

生群体，高校思想政治理论课教学必须直面这一问题：如何将主流价值观的传递与尊重学生的自主选择相结合，从而让学生真正有所获得。有学者指出，倡导"理解"与"生成"的现代课程知识观转型，要求课程改革更多地关照知识与人的生存意义之间的联系，提升人的精神生命。据此，面对"知识灌输"与"人文化成"之间的矛盾，高校思想政治理论课课程目标设定应由实体思维转向过程思维，促进大学生的意义世界生成；课程内容设计应以问题意识为中心，回归生活；课程实施应以理解为基础，变知识灌输为平等对话[1]。这一解决之道与差异教学的理念不谋而合。

当今世界范围内各种思想文化交流交融交锋更加频繁，国际思想文化领域斗争深刻复杂，在社会各界对中国特色社会主义道路的认同度不断提高的同时，一些错误思潮以学术为形态、以知识为载体做出别样的解读和评说，并竭力争夺话语权和影响力，高等学校是知识分子最为集中的地方，大学师生思想活跃、思维敏捷、个性化特点比较鲜明，对各种新的思想观念、社会思潮敏感性较强。以改革创新作为思想政治理论课差异教学的方法论保障，一方面要围绕受众的认知特点设计多层次教育方案，如对"90后""00后"大学生进行差异化思想政治教育时，既要创设恰当的问题情境，也要将学科的专业知识与思维技能、元认知的培训相结合，另一方面要着力探讨如何结合教育、教学内容，利用校园环境、社会事件、文化素质教育的情感激发功能，在潜移默化、情境体验、言传身教、润物无声中展开教育教学，设计出可操作方案及具体的实施方法。

---

[1] 白萍：《知识的生存意义与高校德育课程改革》，《高等教育研究》2009年第4期。

# 第三章　思想政治理论课差异教学目标

个体从原初的自然状态发展成为特定社会中的一个具体的个体，社会中的合格成员。这样的具体个体既蕴含着个体的特殊性，即"个性"，同时又能参与到共同的社会生活当中从而体现出某种普遍性，这个过程就是社会化过程。社会发展的过程也是人的发展过程，是人的自由实现过程，共产主义社会就是一个"自由人的联合体"，是一个"以各个人自由发展为一切人自由发展的条件的联合体"。可以说人的全面发展是马克思主义的旨归，也是思想政治教育的理论基础和目标任务。教育，不仅仅是指培养人适应文化生活的整个社会活动过程，思想政治教育把成人、做人作为其核心的目的，目标是培养有个性的人，培养自由全面发展的人，从而更好地推动社会的发展。

人的全面发展是相对于人的片面、畸形发展而言的。个人的片面、畸形发展，意味着人的雷同化、平面化和简单化；从人的整体上看，个别人、少数人得到了充分发展的机会，而这是以牺牲大多数人发展的机会而得来的。所以，人的全面发展应该有这样几个要点：全面、自由、和谐及个性的充分展现。人的全面发展是各方面素质和能力得到协调的发展，它是针对传统教育模式中要求千人一面、千篇一律的生活方式和发展方式，提倡在现实条件下尽可能地多样化、个性化发展。

教学目标是教学设计的最终目的和核心环节，在整个教学设计过程中起着指引作用。只有确立教学目标，才能设计出适配的教学方案和评价标准，检验教学的有效性。思想政治理论课教师在教学中要坚持马克思主义对意识形态的指导，用马克思主义武装青年大学生，自觉地将课程的政治功能定位与学生成长发展的理性需求深度融合，实现课程的意识形态目标和育人目标的有机统一。

## 第一节　思想政治理论课教学目标的历史回顾

思想政治理论课，是中国共产党在高校开展思想政治工作的历史传统和独特优势，是社会主义高等教育的重要特征，它承担着对全体在校大学生开展系统的马克思主义理论教育的重要任务，是高校思想政治工作的主阵地，同时也是提升大学生思想道德素质的主渠道。思想政治理论课教师要坚持和捍卫马克思主义主流意识形态，突出课程的政治方向。思想政治理论课承担着巩固社会主义意识形态的重要使命，必须坚持马克思主义在意识形态领域的指导地位，既不能搞指导思想多元化，也不能"去意识形态化"。同时，要把握好意识形态继承与创新的关系，加强社会主义意识形态的整合力，与时俱进，促进理论和方法创新。

探讨高校思想政治理论课教学目标的历史沿革及变化发展，对于制定新时期思政课教学目标具有重要的借鉴和指引作用。

1950 年《高等学校暂行规程》中第一条就明确了思想政治理论课教学的根本目标，即"根据中国人民政治协商会议共同纲领，进行革命的政治及思想教育，肃清封建的、买办的、法西斯主义的思想，树立正确的观点和方法，发扬为人民服务的思想"[①]，这一目标与改造旧社会、旧道德，建设新社会、新道德的任务紧密相连。

1964 年 9 月《关于改进高等学校、中等学校政治理论课的意见》，紧随国际国内形势的变化，适应反右、反修的需要，提出"高等学校、中等学校政治理论课的根本任务，是用马克思列宁主义、毛泽东思想武装青年，向他们进行无产阶级的阶级教育，培养坚强的革命接班人，是配合学校中各项思想政治工作，反对修正主义，同资产

---

① 《高等学校暂行规定》，《人民教育》1950 年第 5 期。

阶级争夺青年一代"①。这一阶段思想政治教育泛政治化与强调社会需求的特点比较明显。

1966年至1976年，十年"文化大革命"期间，以阶级斗争为纲，政治挂帅，实施"教育革命"，思想政治理论教育方面的状况是：以"革命大批判"取代德育教学；以各种形式开展阶级与阶级斗争教育；相应的教育目标就是：分清敌我，培养"革命小将"；培养阶级"革命"事业接班人，价值取向完全政治化。

1980年《改进和加强高等学校马列主义课的试行办法》为高校思想政治理论课教学目标进行了拨乱反正，指出："高等学校马列主义课的任务，是对学生进行马列主义、毛泽东思想的基本理论教育，帮助学生完整地、准确地理解马列主义、毛泽东思想的科学体系，提高社会主义觉悟，逐步树立无产阶级的科学的世界观，掌握科学的方法论，初步具有用马列主义的立场、观点和方法分析实际问题的能力，自觉地为社会主义现代化建设服务，为人民服务。"②政治方向第一，重视社会需求。

邓小平同志在1985年全国教育工作会议上的讲话中强调：为了国家的发展，我们必须尽快地把教育搞上去，多出人才，出好人才。他说："有了人才优势，再加上先进的社会主义制度，我们的目标就有把握达到。"作为一个伟大的战略家，邓小平同志清楚地看到并明确地指出了教育作为国家创新体系建设和创新能力提升之奠基性工程的极其重要的战略意义，并且向全社会发出了培养国家发展和社会进步需要的各行各业各种各样优秀人才的号召。1985年《中共中央关于改革学校思想品德和政治理论课程教学的通知》中，明确提出高校要以"面向现代化、面向世界、面向未来"为指导思想，对思想政治理论课（当时称为"两课"）教学内容和方法进行改革，这是"培养一代有理想、有道德、有文化、有纪律的建设人才的迫切任务之一"③，"三个面向""四有新人"开始强调个人价值，回答了高校思

---

① 《人民日报》评论员：《充分发挥政治理论课的重要作用》，《江苏教育》1964年第11期。
② 《中华人民共和国重要教育文献（1976—1990）》，人民出版社1999年版，第2302页。
③ 《中共中央关于改革学校思想品德和政治理论课程教学的通知》，1985年8月1日。

想政治理论课在这一时期的根本目标。①

1998年，江泽民提出："坚持学习科学文化与加强思想修养的统一，坚持学习书本知识与投身社会实践的统一，坚持实现自身价值与服务祖国人民的统一，坚持树立远大理想与进行艰苦奋斗的统一。"② 2001年，江泽民又进一步指出"希望大学生成为理想远大、热爱祖国的人，成为追求真理、勇于创新的人，成为德才兼备、全面发展的人，成为视野开阔、胸怀宽广的人，成为知行统一、脚踏实地的人"，"四个统一"和"五点希望"进一步丰富和发展了高校思想政治理论课的教学目标。

党的十六大报告正式提出了"促进人的全面发展"，十六届三中全会又进一步提出了以人为本，树立全面、协调、可持续发展的科学发展观。"教育应当促进每个人的全面发展，即身心、智力、敏感性、审美意识、个人责任感、精神价值等方面的发展。"③ 2007年，胡锦涛在十七大报告中提出"坚持育人为本、德育为先。实施素质教育，提高教育现代化水平，培养德智体全面发展的社会主义事业建设者与接班人"。④

2004年10月，中共中央、国务院印发《关于进一步加强和改进大学生思想政治教育的意见》（中发〔2004〕16号），对高校思想政治理论课的教育目标作出了全面的表述：一是以理想信念教育为核心，深入进行树立正确的世界观、人生观和价值观教育；二是以爱国主义教育为重点，深入进行弘扬和培育民族精神教育；三是以基本道德规范为基础，深入进行公民道德教育；四是以大学生全面发展为目标，深入进行素质教育，促进大学生思想道德素质、科学文化素质和健康素质协调发展，引导大学生勤于学习、善于创造、甘于奉献，成

---

① 冯刚、沈壮海：《中华人民共和国学校德育编年史》，中国人民大学出版社2010年版，第876页。

② 《十五大以来重要文献选编》，人民出版社2001年版，第840页。

③ 联合国教科文组织教育丛书：《教育——财富蕴藏其中》，教育科学出版社1996年版，第55页。

④ 胡锦涛：《高举中国特色社会主义伟大旗帜，为夺取全面建设小康社会新胜利而奋斗——在中国共产党第十七次全国代表大会上的报告》，《人民日报》2007年10月25日第1版。

为有理想、有道德、有文化、有纪律的社会主义新人。

2010年8月，中共中央宣传部、教育部于6日下发了《中共中央宣传部教育部关于高等学校研究生思想政治理论课课程调整的意见》，对研究生思想政治理论课课程进行了重大调整，旨在进一步提高研究生的马克思主义理论水平和增强研究生思想政治理论课教育教学的实效性。研究生与本科生的思想政治理论课教学都是高校思想政治理论课教学的重要组成部分，两者的教学对象不同，教学模式也应该有所区别。从现行高校思想政治理论课本科生和研究生课程体系已经体现出了课程设置方面的差异，本科层次包括"思想道德修养与法律基础""马克思主义基本原理""中国近现代史纲要"以及"毛泽东思想和中国特色社会主义理论体系概论"四门必修课，"形势政策"和"当代世界经济与政治"选修课等课程。相对于本科生而言，研究生的思想更成熟，独立性更强，视野更开阔，思想政治理论教育更强调与社会实践相结合。研究生思想政治理论课课程调整为5门课，"中国特色社会主义理论与实践研究""马克思主义与社会科学方法论""自然辩证法概论""中国马克思主义与当代"和"马克思主义经典著作选读"，其中必修课2门，选修课3门，各门课程都有其自身特点，教学模式也有所不同①。

思想政治理论课是硕士研究生学习的必修课程，课程的开设是要满足学生发展需要、促进学生全面发展、适应国家对高端人才培养的需要。因此，在符合课程的"普适性"基础上，要顾及不同地域学生特点、不同类型学校人才培养定位、不同专业学术思维类型等方面，针对学校的实际、学生发展需求、教师状况、地区发展方向等方面开发使课程更具有"适应性"。在保证达到国家规定的培养目标基础上，尊重学生的差异性和独特性，根据不同类型学生的特点，更有针对性地开展教学。

2016年12月，习近平总书记在全国高校思想政治工作会议上强调，提高学生思想政治素质，要教育引导学生正确认识世界和中国发

---

① 吕冬英：《高校研究生思想政治理论课教学模式研究述评》，《广西教育》2015年第7期。

展大势，正确认识中国特色和国际比较，正确认识时代责任和历史使命，正确认识远大抱负和脚踏实地①。"四个正确认识"是习近平总书记在全国高校思想政治工作会议上对提高大学生思想政治素质提出的基本要求，其内容从历史到现实，从国际到国内，从社会到个人，从理想到实践，逻辑贯通，环环紧扣，实现"四个正确认识"成为新时代高校思想政治理论课教学的根本目标。

通过以上历史考察，可见每个时期思想政治理论课教学目标的发展，始终继承和发扬了中华民族的优良传统和民族精神，同时又在现实的基础上汲取实践经验，对既有教学目标有所创新。改革开放以来中国社会四十年发生的深刻历史变迁，在根源上动摇着人们的观念与价值取向，同时也是高校思想政治理论课教学所面临的最现实的时代背景与发展的历史境遇。

我国高校思想政治理论课教学目标始终与党的教育方针和阶段性历史任务相一致。思想政治理论课教学目标的发展是一个立足国际国内形势，体现社会普遍价值追求，反映一个时期大学生成长规律，根据党和国家各项方针政策和立德树人具体任务而不断调整、发展、创新的历史过程。以习近平同志为核心的党中央站在中华民族伟大复兴的全局和战略的高度，立足当下世情、国情、社情的时代特征，对高校"培养什么样的人""怎样培养人""为谁培养人"和"如何做人的工作"提出的新目标、新要求。用马克思主义中国化的最新成果武装大学生，推动社会主义核心价值体系建设，帮助大学生实现"四个正确认识"是对新时期高校思想政治理论课教学目标的时代新诠释。

从纵向来看，思想政治理论课教学目标的确立要切实关注学生在每个时间段的教学需求，细化到本科生、硕士研究生、博士研究生各门课程；从横向来看，要把握包括教学内容、教学方法和评价方法等几个方面的设计，这样才能够保证达到思想政治理论课的课程设置目的和教学目标，让学生不仅了解马克思主义基本原理和方法，更能够具备灵活应用基本观点和方法分析问题的能力，树立正确的世界观、

---

① 《习近平在全国高校思想政治工作会议上的讲话：把思想政治工作贯穿教育教学全过程开创我国高等教育事业发展新局面》，《人民日报》2016年12月9日第1版。

人生观和价值观，正确认识我国国情和改革发展稳定的现实问题，有助于大学生提高政治鉴别力和增强政治敏锐性，成为高素质的人才。

邓小平同志提出了一个非常重要的方法论原则，他指出什么是社会主义和怎样建设社会主义的问题，这不是两个问题，而是一个问题，社会主义是什么和好不好，取决于我们怎样建设它和建设得怎么样。中国特色社会主义建设进入新时代，中华民族的每个成员都应站出来，强化责任意识，并且积极地追寻与塑造崇高。这种崇高既包括民族的自强，也有政党的自觉，更需要个人理想境界的不断提升。只有一个本身富于崇高理想并为其实现而不懈自觉奋斗的民族，才能把这些美好的理想变成现实并带给人类。而这可能正是中华民族对于21世纪人类最重要的贡献。[①]

## 第二节　思想政治理论课差异教学目标的内在生成

教育的全球化、信息化与现代化对传统思想政治理论教学提出了新思路。传统的思想政治理论教学是注重知识学习"以分为标准"的单一方式，而在新时期，学生思想政治理论课所得分数的高低，难以全面地反映出学生真实的思想状态以及正确的政治认知，这就要求教师不仅要传授知识，还要培养学生的能力，提高他们的素质。思想政治教育在改革社会、改造人的同时，也在历史的进程中改造着自己。为了适应社会对思想政治教育的挑战与新要求，而且也是思想政治教育自身发展的需要，提出差异教学是思想政治教育本体功能的回归。

### 一　指向提高大学生思想道德素质的思想政治理论课差异教学目标

人的素质，似乎是个很奇妙的东西。它很难测量，也没有明确的评价标准，但我们往往在与某个人初次见面后，很肯定地判定：这个

---

① 欧阳康：《"文化围城"及其超越》，《江苏行政学院学报》2003年第1期。

人素质不错，或是在与专业人士打过交道后由衷地感慨：到底是训练有素！那么，这个只能意会难以言传的"素质"究竟是什么呢？

"素"的含义是指本色，构成事物的基本成分，即要素、元素。"质"的含义是指事物的性质、本质、质量，上海辞书出版社1999年9月出版的《辞海》（彩图本）第3300页对素质的解释为：人们在实践中增长的修养，如政治素质、文化素质。在教育实践中，对素质的涵义有不同的理解，随其作用的扩大和人们认识的不断深化而发展延伸。在不同学科、不同层次、不同情境下被频繁使用的"素质"一词，被使用者根据需要赋予了许多个定义，其内涵与外延各不相同，但是，这些界定的共同之处是：经过拓展了的"素质"都不再局限于心理学上对素质的界定，明确地引入了"后天的经验"，强调了素质的养成性。因此，对于素质，完整的理解应该包括两部分：一是人与生俱来的资质，主要受先天遗传因素的影响，如气质、禀赋、体质、性情等自然素质；二是后天形成的社会性特征，主要受环境、主体的能动性等因素的影响。人的素质是指人的各种属性、特性在现实的人身上的具体实现（包括他所达到的质量和水平），这是人从事各种活动所必须具备的主体条件。

素质是人的身心特点综合的、内在的、整体的体现，它可以视为一种精神状态，没有任何一项单独的性质或特征能完全限定"人的素质"，关于素质的定义，笔者赞同以下说法："人在先天生理的基础上，受后天环境、教育的影响，通过个体自身的认识与实践，养成的比较稳定的身心发展的基本品质。"[1] 定义中所说的基本品质，包括人的文化涵养、思维品质、心理品质和精神境界等。素质应该而且也能够在很多不同的形式与内容中表现出来，素质是一个综合体，说一个人思想道德素质高，不仅是指他在这方面的知识和能力，还指他的思想境界、为人处世的风格等。

这一界定，既涵盖了素质的原意，又包容了引申意义，还特别突出了主体的能动性，是比较全面、比较准确的界定。对此界定更为形

---

[1] 郭文安、王道俊：《试论有关青少年学生素质的几个问题》，《教育研究》1994年第4期。

象的说法是:"素质指那些内化了的知识,是知识在头脑中的融会贯通,久而久之,它甚至不以知识的形态出现,而内化成了一种涵养、一种气质、一种精神"①。

对于素质结构的考察,从纵向来看其内部层次及其相互之间的关系,可以把人的素质分为三个层面:生理素质、心理素质、社会文化素质。三个层面是由低到高,逐层累积发展的。生理素质作为素质结构中的"基质",是人的素质发展不可缺少的物质基础,是在遗传获得性基础上发展起来的人体形态与生理功能上的特征,包括生理解剖特征(身高、体重、骨骼系统、神经系统等)和生理机能特征(运动素质、反应速度、应激水平、负荷限度、适应能力、抵抗能力等)。心理素质是在认知、情感、意志过程中所表现出来的求知欲、审美力、乐群性、独立性、坚持力等,它在素质结构中起核心、中介、桥梁的作用,它影响着生理潜能的发挥,影响生理健康;它是社会文化素质形成和发展的心理基础,离开了知、情、意活动,社会文化无法内化为个体素质。社会文化素质敏锐地折射着环境的变化和教育的影响,并有鲜明的时代特征。因为生理、心理的产生和发展离不开社会历史条件的制约,心理反映的内容是社会客观现实,如真善美的判断力、文化水准、道德素养等,从而就构成了人的素质的第三个层面。

这三方面的素质不是固定不变的、孤立或是割裂开来的。它们分别居于人的素质的不同层次,它们相互作用、相互渗透,协同构成了人的素质的有机整体,相互制约或相互促进着人的整体素质的发挥和提高。个体社会文化素质的提高可以增进其心理活动的品质,调节人的生理机能,这是显而易见的;同时,由于人类不断接受社会文化,代代相传,使人的天赋融入了社会文化的积淀,这就是说人的生理、心理素质不单纯是自然的产物,同时也是社会历史的产物。

有学者认为,"素质可以包括这样几个方面:思想道德素质、科学文化素质、身体素质、心理素质和生活技能素质。"② 这种并列结

---

① 文辅相:《论素质与素质教育》,《中国高教研究》1997 年第 6 期。
② 顾明远:《人文教育在高等教育中的地位和作用》,《高等教育研究》1995 年第 4 期。

构，是考虑到随着学生年龄、学龄的增长，由生理心理自然发展为主的层面，逐步提高到社会文化促成发展为主的层面，以至全面协调创造发展为主的层面，研究个体在某一个阶段的素质发展，用并列结构更能直观地说明问题。并列结构的其他划分还有"德智体"三分法，"德智体美"四分法，"德智体美劳"五分法等。分析大学生的素质，因其已经达到了素质发展的较高层次，一般是采取横向并列的分类方法，分为思想道德素质、文化素质、专业素质、身体心理素质等。也有把"思想道德素质"与"思想政治素质"替换使用的情况，鉴于我们所说的大学生的"思想"中蕴含了其"政治"倾向性，本文中统一使用"思想道德素质"，并把提升大学生思想道德素质作为思想政治理论课差异教学的最终目标。

  人的素质是一个系统，系统由要素构成，要素按一定的结构组成系统。品德、智力、体质等是素质系统的要素，它们按生理、心理、社会文化等层面由低到高构成，素质的形成又是建立在先天遗传素质的基础之上的，素质形成过程的复杂性决定了素质结构划分方式的多样性，但不管怎样划分，素质自身基础性、内在性、整体性、动态形成性等特点是不容忽视的。

  首先，素质教育的提出是教育自身发展的需要。在我国，以"应试"为目的衍生了各种异化了的教育或反教育，阻碍了学生全面充分自由的发展，这种教育的负面影响使得知而不能的"高分低能"现象时有所见，人们逐渐认识到：知识是重要的，但知识并不等于能力。于是，能力训练，特别是思维能力和独立分析、解决问题的能力的训练，受到了教育者和受教育者的重视。但是，仅有知识和能力，但缺乏高尚的思想品质和健康的心理素质的"高才低德"现象同样屡见不鲜，因此，在重视能力提高的基础上，人们进一步提出了素质问题。从"素质"被提出的过程来看，素质得到人们的重视，是因为知识和能力都属于智力范畴，而单靠智力的发展是解决不了人的心理素质、道德品质、价值观、理想信仰等方面问题的，为什么受教育者接受了相当程度的教育却没有必然地获得相应的素质？素质教育的提出就是教育界对这一现状反思的成果。经过教育学拓展了的素质概念的引入，无疑为解决智育与德育分割、德育智育化等问题提供了新的思路和途径。

"传统教育是传授知识的教育，现代教育则是要在传授知识的基础上，培养人的能力，提高人的素质。"① 健全的教育应将知识的传授、能力的培养和素质的提高有机地结合起来，融三者于一体，使受教育者在德、智、体等方面得到全面发展，使受教育者的知识、能力和素质协调发展，完善人格，发挥特长，推动社会的持续发展，同时使个人得到持续发展。

1993年，《中国教育改革和发展纲要》明确指出："中小学要由'应试教育'转向全面提高民族素质的轨道，面向全体学生，全面提高学生的思想道德、文化科学、劳动技能和身体心理素质，促进学生生动活泼地发展。"高等学校素质教育的确立是在1999年6月召开的第三次全国教育工作会议上，会议主题为：深化教育改革，全面推进素质教育，会议通过了《中共中央、国务院关于深化教育改革，全面推进素质教育的决定》，《决定》不再强调素质教育只是适合于中小学教育的指导思想与发展方向，明确提出应将素质教育思想贯穿于教育的全过程、全方面，大学也应全面推进素质教育。

其次，素质教育是教育本体功能的回归。教育的本体功能（即个体功能）与工具功能（社会功能）两者是统一的，只有本体功能发挥良好，才谈得上工具功能。教育只有培养出高素质的各种人才，才能更好地为社会政治、经济服务。

我们长期以来把教育看作实现政治或经济目的的手段，教育的工具价值得到充分的体现。但是，越来越多的人意识到这样的高等教育缺乏境界和情怀，培养了一大批"精致的利己主义者"。

因此，认识教育的本质，"不应再像过去那样，只是从教育对经济发展产生影响的角度，而应以一种更加开阔的眼光，即以促进人的发展的眼光来确定教育的定义。"② 教育"要培养出能改造现存世界的人，也即是具有实践意识和实践能力，能超越现实世界，现实社会的人。"③

---

① 顾明远：《教育现代化与素质教育》，《中国教育学刊》1998年第3期。
② 联合国教科文组织教育丛书：《教育——财富蕴藏其中》，教育科学出版社1996年版，第55页。
③ 鲁洁：《论教育之适应与超越》，《教育研究》1996年第2期。

而且这种超越"必定是以教育的终极目标为指向的超越,即指向人所能达到的最高境界——真善美统一的、完美的自由人格——的超越。"① 如果一个特定时期或社会的教育不是实现教育终极目标的一个暂时性、阶段性的环节,或者说不是培养真善美统一的全面发展的理想人格,那么,教育就不可能培养出真正适应现实需要的人。

所以说,当我们意识到并正在使教育的重点回归到每个人身心的全面、充分和自由的发展上时,这已经为教育的改革与发展提供了最重要的前提与方向,这就是提出素质教育的意义所在。关于素质教育的定义,笔者赞同以下两种说法,一种是:"依据人的发展和社会发展的需要,在掌握知识和培养能力的基础上,以全面提高全体受教育者的基本素质为根本目的,以尊重学生主体和主动精神,注重开发人的潜能,注重形成人的健全人格为根本特征的教育"②。这一界定把一个"尊重"、两个"注重"作为素质教育的根本特征,强调了素质教育尊重差异、崇尚个性的实质,教育有了这样一个出发点才能避免在教育过程中用同一标准、同一模式去培养学生。另一种说法是:"所谓素质教育,是指这样一种教育,它利用遗传与环境的积极影响,调动学生认识与实践的主观能动性,促进学生全面而和谐的发展,促进人类文化向学生个体心理品质的内化,从而为学生的进一步发展形成良性循环"③,这一界定把促进学生内在身心的"发展"和人类文化向个体心理品质的"内化"作为素质教育的实质。笔者认为把这两种定义综合起来,可以比较全面地概括出素质教育的实质:尊重差异、崇尚个性、注重发展、促进内化。思想政治理论课差异教学就是真正的教学,是"了解差异、尊重差异、理解差异、利用差异"的教学,在"相济共生、相容互补"的过程中提高大学生的思想道德素质,更好地服务于社会,通过思想政治教育本体功能的良好发挥,体现教育推动社会发展的工具功能。

---

① 庞学光:《论教育之超越》,《教育研究》1998年第11期。
② 陈怡:《也谈素质和素质教育》,《教学与教材研究》1997年第7期。
③ 文辅相:《中国高等教育目标论》,华中理工大学出版社1995年版,第57页。

## 二 思想政治理论课差异教学目标生成的内在机制

"知识就是力量"这句话深入人心,我们对教育从认知到实践都存在"把教育等同于知识,并局限在知识上"的系统性偏差。教师传授知识是本职工作,学生学习知识是分内之事,各类选拔也是考知识,所以知识就几乎成了教育的全部内容。在大量地识别和记忆已有的知识方面,机器现在已经可以替代甚至超越那些通过死记硬背、大量做题而掌握知识的人脑。而死记硬背、大量做题正是我们目前培养学生的通常做法,未来的人工智能会让我们的教育制度下培养学生的优势荡然无存。爱因斯坦在1921年获得诺贝尔物理学奖后首次到美国访问,有记者问他声音的速度是多少,爱因斯坦回答道:"你可以在任何一本物理书中查到答案"。接着,他说了那句有名的话:"大学教育的价值不在于记住很多事实,而是训练大脑会思考。"也可以说,思想政治理论课差异教学的本质不在于记住知识,而在于它触发了学生的思考。

知识传授、能力培养、素质提升是差异教学目标的三个环节,它们最终一致指向人的发展,只有达成三者有机整合的教学才是能促进学生和谐发展、差异化发展的教学①。三次转化就是这三个环节之间的循环往复和不断提升,三个环节和三次转化构成了实现思想政治理论课差异教学目标的内在机制。

对大学生而言,因为他们的知识、经验的积累已达到一定程度,但还处于突飞猛进的增长期,感悟的能力也较强,渐变与突变在不同的深度交替发生,导致大学期间学生素质的提高。根据知识、能力、素质三者的关系,笔者提出素质形成三次转化的设想:认知转化是从客观知识结构到自身知识结构的转化过程,转化的中介是认知结构。知能转化包括心智技能、操作技能、认知策略的形成和转化,转化的中介是思维和训练。知行转化强调大学生内心信念的形成,着眼于大学生精神境界的提升,转化的中介是体验。三次转化层层递进、相辅相成,形成一个综合统一、反复交错的动态开放系统。

---

① 余文森:《优质教学的教学论解读》,《教育研究》2007年第4期。

## (一) 认知转化

对于大学生而言，学习知识是他们成长历程中必经的一个路径，是他们精神成长所必须获取的养分，没有一定的知识积累以及与之相应的合理的知识结构，素质的提高是不可能的。因此，我们在提倡大学生要重视自己的能力培养和素质提高的同时，必须强调把学习和掌握学科中的基本概念、基本原理和基本法则和新的科学文化知识作为一切活动的出发点，把知识当作激活、唤醒他们内在无比巨大潜能的火种。

### 1. 认知转化的过程

认知转化的过程就是作为学习对象的外在知识变为学习主体内在的知识，与原有知识结构融为一体的过程，是结构性知识和非结构性的经验背景通过主体与之相互作用而内化的过程。作为人类文化理智内容的知识与经验只有经过内化才能成为个体智能方面的素质，集类的经验与个体的经验于一身，融间接知识与直接知识为一体的个体认知结构就是认知转化的中介，同时又是认知转化的结果。认知结构是个体知识背景和经验背景的抽象化和内化，又是进一步获取新知识的认知背景。认知结构既包括作为知识内容的表象、概念和概念体系，又包括掌握相应知识内容所必须的思维能力。

掌握系统的基础知识，既是发展智力和体力的需要，也是形成思想品德、继续学习、劳动就业和发明创造的需要。知识总是有结构的，知识是人们对于客观事物构造的一种主观模式，知识结构是人类历史上科学成果的总结，是学科知识的内部联系和规律，包括学科的基本概念、公理、定理、方法等。布鲁纳强调："不论我们选教什么学科，务必使学生理解该学科的基本结构"。[①] 在课堂知识教育过程中，学生学习一种新知识，是在教师引领下，运用已有知识，从不同的角度去吸收新知识，最后纳入他的认知结构中，成为他自己的知识。学习是否有意义，取决于新知识与学生已有知识之间是否建立了联系，联系的中介就是认知结构，即学习者按照自己对知识结构的理解深度、广度，结合自己的感觉、知觉、记忆、思维、联想等认知特

---

① [美] 杰罗姆·S. 布鲁纳：《教育过程》，上海人民出版社1973年版，第8页。

点组合成的一个具有内部规律的有机整体。"学生能否形成良好的认知结构取决于学生原有的认知结构里是否具有清晰的可同化新的知识的观念以及这些观念的稳定情况。"① 我国中等教育中，文理分科过早及以片面追求升学率为指导思想的教学模式导致了学生认知结构的缺陷，大部分学生的认知结构不够合理，知识面窄，可利用性差，有待于在大学期间查漏补缺，逐渐完善。因此，在给不同专业、不同知识背景的学生上课之前，应先调查学生对相关教学内容的知识掌握情况及思维方式特点，及时调整、优化教学方案，因地制宜，最大限度地调动学生的求知欲，加强教学过程中师生之间的理解和共情。

教学心理学家威特罗克（M. C. Wittrock）在总结西方教学心理学近20年来在认知发展、学习模式、认知表征、能力与教学相互作用以及学习迁移等课题研究的基础上，提出了学习过程是一个"生成过程"的观点，也被称为"学习的生成过程模式"，该模式的基本假设是：学习者对所知觉事物的意义，总是与他先前的经验（包括认知过程和认知结构）相结合的；学习者不是简单的知识容器，不是被动地学习和记录输入信息，而是主动地输入信息并予以解释和构建。他认为，学习的生成过程，就是学习者原有的认知结构与选择接受的信息相互作用，进而构建信息意义的过程。

按照威特罗克的观点，学习过程并非像传统学习理论认为的那样，是从感觉本身开始的，而是从它对感觉经验的选择性注意开始的。学习的生成过程主要经历以下几个彼此联系的步骤：(1) 长时记忆中的信息与信息存贮方式倾向进入短时记忆，构成学习动机，主动对感觉经验和环境信息进行选择性注意与知觉；(2) 选择性注意和知觉获得的信息与长时记忆存贮的有关信息建立某种试验性联系，即构建新信息意义；(3) 检查信息是否构建成功，如果构建意义不成功，便作相应调整，建立新的试验性联系，直至理解意义；(4) 新信息从短时记忆纳入长时记忆，并同化到原有认知结构中，或构建新的认知

---

① 邵瑞珍等：《教育心理学——学与教的原理》，上海教育出版社1983年版，第145—146页。

结构①。

认知转化不是单向的信息加工过程，而是主体与环境中的具体事物相互作用的结果。认知转化过程揭示了素质形成的动态性和无限性。一方面，主体按照自身的认知结构同化客体、建构客体，使客体的内容不断的丰富与创新；另一方面，客观世界的不断发展和认识的不断深入又使主体拓展自己的知识容量，提高认识能力。此过程中，主体不断充实完善自身，获得生命的能量。客观世界的博大精深也在不断被人发掘，人的发展与自然、社会的演化使这种建构在两者的交互运动中被确立。所以这种建构也可以看作是人与自然、社会的一种和谐一致的发展进程，这一过程不能完全归结为单向的信息加工过程，而是思维与环境中的具体事物相互作用的结果。认知转化所反映的是社会、自然或精神客体与认识主体之间的相互作用关系，是教育活动中受教育者（内化主体）对外来教育信息进行反映、选择、整合等多环节构成的一个连续的认识过程。知识及其掌握存在不同的类型，但是知识的掌握一般要经过知识的领会、巩固和应用三个环节，通过直观、概括、具体化以及识记、保持等认识活动才能实现。其中直观、概括、具体化是知识掌握过程中的认知活动，起主导作用；而识记、保持属于知识掌握过程中的记忆活动，起辅助作用。

2. 认知转化的条件

认知转化是大学生原有认知结构的生长。大学生原有的知识经验是新知识的生长点，是认知转化的基础。大学生在日常生活和以往学习中已形成了丰富的经验，新问题呈现时他们往往可以基于相关经验，依靠他们的认知能力形成对问题的某种解释。所以内化过程并不排斥学生的这些经验，而要把学生现有的知识经验作为新知识的生长点，概念在知识建构中处于枢纽地位。知识就是围绕着关键概念而又彼此纵横连贯，从而形成一个知识网络。大学生原有知识结构的可利用性和稳定性在很大程度上决定了这个知识网络构成的广度和深度。认知转化是对主体已有知识体系进行整合与重构的过程，在这一过程中，学习主体可以通过知识结构优化而实现知识的正向与有序的增

---

① 张大均：《当代教学心理学研究的基本走向》，《教育研究》1994 年第 10 期。

加，因此，认知转化不会因为知识的增多而造成学习主体精神和心理上的负荷过重感，相反，它会使学习主体轻松下来。

英国哲学家波兰尼（1958）提出了默认的知识与明确的知识，或叫意会的知识与言传的知识等概念。"默认的知识或意会的知识不仅是知识的合法形式，而且在逻辑上先于言传的知识，它附带觉察和体验化活动的作用，具有直觉的发展，体验的表达，微妙的识别和特征。在知识的使用过程中，一些本来只可意会难以言传的默认的知识，不断地被明确化。"[①] 大学生有意义的学习先来自体验，然后由大脑来处理这些体验，使这些体验具有一种能识别的意念形式，从而转换成比较明确的知识，这样才能从默认知识到明确知识再将知识纳入到自己原有的知识结构中去，知识必须经过主体反复而长期的思考、应用和实践才能最终内化、积淀为主体深层的知识结构，成为个体素质形成与提高的基础。

在认知转化中，内化动力是特定动机、意志、兴趣和情感的合力，内化能力则以知识结构、思维能力、创造力、记忆力为主要表征。认知转化的关键环节是知识的内部加工，主体的智力水平、思维方法、知识结构、内化动力的差异造成了内化效果的不同。认知转化与认知主体对知识的内在需要密切相关。知识并不能简单地由教师直接传授给学生，必须经学生自身（包括个体和群体）已有的知识和经验主动地加以建构后获得。教学不能只局限于对书本知识、技能的传授、掌握，更重要的是唤起学习者求知的欲望（动机），使学习者能主动获得新知识和新技能，自觉调控学习过程，努力构建新的认知结构。教育者应从满足其合理需要入手，使大多数学生成为真正的"乐而知之者"和"爱智慧者"，学生认知转化的前提是对知识的学习态度由一种"为人之学"而变为一种"为己之学"。

学生在学习过程中，知识作为学生学习的对象，首先是外在于学生这一学习活动的主体的，而学生学习活动的目的无疑是要掌握知识，死记硬背下来的知识并没有消解知识的外在性特征，而只是表明该知识由一个陌生的外在对象变成了一个比较熟悉的但仍然是外在性

---

① 朱小曼：《情感教育论纲》，南京出版社1993年版，第45页。

的对象而已。"在信息的任何组织中，如果信息嵌进了一个人业已组成的认识结构中，而减少了材料的极度复杂性，那就会使那类材料易于恢复。一般来说，按照一个人自己的兴趣和认识结构组织起来的材料，就是最有希望在记忆中'自由出入'的材料"[①]。也就是说，知识一经内化则不易遗忘（死记硬背的知识则不然），它已是主体认知结构中的一部分，就像食物通过消化系统而成为身体的一部分一样，从某种意义上说，内化了的知识恰恰是一种"在遗忘中呈现的知识"。尽管遗忘会使我们失去许多有价值的知识信息，但遗忘也并不总是坏事，它可以使我们忘掉许多无用的知识细节，将注意力集中到于目标有益的信息上。更重要的是，只有略去具体的知识内容，思维才能显现出来，发挥作用。

　　大学不仅是传授知识的场所，也是知识创新、传播和应用的主要基地，是培养创新精神和创新人才的摇篮。就知识的创新而言，新的或重新组合的或再次发现的知识都可以称作创新，其中对知识信息进行重新组合是创新的关键所在。法国科学家贝尔纳说过，"构成我们学习最大障碍的不是未知的东西，而是已知的东西"。[②]因为已有的知识及其序列会给思维带来相应的定势，从而束缚了创新意识的产生，机械模仿和死记硬背的教学方式，往往使学生在被动地接受知识的过程中，思维被束缚在老师限定的框架内，逐渐失去了创新能力。

　　3. 认知转化的目的

　　知识结构是各种知识在人类大脑中的组织方式，大学生的知识结构往往是由一两门学科的知识形成支柱型学科，构成这个知识结构的主体部分，还有着许多外围学科群，包括基础学科和相关学科，等等。人的创新思维总是需要知识积累到一定程度才可能发生，没有知识或者知识贫乏的人很难进行创新思维，对于事物只有些片面了解，支离破碎的知识很难提供出创新思维的条件，只有对特定事物的知识

---

[①] Buehler, R., *Creative remembering*, *The remembering self: construction and accuracy in self-narrative*, Edited by Ulric Neisser and Robyn Fivush, Cambridge University Press, 1994, p. 207.

[②] 温元凯：《创造学原理》，重庆出版社1988年版，第134页。

自成一体，或者说系统化了的知识，形成一定的知识结构以后，才能为创新思维提供一个生产新知识的思维空间。正如资源通过一定的产业结构才能变成社会财富，知识要组织成一定的知识结构才能够转化成人的能力。人的知识结构是思维的基础，知识结构的内容决定着思维的形式，培养大学生的创新思维能力必须从知识结构入手。广博的知识、合理的知识结构有助于知识的融会贯通，提高思维的宽广性和灵活性。

认知转化就是认知主体通过思考、探索、研究等活动将已有的知识激活起来，赋予它新的发展因子，其最终目的是创造出新的知识。因此，思想政治理论课各课程知识的传授，都应着力培养学生的一种正确思维模式，那就是不把已经取得知识成果作为发展终点，而是作为发展的起点，使学生们懂得，他们从知识传递中所找到的不仅是已有的结论，更主要的是找到尚未解决的问题。目前普遍流行的重视知识目标的教育思想，决定了重结果轻过程，多采用单一的传递→接受式教学模式。这种模式最大的特点是知识以定论的形式呈现给学生。学生只需利用自己已有的认知结构将新知识同化吸收。这种教学模式下，学生虽然可以在较短的时间内习得较多的知识，但却不利于知识的内化和认知结构的优化。

大学时期，学生的思维正处在人生发展的高峰时期。大学生之所以被人们称为"智慧群"，正是与他们思维的优势有关。由于严格的层层筛选制度，大学生具有比同龄非大学生青年高一些的思维水平，正因为大学生具有良好的思维素质，才使得他们在学习方式上或多或少地带有一点科学研究的色彩，学习不再是以接受知识、消化知识为最终目的，学习方式主要是自学。

大学生已经有了相当丰富的知识积累，认知转化的重心应放在培养学习者自身选择性地吸收对他个人真正有用的知识和创造新知识的能力。认知转化的真正目的正如劳厄所说的"重要的不是获得知识，而是发展思维能力。教育无非是一切已学过的东西都遗忘掉的时候，所剩下来的东西"。[①] 大学生培养和锻炼创新思维能力的这一过程是

---

① 转引自袁正光《要重视科学素质的教育》，《教育研究》1993年第8期。

以其不断增加的知识文化素养和持之以恒地思考和探索为前提的。

（二）知能转化

知能转化包括心智能力和操作能力的形成和转化，其核心是思维和动作技能的训练，知能转化的目的是为了发展智能，为提高素质创造条件。

爱因斯坦曾强调："发展独立思考和独立判断的一般能力，应当始终放在首位，而不应该把获得专业知识放在首位。如果一个人掌握了他的学科的基础理论，并且学会了独立地思考和工作，他必定会找到自己的道路，而且比那种主要以获得细节知识为其训练内容的人来，他一定会更好地适应进步和变化。"①

1. 知能转化的过程

知能转化包括心智技能、操作技能、认知策略的形成和转化。在加涅看来，技能可分为三类，分别是心智技能、认知策略和动作技能。三类技能的本质都是概念和规则对人的行为控制。加涅在《教学方法的学习基础：教育心理学参考资料选辑》中明确指出："心智技能的学习从简单的辨别和连锁开始。学校的学习虽然时常包括这些简单的形式，但主要是学习概念和规则。概念和规则是使学生能用体现他的环境的那些符号来做事的能力。言语信息和知道'什么'有关，而心智技能则和知道'怎样'有关"。② 由此可见，概念和规则乃是心智技能的本质。加涅还认为，心智技能并不是一种单一的形式。由简单到复杂，心智技能包括辨别、概念、规则、高级规则。当规则支配人的行为时，人在按规则办事。这就是技能的本质。

心智技能是借助于语言，在头脑内部以一定的程序组织起来并能顺利完成某种认知活动的、复杂的智力动作系统，其形成一般经过五个基本阶段：动作的定向阶段、物质或物质化动作阶段、有声的外部言语动作阶段、无声的外部言语动作阶段，以及内部言语动作简化、自动化和意识难以察觉的阶段，最后这一阶段是心智能力真正形成的

---

① 许良英等编译：《爱因斯坦文集》第三卷，商务印书馆1979年版，第147页。

② ［美］R. M. 加涅：《教学方法的学习基础：教育心理学参考资料选辑》，吴棠译，山东教育出版社1982年版，第132页。

阶段。内部语言在头脑中感知、记忆、想象、思维等能力不是头脑中固有的，而是个体在后天的生活和学习过程中形成的。"操千曲而后晓声，观千剑而后识器"，形象地说明了心智技能是后天学习的结果，也说明了操作技能的重要性。

操作技能是指由一系列实际动作的合理的、完善的程序构成的操作活动的方式，也可称之为动作技能，是以完善、合理的方式组织起来并能顺利完成某种活动任务的复杂的肢体动作系统，其形成大体经过动作的认知阶段、联结阶段、协调与完善阶段；其根本特点就在于这类能力是由一系列的外部动作（操作）构成的，是通过练习而形成并巩固起来的一种合法则的随意行动方式。这类操作技能对知识的需求虽然简单，但实践性和实用性均很强，必须在长期的操作实践中去提高能力技巧。

心智技能与操作技能既有联系又有区别。其区别在于，操作技能主要体现于一种外显的操作活动，可以通过声、形等外显形态为人们所感知，心智技能则主要表现为内部的智力活动方式。其联系则在于，心智技能是操作技能的调节者和必要的组成部分，操作技能所表现出来的外部动作，又是心智技能的经常体现者；而在复杂的活动中，总是手脑并用的，既需要心智技能，也需要操作技能。二者的结合，共同体现了个体的解决实际问题的能力。操作技能是心智运用的结果，掌握技能有助于心智水平的提高，而且，也只有把心智技能转化为操作技能，心智才能真正起作用；操作技能的形成，又会加深对知识的理解和巩固，为进一步学习和掌握知识准备更好的条件。研究表明：一个人掌握新知识并使之与核心概念有意义地联系起来的能力，很大程度上取决于已有知识的广度和深度，一个人知识越多，知识整合得越好，可能掌握的知识就越多，而且学习就可能越有意义，理解更深刻[①]。

主体如何有效地从已有认知结构中提取与当前学习材料相关的信息，不断地调节、控制学习过程即认知策略的迁移这一方面的研究和

---

① Brophy, J. J., & Good, T., *Teacher Behavior and Student Achievement in M. C Wittrock* (*Ed*), Handbook of Research on Teaching 3rd ed , 1986, pp. 328 – 330.

论述不足。学习的实践经验表明，认知策略的迁移比具体知识内容所产生的迁移更普遍，意义更大。

科学技术迅猛发展、日新月异，单纯以传授知识为宗旨的教学模式已经显得僵化，而且对于学生来说，最重要的学习是学会学习，最有效的知识是自我控制的知识。而学会学习、学会自我控制的知识则是元学习的内容。在课堂教学中，在传授知识的同时要注重认知策略的渗透教学。"元学习的实质是通过认知结构的改善、非认知心理结构的改善来改善学习本身，优化学习品质"。[①] 所以，使学生学会学习，培养学生的元学习能力有非常重要的价值：它不仅能调动学生学习的主动性、自觉性，充分发挥主体作用，从而增进学习效率，而且是培养学生自主精神和责任心的重要途径。

知能转化是指心智活动本身所发生的质的变化，它有其本身的特点和过程。从知识、技能、方法的掌握到知能转化的实现，是一个复杂的过程。心理学家通过选取不同领域、不同专长水平的人作为被试，对专家—新手范例进行比较，得出了如下结论：新手在学习新知识之初，往往只能对其作出语词表述，面临实际问题时还不会加以运用。若在面临实际问题时，学生能对所学的知识作出灵活运用，此时的知识已经转变为一组条件与行动配对的程序指令，一旦程序中的条件部分得到满足，便能指示人执行相应的行动，成为指导人行动的准则或法则。

在新手向专家的转变过程中，许多知识需要发生由外到内的转变，以至最终变成一种无须人的注意予以监控的自动化技能。熟练技能要求自动化，这种自动化能力是在长期的、严格的反复训练过程中形成的。在这个过程中，要消除错误的、多余的活动，而只留下纯正的、本质的活动，只要环境需要，这些活动一经启动就能自动地连续展开，不需要意志努力。或者说，自动化的养成，就是意志的解放。如音乐教师教学生唱歌，手弹琴、眼看谱、口唱歌，还要关注学生。这就是因为弹唱的技术已经自动化了，所以能够把注意力集中在学生身上。当熟练技能具有审美价值的时候，就达到了艺术化的高度，正

---

① 张楚廷：《元学习概念及其教学论意义》，《教育研究》1999 年第 1 期。

如庖丁解牛，一把刀用了19年，宰了几千头牛，而刃口却像"新发于硎"，因为刀刃总在骨间的空隙中"游刃有余"，这样高超的技艺就是在熟能生巧的实践中体悟、内化而成。

从认知心理学的角度来说，把能创造性进行学习的学生习得的知识归结为"四化"：结构化、自动化、策略化和条件化。结构化是指认知结构中的知识已达到纵向不断分化、横向综合贯通的程度；自动化是指有些基本的智慧技能应达到自动化的程度，这样才能腾出有限的心理空间来考虑复杂的问题；策略化是指学生能自觉运用认知策略来提高自己的学习效率；条件化是指学生习得的知识已达到了元认知的水平，即知道何时何地使用何种知识。如果学生的知识达到了"四化"，那么学生也就成了高素质的"专家"型的学生。

从颜元论弹琵琶，我们可以区分出知能转化的不同阶段。颜元认为，歌得其调，抚娴其指，弦求中音，微求中节，声求协律，是谓之学琴矣。而"烂熟琴谱，讲解分明"与学琴之道，还相差千里。从这个类比可以看出，一个人仅仅通过学习书面知识，无论多勤奋，多认真，他决不能学会弹琵琶。也就是说，仅仅通过知识决不能掌握弹琵琶的技能，只有通过实践才能学会。"知道"怎样弹琵琶但尚未能实际弹它，其实还处于一种无知状态，在这种状态下，认知转化并未真正完成。并且，掌握弹琵琶的基本技能仅仅是一个开端。只有通过多年的实践，人才能精通这门技能。即使一个人记牢了演奏乐器的一切技能，他也仍然不是一个演奏家。一个人如果要达到"心与手忘，手与弦忘"这样的状态，他必须勤奋地不停地练习[1]。直到达到这种境界："……一个运动员有时会突然地领略他从事的项目的精髓，并开始真正享受这项运动，就如同一个皈依宗教的人发现了宗教的美。如果他继续从事这项运动，总会有一天，这项运动就会和他成为一体，他会在重大比赛中忘却自己。同样道理，一位音乐家会突然达到一种境界，艺术技巧方面的愉悦会完全消退，在某些富有灵感的时

---

[1] ［美］杜维明：《人性与自我修养》，胡军等译，中国和平出版社1988年版，第183—184页。

刻,他就会成为乐声飘扬的乐器……"①

2. 知能转化的条件

长期以来,人们对"智力"的理解受比纳—西蒙量表、韦克斯勒智力量表的局限,认为智力是形式单一、结构稳定不变,倾向于语言和逻辑—数学思维的。哈佛大学心理学教授霍华德·加德纳(Gardner)对此有不同的见解,他认为:不论是爱斯基摩人识别路径的能力,运动员及舞蹈家的精湛技艺,还是巫师的骗术、音乐家的成就,都是发达智力的体现,只不过他们的智能发展所导向的方向不同罢了。所谓智能,指的是人类在解决问题与创造产品过程中表现出来的以一种或数种文化环境所珍视的那种能力。从这一定义出发,加德纳运用各种科学与艺术研究方面的,尤其是生物学与人类学的证据,分别讨论了人类的不同智能。由于智力量表的"误导",使全世界很多学校倾向于语言和逻辑—数学思维这两种智能的训练和发展,使我们对人类的学习潜力产生一种不正当、有限的看法,导致了片面、狭窄、单一的教育局面。其实,"智商不能精确地预测许多学科学习的情况,如拼写、数学和语言,尤其是较高层次上的学科学习。"②双通道理论认为,视觉通道和听觉通道是相互独立且都容量有限,合理分配两个通道的信息,避免单一通道过于拥挤,对于学生理解知识内容更为有利。虽然思政课教学中经常使用调动多种感觉通道的信息传递方式,但在优选这些方式上还有待提高。在传递学理性强、逻辑性强、抽象性强的材料上,可以选择语音系统为主的信息呈现方式(例如讲授、图表等);在传递情感性、有价值倾向性和故事性材料上,可以选择视觉空间系统(例如视频、图片等),并且这些系统之间要进行无缝对接和合理切换③。

人的先天智能是多元的,后天发展更赋予智能多种可能性。在人的发展过程中,教育所起的最重要作用,就是诱导和发现学生的某种

---

① [英]柯林·威尔森:《心理学的新道路:马斯洛和后弗洛伊德主义》,杜新宇译,华文出版社2001年版,第50页。
② [美]吉尔福特:《创造性才能》,人民教育出版社1990年版,第39页。
③ 谭亚莉:《基于认知负荷理论的教学设计思想融入思政课教学》,《启疑·反思·认同——高校思想政治理论课互动教学深化探索》,湖北人民出版社2016年版,第260页。

智能上的倾向,加以引导和促进,而不是埋没压制。《荀子·正名》中有这样一段话:"所以知之在人者谓之知,知有所合谓之智。智所以能之在人者谓之能,能有所合谓之能",就是说,人生来就具有的用来认识事物的东西叫作"知",人的这种"知"与外界事物相接触便发展成为智(智力或才智)。人生来就具有的用来从事某种活动的东西叫作"能",人的这种"能"与外界事物相接触便发展成为能(能力或才能)。智与能具有共同的先天基础——才(材),即人的资质,也就是素质的原意。王夫之说:"知能相因,不知亦不能矣。"①知能转化是观察、记忆、思维、想象等智力因素和非智力因素的综合运用,较强的观察力和记忆力为转化创造条件;注意力能够集中,也能对注意目标进行明确的选择;想象是智力的翅膀,大学生应想象力丰富,但又不耽于幻想。一个人的智能发展虽以脑的发展、成熟为自然条件,但主要的是在生活条件特别是在教育条件下实现的,掌握知识、技能是能力发展的主要的和必要的条件。

智能表现在受教育者的学习、分析问题和解决问题的能力和创造性方面。如认识客观事物的敏捷、正确、深刻和完善的程度,概括和抽象水平,以及应用知识解决问题的能力。认知转化的核心是思维,知能转化过程的核心则是训练,由于思维是与解决问题联系在一起的,所以,发展创造性思维,培养创造才能,必须在解决问题的过程中才能实现。内化的实现,素质的形成,离不开实践。

在知能转化中如果只注重让学生接受大量的超负荷的重复性训练,使学生成为大量知识的占有者,而忽视学生的资质,不注重培养学生的求知欲望、学习兴趣和学习的能力,随着年龄的增加、学习负担的加重、学习兴趣的降低,机械的强化训练的优势会逐渐丧失,并形成一种恶性循环,严重影响学生的学习效果。所以,在思维、操作训练的同时,也要深入了解学生的个性特点和情绪情感状态,并重视认知因素和情感因素之间的互动影响。毕竟,学习的主体是活生生的"人",而不是一个个有着钢铁般意志无坚不摧的"神"。学生学习了新知识,运用于实践,并不是仅用新知识去分析问题、解决问题,他

---

① 朱智贤:《心理学大词典》,北京师范大学出版社1989年版,第955页。

是以一个整体在思考、在行动,能力并不是一种与其他素质不相关的、没有联系的孤立的、单独的品性。大学生能力发展的程度与他的整个人格发展是高度相关的,包括他的世界观、人生价值观、生活方式、伦理准则、思维模式等等,先天的智能基础、后天的教育影响、主体的主观能动性都对内化过程发挥着巨大的作用,只有在创造性人格培养的基础上,大学生的创造能力才能得到全面而充分的发展。

3. 知能转化的目的

知能转化的目的是为了发展智能,为提高素质创造条件。知能转化以基本知识、基本技能为主要内容,以思维能力、自学能力的培养为主要途径,使学生能够把握问题、解决问题、有所发现、有所创造。知能转化可以促成主体自身的认知结构的同化和顺应,建构以方法为核心的新认知结构。方法是知识和技能的综合,思维是智力结构的核心。一个善于思考的头脑,比任何死记硬背的知识都更有价值。

在大学阶段,选择和创新成为主要的学习和行为方式。"获得知识,掌握研究与表达思想的工具;观察、实验和对经验与知识进行分类的能力;在讨论过程中表达自己和听取别人意见的能力;从事系统怀疑的能力;不断进行阅读的能力;把科学精神和诗意情境两相结合以探索世界的能力。"[①]

世界各种教育目标的最高层次都是培养创造能力,其核心是创造思维。21世纪是一个国际化的高科技时代,其显著的特点是科学技术的高速发展,新兴交叉学科的涌现,人文文化和科学技术文化之间的相互渗透和融合,社会的信息化,以及知识和信息传播技术的日新月异,世界各国文化交流、碰撞和合作的加剧,知识传播速度的加快,管理水平的提高……时代在发展,对人才的要求也在提高,大学生只有在不断地掌握知识、培养能力的过程中,使相应的心智活动、操作活动不断地改造和完善,才能实现知能转化,才能进一步提高整体素质,成为高素质的创新人才。

认知结构、思维能力、智力不仅是形成专业素质的基础,也是形

---

① 联合国教科文组织国际教育发展委员会:《学会生存——教育世界的今天和明天》,华东师范大学比较教育研究所译,教育科学出版社1996年版,第195页。

成思想道德素质的基础。因为当今人们面临的是一个价值多元化、情境多变的社会，很多情况下不是执行现成道德规范，而是需作出判断、选择、决策，这就需要对思想、情感和行为的智慧性和道德性进行反思的能力，需要把现实性和可能性相连接的推理技巧和对可能产生的后果的心理检验等。并且，"要得到完全的发展，认知结构或思维过程必须不仅以符合逻辑的方式得到应用，而且还应公正地应用到生活中的一切人际关系中。单有智力和推理能力是不够的。我们还必须学会公正地对待一切人，尤其是那些老弱病残者，那些无法照料自己的人。我们应该同时教育我们的大脑和心灵。"[①]

（三）知行转化

素质的形成不仅意味着人类代代相传的知识与经验内化为个体的知识与经验，而且意味着一定的社会规范与价值体系内化为个体的信念、价值与态度。社会规范和价值体系对个人来说是外在的东西，其要求并不总是与个人自身的愿望相一致，社会规范和价值体系转化为个体的信念、价值与态度是一个由知到行的过程。品德是不同于能力的另一种个体心理特征，品德的职能在于支配个体的社会行为，使主体选择合理的价值取向以作出合乎社会规范的行为。因此，品德本身是对一定的社会规范所形成的一种遵从经验结构，是概括化与系统化了的社会规范的遵从经验结构。品德形成发展是通过对社会规范遵从经验的获得及整合而实现的。社会规范是用来规范人们的社会行为的社会标准，是思想政治教育系统中所要传递的又一经验要素，在经验传递系统中，社会规范的接受即把外在于主体的行为要求转变为主体内在的行为需要的内化过程。

1. 知行转化的过程

认知转化和知能转化是指在外在知识结构已经经过知识学习、能力训练之后固化为学生的自身认识，认识水平的提高并不一定意味着素质的提高，只有当自身认识转化为主体自觉自主的行为，知行转化才真正告一段落。比如，在道德形成的过程中知情意行之间的转化，

―――――――――

① [美]詹姆斯·O. 卢格：《人生发展心理学》，陈德民译，学林出版社1996年版，第101页。

从接受道德知识到成为学生自主行为,还要经过道德情感、道德意志的培养和养成。

王阳明强调"致良知""吾心之良知,即所谓天理也""性无不善,故知无不良",人只要内心真诚,就可以达到"良知",即明白做好人的原则和道理。学生问他为什么许多人知道孝悌的道理,却作出邪恶的事情,王阳明是这样解释的:"此已被私欲隔断,不是知行的本体了。未有知而不行者;知而不行,只是未知。"如果一个人仅仅说孝道是值得向往的,因为它是植根于自己人性中的一种情感,或者只在理智的根据上赞同这样一种观点,而不是在坚实的信念上赞同了它,种种知而不行,都是"未知"。知和行是动态过程的统一,而不是两个静止的概念。"知是行的主意,行是知的功夫"。① 大学生有了心理上的自觉之后,就要去实行这个道理,仅仅自命为知道了而不去实行,不去体之行之,那就不能称为真正知道。

参照克拉斯沃尔(D. R. Krathwohl)等人设计的情感教育目标,也就是社会价值标准被主体接受、反应、评价、组织和价值的个性化五级水平②,可以把知行转化划分为五个阶段:一是感受阶段。社会价值标准通过信息作用于受教育者,引起受教育者的感官反应,并在头脑中形成关于信息的表象;二是分析理解阶段。受教育者在已经形成的表象的基础上,分析理解信息;三是选择阶段。受教育者在形成新的认识的基础上,在实践活动中,将教育要求同社会环境和自己原有的基础加以对照,依据现有的价值观、切身利益和社会报偿机制进行判断、选择。柯尔伯格认为,认知是结构性的,可分为两种:一种是智慧性的,另一种是道德性的。个体的道德判断与逻辑测算之间有着密切的联系。智慧发展往往先于道德发展或与其平行。也就是说,智慧发展是道德发展的基础,道德发展的各个阶段都是以特定的逻辑思维为基础的,在道德发展中起决定作用的是对环境作出判断和决定的能力;四是检验阶段。受教育者形成的新的意识如果在实践活动的

---

① [美] 杜维明:《人性与自我修养》,胡军等译,中国和平出版社1988年版,第137—138页。
② [美] D. R. 克拉斯沃尔、B. S. 布鲁姆等编:《教育目标分类学》(第二分册·情感领域),施良方、张云高译,华东师范大学出版社1989年版,第36—37页。

反复检验中，都得到肯定性的社会评价，那么受教育者就会不断获得肯定性的、愉快的情感体验，增强了践行新的教育要求的意志，从而可能形成新的信念；五是信念的确立阶段。大学生的价值观念在经过个人或集体经验证实后，就转化为信念。信念一旦建立，人就会自然而然按信念去行动，从而保证行为的坚定性和一致性。"一个人已把某种价值观、态度和兴趣结合进他自己的体系，并且不管他人是压制还是怂恿，总是受这些价值观、态度和兴趣等的指导，他作出这种行动，是因为这样做本身会使他自己感到满足"①，已有的知识、观念内化，转化成信念，与人生观及其他价值观融合成一个内在的和谐系统。新的信念作为内化的结果，是受教育者新的认识、情感和意志等在实践活动基础上的复杂的"合金"，有着相对稳定的结构，并具有强大而持久的动力功能。

在知行转化过程中，价值参与和指向性情感参与贯穿始终，理论规范与社会现实之间的对比、冲突、新旧思想观念之间的矛盾和斗争，是其主要的特征。

2. 知行转化的条件

"知"不仅仅是从事一个索然无味的领悟外在事物的心理活动，知觉的东西的完成是在具体的活动中实现的。知要成为真知的话，它就必须构成行为过程，在其中，已知的东西在每天的活动中体现出来。"知是行之始"。用王阳明自己的话来说，知道我应该实行孝道不仅仅是明白一些抽象原理，而且是在此时此刻的具体活动中表现我的内在体验。传统思想政治教育强调理论灌输，行为训练，其特点是重视强化的作用，即利用奖惩的方式刺激学生，使其反复识记、不断重复，以至养成习惯。这样的方式客观性和约束性较强，重视形式和结果，学生所形成的行为和判断是受外部条件和外部价值制约的，也就是说，它较多地关注学生做了什么以及结果如何，而往往忽视学生内心感受的动机需要，忽视如何把这些价值观念转化为学生内心的信念，很可能导致知情意行的分离。对于大学生来说，已具备独立、主

---

① Herbert C., & Kelman, *Complianance, Identification and Internalization, Three Processes of Attitude Change*, Journal of Conflict Resolution, 1958（2）.

动地选择行为方式的能力,重要的是使他们形成相应的动机,如果没有形成正确的动机,就很难使他们产生与认识相一致的行为。

行为是在知、情、意的基础上形成的。这个过程需要主体将认识付诸实践,需要情感的支撑作用和意志的定向作用,同时还需要排除各种外界环境的困扰。在知行转化中,世界观、价值观、社会动机与情感所凝成的合力,始终引导和调节着内化过程,构成内化的动力或反动力。大学生所主要面对的不仅有物理世界而且包括人的精神世界。对人的精神世界(自身及他人)之把握,从主体到客体的单向的理性的思维和方法固然必要,但是,如果人们缺乏全面、真切的投入,没有与真理的对话,没有与他人的双向交流,没有活生生的感受、体验,对物理世界和人的深层精神现象,是难以做到真正全面把握的。没有体验、认同和追求,也就没有知行转化。知行转化的外部条件是具有情感陶冶价值的情境,使受教育者在美好的情境熏陶下,由衷地吸收信息,帮助受教育者排除来自主客体消极因素的干扰,克服各种心理障碍,坚持将自己的认识、情感等内化为信念。

在大学生中存在着言行不一,知行脱节的现象,其原因并非都是由于缺乏正确的道德认识和道德判断能力,道德认知是道德行为的必要条件,但不是充分条件。正如柯尔伯格所指出的:"如果离开参照内部道德认知或道德判断成分,就无法理解道德行为。道德认知或道德判断成分必须是确定道德行为定义的直接因素。"[1] 但是,柯尔伯格着重从人的道德认知来说明其道德行为是不够的,他并没有彻底解决道德发展中的知行关系问题。布鲁贝克在谈到自由教育(Liberal education)时转引了这样一段话:"大学要教授伦理史,提供有关道德这一社会现象的资料,甚至提供有关道德的哲学理论。但要清楚地认识到,仅仅承认什么是正确的决不能保证行为一定正确。牛曼主教说过,知识是一回事,美德又是一回事;良好的意识并不是良心,哲学,不管它多么深奥,也不能控制感情。课堂里可以提供对待正确事

---

[1] [美]柯尔伯格:《道德教育哲学》,魏贤超译,浙江教育出版社2000年版,第8页。

物的认识态度,但它不是一个培养德行的好场所。"① 可见,一个人的全部道德面貌应该包括获得部分(认识或能力)和操作部分(行为或表现)。如果仅有获得部分而没有操作部分,也就是"知"没有转化为"行",是没有实际意义的。

形成道德信念,有三个最基本的条件:一是掌握有关的道德知识,获得相应的道德认知能力,还要避免成为价值独断主义者,"价值独断主义总是确信,我们所追求和获得的价值与价值判断,并不与现实主体的情境相关,而是代表对对象的唯一正确把握,因此具有客观知识和真理的性质与效力"②。二是通过实践,获得与道德知识相符的道德经验。只有道德知识在道德实践中被证实,道德规范才具有可信性。学生的亲身体验可使外在的道德知识转化成内在的道德观点。如果道德知识和道德实践的结果不一致,就会妨碍道德观念的形成。三是在道德实践中情感体验具有重要的作用,只有获得积极的道德情感,道德知识才能转化为道德信念,而道德情感的强烈程度会影响道德信念的坚定性。很多普通的劳动者,文化程度并不高,然而,在他们平凡的人生经历中,环境的陶冶让他们感染了、体悟了,朴素的情感升华为高尚的品德。

3. 知行转化的目的

传统社会中,社会的控制程度高,意识形态单纯,国民接受教育水平较低,容易形成整齐划一的、同步的、服从的思维模式,教育所着力培养的是服从、因循守旧的素质。但随着社会的进步发展,原有的平衡和单一的生存环境被打破,社会意识形态空前复杂,价值观分歧冲突,信息渠道繁多,个人对外来信息的摄取和行动选择具有很大的自由度。从小学阶段的以外烁为主,到中学阶段的注重思维、判断、选择能力的培养,及至大学阶段,重点在于养成和巩固学生自由选择和自觉的能力和品质。

知行转化,它的更深层的意义还在于它是人理解自身的必经之

---

① [美]约翰·S. 布鲁贝克:《高等教育哲学》,王承绪等译,浙江教育出版社1987年版,第80页。

② 李德顺:《价值独断主义的终结——从"电车难题"看桑德尔的公正论》,《哲学研究》2017年第2期。

途。在思想政治教育过程中，教师往往只着眼于学生的认知因素而忽视了组成完整人格的其他因素，在我们指导学生去把握生活世界时，也总是只教会他们在一种主客二分的关系中去"认知"，而不能使他们懂得"体验"这一人把握世界的另一种方式，科学与良心、技术与道德之间的不平衡发展的冲突，唯科学主义对"人"的漠视导致人无法领悟生活的意义而处于生活的边缘，现代人正处于深刻的"和自然疏离""和社会疏离"以及"和上帝疏离"的伦理困境的焦虑之中[①]。体验是主体以其全部心理因素（包括认知、情感、意志等等）投入于客体之中，并在一种主客体相融合的情境中，使客体向主体内化，体验是知行合一的载体，是获得人生智慧的途径。人生智慧是人对自己的生命、生存、存在的一种自我意识，一种深切的感受和理解，人生智慧与人生观有某些相似之处，但又不是一种概念化的抽象认识，而是心灵的彻悟，是感性与理性相通，带有美感体验的豁然洞见。"这样一种人生智慧固然要以一定的科学知识为基础，但它本质上是超越语言认知和逻辑思维的，它随机地触动于事物的本体，由感觉直接震颤传导于整个心灵，带来人的一个顿悟，一次内部经验的瞬间重组，一番精神力量的解放和升华。"[②] 人一旦获得了人生智慧，他对存在的意义就有了全新的感受和自觉的把握，他的生存境界就会更加高远。他会直观地把握世界，用心灵直接感受到某种人与宇宙的和谐秩序和规律。人生智慧还引导科学知识的合理运用，实现个人、社会、自然的和谐发展。

三次转化只是从各个层次本身的基本特征和要求出发，在静止状态中来论述其间的关系，但在实际过程中却并非如此刻板和机械。如"认知转化"这一层次，在通常的情况下，人们是掌握了知识，领会了实质，才会正确运用。但也存在这种情况，即在运用过程中，通过一些有益的实践，才使人们对事物、知识的本质获得较为深入的领会，才真正掌握知识，实现认知转化。同样，在通常情况下，学会了

---

① 孙志文：《现代人的焦虑和希望》，生活·读书·新知三联书店1994年版，第82—83页。

② 桑新民、陈建翔：《教育哲学对话》，河北教育出版社1999年版，第162页。

某种技能，实现了知能转化才能具有相关的素质，而知能转化又往往是与知行转化同步进行的，"熟能生巧"是知能转化，"巧"积累到一定程度，成为一种方法，就是素质的体现。换言之，上述三个层次是相互依存的，在一个特定的内化过程中，它们相互制约、相辅相成，呈现为综合统一、反复交错的形式。

从最初外在于人的知识到素质，其中的根本差别是什么呢？知识是材料、是工具、是可以量化的"知道"；必须让知识进入人的本体，渗透他的生活与行为，才能称之为素质。比如：文化素质是在涉猎了文、史、哲学之后，更进一步认识到，这些人文"学"到最后都有一个终极的关怀，对"人"的关怀。脱离了对"人"的关怀，只能算是掌握了人文知识，谈不上有人文素质；专业素质是在掌握了基础知识和专业知识之后，更进一步认识到，科技是为人类造福的而不是满足自身需要的手段。思想道德素质，就是在了解了马克思主义基本理论知识、马克思主义中国化的理论成果及实践进程、思想道德修养和法律的基本知识，以及近代以来中国探索现代化的理论及实践进程等知识后，自觉践行社会主义核心价值观。知识和素质的差别，就是素质包含了"人"，强调了人性和对人的关怀，是以人为本的。思想政治理论课是公共必修课，同质化的课程对于大学生来说更多是一种社会性的要求，"道德被视为异己的力量"[①]，而差异教学绝非只是形式的新颖，而是教师通过对基础知识背后的深挖和拓展，具备把抽象价值观变成活生生的生活细节的能力，让内容通过形式走进了学生的心灵，凸显道德和社会规范对于个体生命的价值意蕴和人格精神的提升。

## 第三节 思想政治理论课差异教学目标的实现路径

习近平总书记强调，我们的高校是党领导下的高校，是中国特色

---

① 韩玉、易连云：《德育的关怀：让道德和意义与生命相遇》，《高等教育研究》2010年第2期。

社会主义高校。扎根中国大地办大学，必须坚持社会主义办学方向，全面贯彻党的教育方针，坚持以马克思主义为指导，坚持党对高校的领导，不断增强道路自信、理论自信、制度自信和文化自信。落实这一要求，就要把高等教育发展方向自觉同我国发展的现实目标和未来方向紧密联系在一起，自觉为人民服务，为中国共产党治国理政服务，为巩固和发展中国特色社会主义制度服务，为改革开放和社会主义现代化建设服务。

（一）理论认同、政治认同、情感认同：社会发展取向的思想政治理论课教学目标

伴随着经济全球化的进程，人类社会进入全球化交往的时代，世界各国之间，不仅在经济领域既竞争又合作，在政治领域既对抗又渗透，而且在文化领域也表现出了既碰撞又交流的复杂局面。伴随着世界交往的进一步扩大，各种文化之间的碰撞与交流渐次从潜隐性走向明朗化的趋势日益显现。"文化和文化认同（它在最广泛的层面上是文明的认同）形成了冷战后世界上的结合、分裂和冲突模式。"① 在一个国家内部，同样也存在着不同民族、不同地域、不同阶层、不同立场的人群之间的冲突，冲突频发的社会现实愈发凸显"认同"的重要。

认同（identity）一般是作为心理学范畴而被使用，是指"个人与他人、群体或被模仿人物在情感上、心理上趋同的过程"②，通常又分为两个层面：自我认同（self–identify）和社会认同（social–identify）。

自我认同（self–identify），简单而言就是指个体对自我现状（包括生理特征、社会期待、工作状态、以往经验、现实情境、未来希望等）的认知，表现为个人的内部状态与外部环境的整合和协调一致，所以一般又称之为自我同一性。社会认同（social–identify）则是指个体认识到他属于特定的社会群体，同时拥有对群体身份（社会身

---

① ［美］萨缪尔·亨廷顿：《文明的冲突与世界秩序的重建》，周琪等译，新华出版社1999年版，第4页。
② 车文博：《弗洛伊德主义原著选辑》（上卷），辽宁人民出版社1988年版，第375页。

份）所带来的情感和价值意义的重要认知，其强调的是自我价值与社会共同价值的一致性，在本质上是一种集体观念。在此意义上，对社会主义核心价值观的认同从属于社会认同的范畴，指的是"个体在社会交往中，把社会主义核心价值观作为其内在的价值追求，重新审视、建构自身的价值取向，并自觉地作出相应的价值判断、价值选择行为的过程"。①

政治认同是人们在社会政治生活中产生的一种感情和意识上的归属感。一般认为，政治认同的概念是美国政治学家威尔特·A.罗森堡姆最早提出的。罗森堡姆在1976年出版的《政治文化》一书中指出："政治认同，是指一个人感觉他属于什么政治单位（国家、民族、城镇、区域）、地理区域和团体，在某些重要的主观意识上，此是他自己的社会认同的一部分，特别地，这些认同包括那些他感觉要强烈效忠、尽义务或责任的单位和团体。"② 在我国，政治认同是社会成员在政治社会化的过程中，对现行的政治系统等现状的同一性的情感、态度和对应的行为表现。其过程呈现动态性、复杂性、持续性等特征，是通过主体对客体的政治认知趋同过程，经过主体理性判断，形成的主体对客体的情感、态度和价值导向，最终指导主体形成相应的政治行为的过程，是政治心理和政治行为相统一的过程。政治认同包括思想认同和行为认同两个层面。"价值认同是政治认同的核心"③。"95后"大学生正处在思想活跃、价值重塑的关键时期，更应该以思想政治理论课的学习为重要契机，不断强化其对政党、政治制度、政治理想、政策等的认同。特别是对党员学生而言，政治性、时代性、原则性、战斗性等要求囊括着党员的价值立场、党性修养、目标追求。

在过程上，理论认同、政治认同、情感认同目标三位一体，大学生"认知、认同、自觉"协同推进，是实现"真学、真懂、真信、真用"的根本保证。通过课堂教学使学生系统掌握基本原理、基本规

---

① 张丽丽：《大学生对社会主义核心价值观认同困境及解困思路》，《学理论》2015年第6期。
② [美]罗森堡姆：《政治文化》，台北桂冠图书有限公司1992年版，第6页。
③ 孔德永：《政治认同的逻辑》，《山东大学学报》2007年第2期。

律，形成理性认识的知识性目标；进一步提出"不断树立为共产主义远大理想和中国特色社会主义共同理想奋斗的信念和信心""让增长本领成为青春搏击的能量""激励学生自觉把个人的理想追求融入国家和民族的事业中"，体现了深化认识、增进认同、提高自觉，实现知行合一的层层递进，为思想政治理论课教学过程提供了重要指导。只有将启迪智慧和塑造灵魂结合起来，才能使马克思主义真正"入耳、入脑、入心"，帮助学生自觉进行价值理性与意义世界的构建，实现"真学、真懂、真信、真用"，使大学生成为价值创造的主体，成为"走在时代前列的奋进者、开拓者"。

理论认同还需要升华为情感认同。人的精神世界是认知、情感和意志的统一体，"知"是基础，"情"是关键，"意"是归宿。行为心理学的研究表明升华为情感的认知会转化为坚定的意志。在"三个认同"中，理论认同属于"知"的范畴，政治认同属于"意"的范畴，情感认同属于"情"的范畴。以对马克思主义和中国特色社会主义理论认同的"知"为基础，并进一步升华出爱祖国、爱人民与热爱中国共产党、热爱社会主义高度统一的"情"，才会形成在党的领导下坚定走中国特色社会主义道路的"意"[1]。

中共中央办公厅、国务院办公厅《关于进一步加强和改进新形势下高校宣传思想工作的意见》指出，加强和改进新形势下高校宣传思想工作的首要任务是："坚定理想信念，深入开展中国特色社会主义和中国梦宣传教育，加强高校思想理论建设，加强具有中国特色、时代特征的高校哲学社会科学学术理论体系和学术话语体系建设，进一步增强理论认同、政治认同、情感认同，不断激发广大师生投身改革开放事业的巨大热情，凝心聚力共筑中国梦。"[2]

思想政治理论课教师作为高校教师队伍的重要组成部分，是党的理论、路线、方针、政策的宣讲者，是大学生健康成长的指导者和引路人，肩负着对大学生进行以理论教育为基础和灵魂的思想政治教育

---

[1] 武星亮：《增强"三个认同"：高校思想政治理论课教学改革的目标》，《思想理论教育导刊》2016年第6期。

[2] 中办国办印发《关于进一步加强和改进新形势下高校宣传思想工作的意见》，《中国教育报》2015年第1期。

重任。帮助学生从整体上把握马克思主义，正确认识人类社会发展的基本规律；帮助学生系统掌握毛泽东思想和中国特色社会主义理论体系，坚定在党的领导下走中国特色社会主义道路的理想信念；帮助学生了解国史、国情，深刻领会历史和人民是怎样选择了马克思主义、中国共产党和社会主义道路；帮助学生增强社会主义法制观念，提高思想道德素质，解决成长成才过程中遇到的实际问题，这些都属于思想政治理论课教师承担的基本工作任务。而所有这些任务的核心是：增强大学生对马克思主义及其中国化理论成果的认同，增强大学生对只有中国共产党领导走社会主义道路才能发展中国的认同，增强大学生对在当代中国爱祖国、爱人民与热爱中国共产党、热爱社会主义是高度统一的认同。

在"三个认同"中，理论认同是首要的，也是基础性的。理论性是高校思想政治理论课的特征，理论教育是高校思想政治理论课的基础。只有以科学理性的认识为基础的理想信念，才会是稳定持久的。只有认同马克思主义理论，认同中国特色社会主义理论，才会有稳定持久的政治认同和情感认同。然而，只有理论认同是不行的，理论认同需要具体化为政治认同。停留在理论认同的高校思想政治理论课，充其量是一种学究式的教学，是背离开设思想政治理论课的初衷的；只有具体化为道路自信和制度自信的理论认同，才是思想政治理论课应该追求的教学目标。

研究发现大学生的政治认同随着年级的递增而存在一定程度的弱化现象，并且不同的年级呈现不同的差异性[①]。大一新生刚从应试教育的高考中走出来，对于中学教育中的政治内容耳熟能详，也有着固有的认同感。他们更多的是因为一直在高考的压力下，受到家人和社会的保护而处事未深。进入到高年级的大学生，一方面会随着自身阅历的增加不断地有新认识和新看法，这些往往颠覆以前对现实社会的各种幻想。在毕业班的大学生更有深刻的体现，他们面临着考研、实习和找工作等考验，想要生存的他们在残酷的现实中上了第一课。在

---

① 李文：《从政治认同到知行合一：高校思想政治理论课的目标探析——以大学生政治认同为例》，《长春理工大学学报》（社会科学版）2013 年第 12 期。

由求学到求职的转化过程中，心理受到的打击会影响他们的政治认同。另一方面，社会现象的多样化让他们的思想慢慢成熟并具有独立的思维能力，在世界观、人生观和价值观逐渐形成的过程中对待问题有自己独到的看法。

不同专业的政治认同情况不一样。文科比理、工科的政治认同度高，艺术音乐体育类的认同度相对弱化。据数据显示，在对于中国共产党长期执政的认同调查中，34.6%的医科专业学生表示很同意，50.0%的医科学生表示较同意，其次是26.1%的文科学生表示很同意，53.5%较同意。出现专业政治认同差异的原因：首先，政治是大学、高中的文科必修课，文科生对于政治内容既有理论功底也有时政新闻关注的需要，所以政治敏感度较高；其次，医科生更多接触的是医学专业课和临床操作，在政治知识学习方面所花的时间和精力有限；最后，理工科生虽不及文科生对政治问题的关注程度，但较艺体类学生对政治问题的关注度还是高些。加之理工科的性别比例差异，理工科专业男生较多，一般来说与女生相比男生比较喜欢关注政治类问题。

在理论、政治、情感三个层面上设置了高校思想政治理论课的教学目标，即使广大学生认可马克思主义、中国特色社会主义、中国共产党，"三个认同"同时也是在强调高校思想政治理论课教育教学的要求和标准，强调高校思想政治理论课教育教学必须注重实效性。但是我们不能忽略的现实是，思想政治教育的特点决定了其必须通过"主体的道德参与、结合自身的需要进行内在的道德建构，最后成为具有道德自主选择能力和道德人格的道德自我"[1]。因此，道德教育的有效实施离不开对道德教育心理机制的探讨和研究。道德规范的学习是通过价值认同来实现的。"认同是道德主体建构的核心。"[2] 它是学习者在思想认识和行为实践上的自觉趋同与主动遵从。以"认同"作为客观教学效果其实是难以考察的，以此来衡量高校思想政治理论课成功与否以及成功程度，很难被认定为客观标准。总体来说，虽然

---

[1] 杨韶刚：《道德教育心理学》，上海教育出版社2007年版，第18页。
[2] 王健敏：《道德学习论》，浙江教育出版社2002年版，第344页。

认同的主体是"人",但"三个认同"属于课程对教师和学生的外在要求和考察标准,笔者把它归类为社会发展取向的思想政治理论课教学目标。

(二)知识目标、能力目标和价值目标:个人发展取向的思想政治理论课差异教学目标

首先,从理论依据来看,有美国心理学家马斯洛提出人的需要层次理论。马斯洛认为,"生理需要""安全需要""归属和爱的需要""自尊的需要"和"自我实现的需要",这些基本需要按照优势或力量上强弱的等级排列。自我实现是人的最高级的需要,高级需要的满足能引起更合意的主观效果,即更深刻的幸福感、宁静感,以及内心生活的丰富感。需要层次理论对于差异教学具有明显的指导意义,教师先了解学生的需要所处的层次,学习的动机,有区别地引导和朝"自我实现"需要的提升。教育的目的不仅仅在于人的认知的发展,而是作为完整的人的主动参与,强调选择、价值、创造性等人类特质,融入人的情感、态度和意志力量,满足人的自由发展和自我实现的需要。马斯洛的需要层次理论是比较典型的个人取向的发展目标定位,但其不足之处是主观感受多于客观描述,给分析操作带来了较大的难度,和人本主义的学者罗杰斯提出的非指导性教学思想一样,由于技术层面的欠缺,其理论影响超过其在实践领域的影响。

1956年布卢姆(Bloom)提出了教育目标分类法,他把教育目标按记忆、理解、应用、分析、评价、创造不同思维水平分为六类,根据学生学习能力的不同,教师选择不同的教学目标。这一理论对全世界的教育发展起到了很大的推动作用,尤其是为差异化教学目标的设定提供了操作方法。然而,随着认知心理学的不断发展,建构主义的提出以及对于知识分类的讨论,原有的教育目标分类法受到了诸多质疑。究其原因在于它没有对知识进行分类,对知识进行分类是教师进行下一步的教学目标制定和教学内容设计的前提。在此基础上,梅耶(Meille)、安德森(Anderson)等人在2001年出版了《学习、教学和评价的分类学——布卢姆教育目标分类学的修订》,对布卢姆原有的教学目标进行了修订,将知识细分为四个维度,把教育目标分为知识维度和认知过程维度。此次修订,让教师在实施差异化教学时更为直

观便捷和思路清晰,知识维度主要帮助教师区分教学内容是什么,认知维度帮助教师分析制定学生原有的和即将达到的思维水平,一定程度上提高了差异教学的效率。

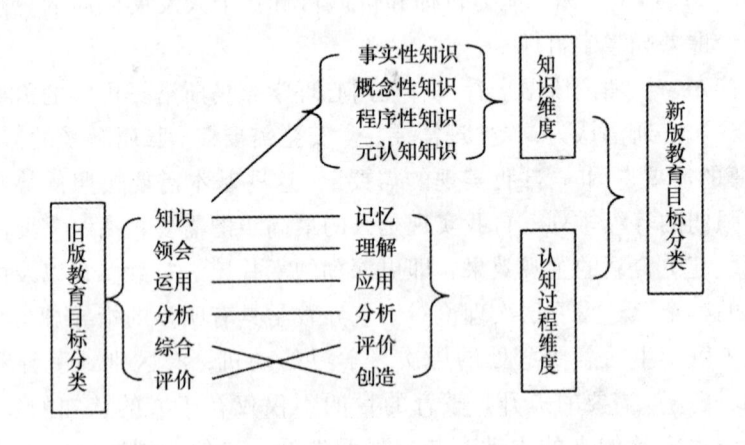

```
                    ┌ 事实性知识 ┐
                    │ 概念性知识 │ 知识
                    │ 程序性知识 │ 维度
                    └ 元认知知识 ┘
旧  ┌ 知识 ─── 记忆 ┐             新版
版  │ 领会 ─── 理解 │             教育
教  │ 运用 ─── 应用 │             目标
育  │ 分析 ─── 分析 │ 认知         分类
目  │ 综合 ╲╱ 评价 │ 过程
标  └ 评价 ╱╲ 创造 ┘ 维度
分
类
```

其次,思想政治理论课差异教学目标的具体内容的分析。

一个社会的价值取向、信仰和行为标准需要植根于整个教育体系之中才能得以保存和传递下去,我们的课程应该引导学生学习、接纳和吸收有益于国家和整个社会的价值观念和行为方式,这是教育的目的和任务。正如冯向东教授所指出的,"教育对成熟思想的每一次'选编',其结果都不单是形成了不同的知识体系和思想体系,留下了一批经典的文本,更为根本的是以这些'选编'所蕴含的基本价值观念和思维方式培养了一代又一代的人,塑造和影响着一个民族的心理结构。"①

针对学生差异,确定差异化教学目标,是实现高校思想政治理论课有效教学的首要环节。思想政治理论课差异教学目标包含了各门课程的教学目标及其实现问题。具体要求是:开展马克思主义人生观、价值观、道德观和法制观的教育,引导学生树立高尚的理想情操和养成良好的道德品质,树立体现中华民族优秀传统和时代精神的价值标

---

① 冯向东:《我们在如何选编"思想文化"——一个审视教育自身的视角》,《高等教育研究》2010 年第 11 期。

准和行为规范；开展中国近现代史的教育，帮助学生了解国史国情，深刻领会历史和人民是怎样选择了马克思主义，选择了中国共产党，选择了社会主义道路；开展党的路线、方针和政策的教育，帮助学生正确认识国内外形势等。

如果说知识目标就是帮助学生掌握马克思主义立场、观点、方法，中国革命、建设和改革开放的历史，党的基本理论、基本路线、基本纲领和基本经验，马克思主义人生观、价值观、道德观和法制观等科学理论知识，提高大学生马克思主义理论素养。那么，能力目标就是帮助学生提高认识自我和独立思考的能力，提高运用马克思主义理论分析和解决实际问题的能力，提高认识形势、明辨是非的能力，提高政治理性以及政治参与和社会参与的能力。价值目标就是鼓励学生追求真（学做真人、追求真理）、善（向善之心、积善之能、为善之行）、美（爱美之心、审美之能）、正（公正、正直、正气）的品格，树立正确的世界观、人生观、价值观，坚定中国特色社会主义理想信念。能力目标，即思想政治理论课教学对大学生综合能力，尤其是思维方式、分析问题和解决问题的能力所要达到的预期目标。情感目标，即通过思想政治理论课教学，使大学生对马克思主义、中国特色社会主义等充满兴趣，带着积极的态度，获得情感认同，并在此基础上树立正确的价值观以及在社会主义实践中自觉地遵循。

再次，从培养社会主义事业接班人和促进大学生全面发展的角度看，高校思想政治理论课旨在通过教学提高大学生思想政治理论素质，坚定中国特色社会主义理想信念，其蕴含的知识目标、能力目标和价值目标，基本契合上一节所界定的三个环节和三次转化。从"知识与技能""过程与方法"和"情感态度价值观"三个方面确立的课程目标，是一个互相联系的统一整体。"知识与技能"是起点，是载体，也是整个目标得以实现的着力点；"过程与方法"是获取知识、形成技能、培养能力的"纽带"，其中"过程"更是情感、态度和价值观得以内化的"加速剂"；"情感态度和价值观"中"情感态度"包括了学习动机、学习兴趣、学习情绪和内心体验等影响学习的情感因素，也包含了学习态度、学习责任及科学态度、生活态度等学习态度，"价值观"则强调个人价值与社会价值、科学价值与人文价值、人类价值与自然价值的协调统一。"在一个人的精神世界中,需要有与终极性价值相链接的、具有统摄性的价值体系的引领,从而成为一个人全部生命活动的指针,这就是理想。理想是一个价值目标体系,是人在生活中追求着一种终极的状态,是人永远力求达到、又永远不可能达到的一种状态,但是它却寄寓着人对生命意义的理解和诠释"[1],"情感态度价值观"的整体实现就是人的心灵的最为充分的展示。

课程目标是通过教学活动预期实现的结果,思想政治理论课教学改变过去单纯重视知识传授能力培养的倾向,强调学生在教学活动中形成积极主动的学习态度,使学生在掌握基本知识和提高能力的同时学会学习和形成正确的价值观,提升思想道德素质。当然,处理好这三者之间的关系,有助于教材体系向教学体系的转化,更有效地指导教师确定教学目标和开展教学活动。有学者指出:"应以知识和技能为主线,过程与方法以及情感态度与价值观都是以知识为载体来实现的。"[2] 教师在教授知识和技能的过程中,要充分挖掘和展示教学中的各种人格要素,诸如道德要素,关注学生在教学活动中的道德表现和道德发展,引导学生通过个人的经验和体验,积极思考知识的意义,使学生在教学过程中掌握知识的同时培育健全的人格,达成教学目标。中小学的语文数学等科目都在挖掘道德要素,以提高学生思想道德素质为己任的思想政治理论课差异教学在过程上本身就包含着认知目标、能力目标、情感态度价值观目标三者的相互统一、层层递进。

思想政治理论课传统教学侧重"知识与技能",差异教学注重"过程与方法""情感态度价值观",需要得到学生学习动机、兴趣及学习责任感、学习态度的配合。按照这一目标,高校思想政治理论课对大学生的影响也就相应地分为三个层次,即认知了解、认同共鸣、自觉实践。知识性目标、能力目标和情感目标是密切联系的一个整

---

[1] 王卉:《"思想道德修养与法律基础"课程研究——基于课程论的视角》,博士学位论文,华中科技大学,2014年,第94页。
[2] 王敏勤:《课堂教学的有效性与价值取向》,《天津教育》2006年第11期。

体，伴随教育过程相互促进、相互渗透、协同演进。其中，知识性目标是实现思想政治理论课差异教学总体目标的基础，能力目标是思想政治理论课差异教学的重要部分，情感目标是促进知识性目标与能力目标实现的重要动力，它在思想政治理论课差异教学目标体系中占有至关重要的地位，必不可少，它不仅是思想政治理论课教学的核心部分，而且还是促使大学生自觉培育和践行社会主义核心价值观的重要因素。情感目标渗透于知识性目标与能力目标中，没有了情感目标，知识性目标无处可依，能力目标也无从谈起，教学的总体目标更不可能真正实现。

最后，思想政治理论课差异教学目标实现的内在和外在条件。

长久以来，由于过于偏重知识的积累和灌输，加之教学方法单一，忽视情感的作用，对于情感目标的设定更没有一个清晰的认识，导致大学生难以真正地将知识内化，导致思想政治理论课教学的总体目标无法得到实现。重视思想政治理论课教学情感目标培养，实际上也是促进思想政治理论课知识性目标和能力目标的有效实现，通过激发大学生的积极情感态度，帮助大学生提升情感认知能力，提高大学生的情感品质，塑造正确、健康的价值观，从而推动大学生自觉培育和践行社会主义核心价值观，真正有效实现思想政治理论课教学目标。

通过思想政治理论课教学使大学生掌握思想政治理论具有鲜明的意识形态特征，但这并不意味着它要靠压制来征服学生，深邃的思想、严谨的逻辑、理性的思辨才能深入人心，使学生在洞察深刻的理论后产生思想的震撼和积极的情感。马克思指出："激情、热情是人强烈追求自己的对象的本质力量"[1]，列宁强调没有"人的感情"，就从来没有也不可能有人对于真理的追求[2]，思想政治理论课差异教学要注重情和理、情与义的交融，以理动情，以情动人，增强教学的感染力。

对拥有共同价值观和文化纽带的群体产生认同和归属感，这对于

---

[1] 《马克思恩格斯全集》第42卷，人民出版社1979年版，第169页。
[2] 《列宁全集》第20卷，人民出版社1958年版，第255页。

个体而言是不可或缺的。然而值得一提的是，这种认同和归属感不是盲目地追随或无条件服从，我们在追求价值认同的过程中，应尽可能地避免绝对一元化，不能把对社会主义核心价值观的认同简单地理解为价值观的趋于统一或完全同质化，这既是核心价值观所包含的具有开放且包容特质的价值的内在要求，也是价值日趋多元的时代发展的必然。事实上，在思想空前活跃、文化交流和碰撞空前频繁的社会环境中，一味地追求价值观念的趋同和社会思潮的一致，不仅不能达到真正意义上的价值认同，反而可能适得其反。思想政治理论课差异教学强调的各抒己见、观点交锋的课堂讨论，就是基于价值认同是在承认并尊重价值差异、包容价值多样性基础上的认同，其核心要义在于求同存异、和而不同，对不同国家、民族、地区或社会群体价值观念之间差异的相互认识和彼此尊重，并以包容的态度对待彼此间的差异性。价值观的差异是客观存在的，不同的社会结构和生活方式必然产生不同的文化，而不同的文化必然包含不同的价值观念，承认和尊重这些价值差异是必要的。我们要特别注重培养大学生对形形色色的社会思潮和价值观念的判断能力和选择能力，尤其要向大学生澄清现代价值观和传统价值观、社会主义价值观和资本主义价值观的区别与联系，不能搞"一刀切"，既要避免全盘西化，也要避免全面否定。要认清并尊重多元价值之间的差异性，同时还要时刻警惕西方社会的意识形态渗透和价值输出。

  从根本上讲，价值认同只有转化为大学生自觉的内在追求和外在行动时，才获得有效性和长久性。"价值作为人类的目标和尺度，总有对现实的某种超越意义。"[①]理想是人超越自身的有限性和现实的物质纷扰，对生命永恒价值的追求。确立和实现理想，是人的精神生活的最高层次，也是人的生命的最高价值。理想就是人对自身的一种可能性存在的构设，是人对自身意义世界的建构，至于意义是什么，则由每个人自己去填充。思想政治理论课关于个人理想与社会理想的差异教学内容，其目标就是把学生各种各样具体的理想上升为他们观念形式的意识，成为生命在活动中的自我确证和自我实现，在更高层次

---

① 李德顺：《价值论》，中国人民大学出版社2007年版，第142页。

上的自我生成和自我觉解，成为学生观照并批评现实、激励并引导自己的绝对尺度。

在此意义上，价值自觉是最高层次的价值追求，是高级阶段的价值共识，因而也是培育当代大学生社会主义价值观的终极目标、逻辑终点。与价值自觉相生相伴的还有价值自信。价值自信是指个体、组织（政党、国家）或社会群体（民族、阶层）对自身价值的高度自信和充分肯定。而这里的价值自信主要是指大学生对社会主义自由价值观的吸引力、整合力、凝聚力、引领力和创造力的自信，归根结底，是对马克思主义和共产主义的自信，也是对中国特色社会主义的道路自信、理论自信和制度自信，是对中国优秀传统文化的自信。

对于大学生而言，学习思想政治理论课的目标是什么？在这个简单的问题上，答案却呈多样化的趋势。有"强迫论"之说——"不学就会挂科"；有"功利论之说"——"学好思想政治理论课将来节约考研复习时间"；有"无谓论"之说——"学好学坏无所谓，考好了固然好，考不好就补考"；更多的是"提高论"——"学好思想政治理论课有利于提高自身的素质"。多样的学习动机导致教师在进行思想政治理论课教学时，需要用差异教学的理念来把握对教学目标的实现。"自主意味着主体对于影响和制约它存在和发展的主客观条件具有独立、自决、自己支配自己、自己主宰自己的权利与可能"[①]。然而这种能力并非完全自发自觉生成的，而是有赖于后天的习得和养成，这就需要外在的理论灌输和引导。因而在这里，价值教育主要由两个最基本的层次构成——外在的理论灌输和内在的自我认知和自我教育。

在中国特色社会主义历史发展和伟大实践中"树立远大理想和中国特色社会主义共同理想"，对于大学生而言，理想信念不管看上去是多么美妙、多么吸引人、多么弥足珍贵，只要没有化为他们真正的内在追求，没有在他们的生活实践中获得体验和体现，都会显得毫无意义，它的凝聚力和创造力就不会得到体现。只有成为当代大学生发自内心的自觉追求，主流价值观才能真正转化为一种能促进大学生的

---

[①] 袁贵仁：《价值观的理论与实践》，北京师范大学出版社2006年版，第68页。

全面发展的内生动力，引导学生获取正确的关于自我的认识，引导学生获取正确的关于社会与自然发展的必然性的正确认识，从而使学生在"做人"的过程中成为一个思想道德素质不断提高的人。这个"做人"的过程不仅包括自我修养的提升，同时也包括正确的处理人自身的各种社会关系，因为马克思反复强调说："只有在共同体中，个人才能获得发展其才能的手段，也就是说，只有在共同体中才可能有个人自由。"①

中西方大学的发展史证明，大学的发展主要得益于长期的制度建设与良好的精神文化陶冶。越是历史悠久的一流大学，越是重视自身文化建设与精神的培育，并把自身的价值理念与文化精神渗透到内部管理的各个方面，但在现实世界中，基于对物质利益的追逐，功利化思想甚嚣尘上，制器高于育人，"这种观念是将人看作是冷冰冰的机器人、机械地进行知识灌输的容器，而不是活生生、有血有肉的鲜活个体，这背离了大学的制度文化。"② 大学教育与培养的目标是精神世界丰富、有公共视野与大众情怀、掌握专业知识、有创新意识的人，不是工具人、机器人。对于当代大学生而言，他们在价值追求和价值判断的过程中，必然是会根据自身的利益需求（如就业需求和自我实现的需求）去判断和筛选某种价值观念。因此，思想政治理论课教学内容同当代大学生不断变化的个性特征和利益需求相关联就是必要的，与大学生的最为关心、最感兴趣的现实问题紧密联系起来，差异教学让他们在具体的学习、生活乃至今后工作的实践中感知教学内容的魅力，体悟其内涵，践行其要求。

---

① 《马克思恩格斯选集》第 1 卷，人民出版社 1995 年版，第 119 页。
② 刘珂珂：《文化自觉视角下的大学文化育人》，《山东行政学院学报》2018 年第 1 期。

# 第四章　思想政治理论课差异教学策略

　　《辞海》中这样描述"策略"："术谋之人，以思谟为度，故能成策略之奇。"策略的突出特点在于对手段、方法的计谋性思考。《简明国际教育百科全书》中，策略是指大规模军事行动的计划和指挥。从更一般的意义上讲，策略是为达到某种目的使用的手段或方法。教学策略指教学活动的顺序排列和师生间连续的有实在内容的交流，教师教育教学的艺术，这种艺术如果运用得当，对于教师和学生都会有很好的发展作用，如果运用不当，则会产生很大的负面影响。差异教学策略用来表示使用差异教学的方法达到某种预测的效果。有学者指出："一个公正的社会应当是，相同条件的人相同对待，不同条件的人不同对待，这才是公正；条件相同的受到不同对待，条件不同的受到相同对待，这是不公正。"[1] 事物发展的差异性是客观世界存在的普遍现象，既然学生存在的差异是多样性的，教师在运用教学策略时也应该是多种多样的、丰富多彩的，呈现多元化趋势的，也就是说差异教学策略不是一种策略，也不是一系列策略的简单累加，而是思考教与学的一种方式和方法，我们要根据学生具体情况具体应用。

## 第一节　见贤思齐：隐形动态分层策略

### 一　隐形动态分层策略中师生角色和师生关系的重新定位

重塑教师的课堂角色。"……能够实现课堂组织差异化的教师不

---

[1]　袁贵仁：《马克思的人学思想》，北京师范大学出版社1999年版，第268页。

会是一个专制的教师,而是以学生引导者身份出现的'顾问',因为以'顾问'角色出现的教师允许有不同的声音出现在课堂上。"① 重新定位学生的角色。在寻求学生差异发展的过程中,随着教师角色的转变,学生在教育教学中的地位也发生了相应的变化。学生成了课堂组织的主体,这里的主体主要包含三层含义:第一,学生是课堂教学活动的主体;第二,学生具有自主选择的权利;第三,学生是知识的主动建构者。建立民主平等的师生关系。教师与学生间的民主平等包括知与情两个维度。在认知上,师生间是"闻道有先后",在终身学习的道路上,教师与学生不存在尊卑之别,而只是时间上的差异;在情感上,教师与学生具在独立的人格,各自都存在丰富的精神世界并且是应得到尊重的,譬如张耀灿、陈秉公等人就认为思想政治理论课教学过程中教师与学生都是主体。

留给学生展示差异的时间。"教师上课要给学生一点时间和空间。就像一幅画,留有一定空白,才真正有韵味,要是全部充满了色彩和图形,没有一点空间,就没有美感。教师的课也要给学生留出足够的思考时间,全讲满了,学生不仅消化不了,而且感到厌烦。"② 合理的空间安置。"美国是一个彰显个性、崇尚创新的国家,这点在美国中小学的教室布置中也可见一斑。参观中发现,美国中学的教室一般都没有窗户,每间教室有一扇门或两扇门供进出,室内主要靠灯光和空调来调节光线和气温。由于学生较少,室内的空间相对较大,于是教室四壁的作用都发挥得淋漓尽致,成了学生表现自我和有效学习的场所。走进教室,能看到所有的墙壁都贴满了五颜六色的图片、各式各类的表格、知识性的卡片、地图等。教室中的张贴不仅表现学生的个性,而是学习内容的有机组成部分,为学生的学习创设了有效情境。"③

打破传统座位编排方式,设置有利于课堂交往的空间环境。课堂内传统的"秧田式"座位排列有利于知识的传授,教师课堂控制比

---

① 曾继耘:《差异教学策略研究》,首都师范大学出版社2016年版,第95页。
② 吴安春:《德性教师论》,人民教育出版社2003年版,第162页。
③ 王丽丽:《论课堂管理中学生个性自由的缺场与重现》,博士学位论文,山东师范大学,2009年,第22页。

较方便，却阻碍了师生之间的交流，不利于学生差异性的发展。为了弥补"秧田式"座位编排方式的不足，不同的座位编排方式应运而生。比如圆形排列……U型排列法……①

师生协商制定课堂规则。一些教师和学生共同提出了课堂"协议"（Gibbs，1995）、"信任声明"（Harmin，1994）或"生活准则"来帮助学生，使学生能够感受到在课堂的运转中有他们的声音。这些规则也有助于学生在情绪智力上表现得更为出色，成为更负责任的学习者。学生提出他们认为课堂应该遵循的宣言，例如，"每个人的想法都是重要的。"在小组中分享他们的宣言后，班级对某些句子进行合并、删除或增加，直到达成一致，并且学生要对此感到满意并能够支持这些规则②。

## 二 隐形动态分层策略中课堂交往的特点

有学者将课堂上的交往概括为四种类型：单向显性交往互动（emitter—listener），教师作为信息单向发送者，主要表现为教师传授、学生听讲；双向显性交往互动（target—target），无论是师个交往还是师群交往，教师和学生都成为被关注的目标；多向显性交往互动（audience—player），教师成为旁观者，学生成为焦点，主要是生生交往；单向隐性交往互动（guider—learner），教师成为主导者，与学生私下交往，属于个别指导。③

隐形动态分层交往互动，是从学生的差异出发。马克思指出："如果个人A和个人B的需要相同，而且他们都把自己的劳动实现在同一个对象中，那么他们之间就不会有任何关系……不会使他们发生任何社会接触……只有他们在需要上和生产上的差异，才会导致交换。"④ 大脑研究学者米切尔·葛瑞安（Michael Gurian）认为，男孩

---

① 曾继耘：《差异教学策略研究》，首都师范大学出版社2016年版，第99页。
② ［美］格利·格雷戈里等：《差异化教学》，赵丽琴译，华东师范大学出版社2015年版，第5页。
③ 高凌飚、赵宁宁、梁春芳：《课堂教学交往的观察研究》，《教育科学研究》2003年第6期。
④ 《马克思恩格斯全集》第46卷，人民出版社1979年版，第194页。

要比女孩花费更多的时间学会阅读;他们在早年就显现出数学能力和三维空间的推理思维能力;他们喜欢活动和冒险胜于被动的学习;他们可以从定期的身体活动中受益;在学习阅读和数学时,如果能动手操作,他们就能学得更好。教育研究者克伦·罗杰斯(Karen Rogers)的研究表明:在下述环境中,女孩学得最好:提供多种教学方式的班级;有多种正确答案的作业;要求动手操作的学习活动;提供发问和讨论的机会;通过可视化方式呈现的学习内容;真实生活中的应用实例;班级中有多种类型的社会性活动安排,比如适当的安排独立学习和合作学习,适当地组织同一性别和不同性别学生开展活动。[1]

### 三 立足学生差异促进学生差异发展的隐形动态分层策略

差异教学要适应不同学习风格的学生。邓恩夫妇(Rita Dunn & Ken Dunn, 1987)提出了广为大家接受的学习风格模型,他们将学习风格划分为五种类型,见表4-1。

表4-1　　　　　　　　　　学习风格类型表[2]

| 学习风格 | 描述 |
| --- | --- |
| 听觉型学习者 | 听觉型学生通过听(listening)可以获得最佳的学习效果。他们喜欢听讲或听书而非接受来自阅读的信息。他们喜欢参与讨论,这样他们就能谈论和聆听其他同学关于内容、想法和意见方面的东西。此外,他们可以通过表达策略(如音调、语调、速度和手势)搜集到很多信息。为了适应听觉型学习者的学习风格,教师可以让这些学生大声朗读课文,使用录音机。 |
| 视觉型学习者 | 正如这一术语的字面含义,视觉型学习者通过看(seeing)学得最好。这意味着当教师正在读的时候他们喜欢一起读,或者需要通过记笔记或形成图形组织从视觉上呈现他们所听到的信息。教师可以通过确保所呈现的信息以PPT、实物投影、印刷品、图片或视屏的形式展示出来以帮助他们,以便他们更好地接收信息。当某个人出现时,重要的是让这些学生能够看到这个人在讲话,使他们能够阅读面部线索和身体语言。因此,让学生看得很清楚或讲话的人有特点是很重要的。 |

---

[1] [美]荷克丝:《差异教学:帮助每个学生获得成功》,杨希洁译,中国轻工业出版社2004年版,第12—13页。

[2] [美]格利·格雷戈里等:《差异化教学》,赵丽琴译,华东师范大学出版社2015年版,第104—105页。

续表

| 学习风格 | 描述 |
| --- | --- |
| 触觉型学习者 | 触觉型学习者喜欢用手工作。他们通过触摸（touching）学得最好。因此给他们提供教学操作、绘画设备、科学仪器或其他材料，使他们能够通过动手来学习。 |
| 动觉型学习者 | 动觉型学习者在学习过程中通过自身的活动学得最好。他们喜欢做和走动，这样他们能够将呈现的信息吸收并联系起来，使这些信息对其有意义。这些学生坐着不动是困难的，他们宁愿在教室里四处走动。 |
| 触觉/动觉型学习者 | 触觉/动觉型学习者通过走动、做以及触摸学得最好。这些学生喜欢以动手的方式让身体参与起来。因为他们需要活动和探索，所以他们不能安静地坐很长时间。对这些学生来说，刺激和角色扮演是适宜的策略。 |

注重唤醒启发，培养对话意识，张扬差异。由于我国特殊的社会文化影响，学生的群体概念和归属意识特别强烈，非常在意其他同学的看法和态度，在课堂上常常不愿提问，也不愿主动回答，以免被别的同学说"出风头"，害怕因为个人的突出表现引起别的同学的反感或排斥；由于性格内向，不喜欢发言，使得老师对他们的关注不够，处于课堂对话的边缘。教师要注重培养学生的介入态度。第一，培养学生反思与批判的意识和能力；第二，培养学生的交往与沟通意识和能力；第三，在时间管理中渗透个性自由的思想，要求教学的节奏和时间安排要留出学生自主思考及活动的时间。课堂教学需要"留白"。①

"悬置"思维假定，善于倾听，共享差异。一方面，师生要围绕问题进行对话，层层深入，使问题衍生为知识表征或新问题，同时使问题成为师生关系的中介和对话体系的桥梁；另一方面，让问题的迎刃而解成为师生间适应与合作的基点。

充分利用积极的话题，激发沟通，发展差异。立足学生前见，合理设计对话话题。没有话题就没有对话，学生不是空着脑袋走进课堂的，他们以已有的经验知识为生长点，在多样具体的教学情境中，不断形成新的知识和经验，这就要求教师要巧妙地启发学生提出问题，并设计营造多样化的学习情境，共同确立一定数量有价值的话题，引

---

① 曾继耘：《差异教学策略研究》，首都师范大学出版社2016年版，第119页。

导学生通过持续的概念、分析、推论、假设等思维活动，进行知识的回忆和建构，共同完成对知识的探索。话题的设计既要关注学生的认知基础和生活经验，立足于学生的最近发展区，使学生参与对话成为可能，又要把握学生在认知结构转化为智能结构过程中产生的困惑，找准知识的生长点，使对话走向高效。①

近年来，大学生群体内部分层和跨度愈发明显，思想观念、认知水平、学习能力各有不同，甚至话语系统都有差异，难以形成一种普遍的、均质、同步的价值认同。有研究表明：在大学生群体中，充分利用群体内部思维发展水平的差异化，不仅引发了学生对不同类型学习的迁移，增强了学生创造性解决问题的能力，促进了整体思维水平的提升，而且，学生在解决问题中，拓宽了知识面，学会了在小组中工作的技巧，提高了社交能力。

## 四 案例分析

### 打破"千人一面、千人一卷"的考核模式
——概论课"建设中国特色社会主义总布局"评价分层策略②

（一）单项选择题

1. 我国现阶段生产资料所有制结构是（　）。
   A. 全民所有制为主体的所有制结构
   B. 公有制为主体的多种所有制并存
   C. 全民所有制和集体所有制并存
   D. 混合所有制并存

2. 国有经济在国民经济中的主导作用主要表现在（　）。
   A. 国有资产在社会总资产中占有量的优势
   B. 国有经济能控制垄断性行业

---

① 曾继耘：《差异教学策略研究》，首都师范大学出版社2016年版，第121页。
② 邢勇编著：《毛泽东思想和中国特色社会主义理论体系概论实践教程》，北京师范大学出版集团2016年版，第221—223页。

C. 国有经济对国民经济的控制力

D. 国有经济在国民经济中占主导地位（以下略）

（二）多项选择题

1. 非公有制经济包括（　　）。

　　A. 个体经济　B. 私营经济　C. 外贸经济

　　D. 混合经济中的非公有成分　E. 股份经济

2. 推进依法治国进程，建设社会主义法治国家，必须大力加强社会主义法制建设。其基本要求是（　　）。

　　A. 有法可依　B. 有法必依　C. 执法必严

　　D. 违法必究（以下略）

（三）材料题

1. 《春天的故事》的部分歌词："1979年，那是一个春天，有一位老人在中国的南海边画了一个圈，神话般地崛起座座城，奇迹般地聚起座座金山。1992年，又是一个春天，有一位老人在中国的南海边写下诗篇，天地间荡起滚滚春潮，征途上扬起浩浩风帆。"

（1）为什么说1979年"是一个春天"，这里的"春天"指什么？

（2）"有一位老人"这位"老人"指的是谁？请你用一句话评价这位老人。

（3）老人在1979年"画了一个圈"是指什么？

（4）歌词中的"老人"1992年"在中国的南海边写下诗篇"是指什么？你能说出其中的一些内容吗？它有何影响？

（5）歌曲歌颂了"老人"的丰功伟绩，你能说一说这位"老人"为中国的改革开放做了哪些贡献吗？

（6）"老人"圈出的地方是哪里？

2. 材料1：党的十八大提出要积极培育和践行社会主义核心价值观后，社会各界掀起了学习、宣传和践行社会主义核心价值观的热潮。在这阵阵热潮之中，也出现了一种把社会主义核心价值观与西方"普世"价值对接起来的解读，即认为原来受到拒斥和批判的西方的"普世"价值观现在被接受了。

材料2：习近平主席在2015年9月29日第七十届联合国大会一般性辩论时的讲话，提出了"和平、发展、公平、正义、民主、自由，是全人类的共同价值"的论断。这引发了人们对共同价值与"普世价值"关系的热议。有人认为，"很难说清楚两者之间究竟是什么差异"；甚至还有人认为，"两者之间没有也不应该有任何区别"。

材料3："国内外各种敌对势力，总是企图让我们党改旗易帜、改名换姓，其要害就是企图让我们丢掉对马克思主义的信仰，丢掉对社会主义、共产主义的信念。而我们有些人甚至党内有的同志却没有看清这里面暗藏的玄机，认为西方'普世价值'经过了几百年，为什么不能认同？西方一些政治话语为什么不能借用？接受了我们也不会有什么大的损失，为什么非要拧着来？有的人奉西方理论、西方话语为金科玉律，不知不觉成了西方资本主义意识形态的吹鼓手。"——习近平：在全国党校工作会议上的讲话（2015年12月11日）

阅读以上材料，谈谈怎样厘清共同价值、社会主义核心价值观和西方所谓"普世价值"的区别，旗帜鲜明地批驳这些错误观点，从而进一步坚定我们对马克思主义的信仰，对社会主义、共产主义的信念？

一般来说，客观题（包括单选题和多选题）考察的是学生对基本概念基本知识的掌握情况，从学生对客观题的回答能够清晰地了解到哪些是大部分学生已经完全掌握了的，哪些是还需要进一步巩固的。主观题（包括判断题、材料分析题、论述题等）考察的是学生对概念和原理的运用情况。

交往互动是网络环境下主体相互沟通并与现实世界相互联系的重要手段。网络技术为学生提供了实时的、双向的、同步的交流机会，也可以提供非实时的、单向的、异步的交流机会。借助微助教、蓝墨云班课等应用软件，实现"师生——生生"交往互动，如现场分析统计学生对客观题的回答，教师可以比较便捷地把学生进行分层，复杂的分层则涉及学生对某个问题的深入理解和独立的见解，当他们对同一问题（如上述材料1、材料2、材料3）的回答有不同的观点时，教师利用在线功能实现师生、生生之间的交流，呈现及利用课堂中学生思维水平和认识问题能力的差异,得到及时、迅速的反馈和矫正信息,进行点评、比较、引导,以高水平学生带动低水平学生,实施差异教学的隐形动态分层策略。

差异化的课堂强调的是知识基础和经验的不同,而非智力和能力的高低。课堂氛围受教室中物理环境的影响,如光线适宜、干净整洁、井然有序都会对营造课堂氛围起积极的作用。创造丰富的环境不只是靠物质资源,还应当借助复杂多样的任务、挑战以及反馈。① 此外,课堂中良好的氛围和促进良好氛围的工具的使用如音乐、喝彩也会对差异教学产生正向影响。在差异化的课堂中,所有学生都能感受到课堂是很安全的、安心的,不用担心表达自己的观点或困惑会有什么风险。促进课堂氛围的另一要素就是将音乐引入课堂;斯特拉斯克莱德大学的研究者发现,当学生听到刺激性的流行曲调时智能会剧增。他们指出,在课堂中播放最新的流行曲目确实可能会提高学生的成绩。许多尝试使用流行音乐的教师报告说学生的注意力会更加集中;喝彩及笑声是课堂中可以利用的另一个工具,它通过释放被称作为内咖肽的神经化学递质来加强学习。

## 第二节 量体裁衣:方法—内容适配策略

在开始活动和教学前,教师不仅有必要去理解某一节课首要的目标,而且要理解更广泛的学习单元。逆向设计模型(the backward design model)强调在头脑中要以目标为开端。教师可以先看一下最终目标,以便知道课程的努力方向②。若能在不同的教学环节采用与之相匹配的教学方法,也许能收到最佳教学效果。

### 一 方法—内容适配策略的内在依据

传统教学方法中教师多以讲授为主,学生参与有限,课堂教学更

---

① [美]格利·格雷戈里等:《差异化教学》,赵丽琴译,华东师范大学出版社 2015 年版,第 11—12 页。
② 同上书,第 97 页。

像是老师做报告和演讲,虽然声情并茂能打动听众,但听众往往"课上激动,课下摇动,课后不动",教学效果不佳。这种状况主要是缺乏对教育心理和学习心理机制的深刻理解,缺少教育对象的积极参与体验,单向灌输、理论与实践相脱离的结果。教育心理学研究发现,若仅使用传统式的讲授—听讲式学习方法,只有大概十分之一到十分之三的课堂讲授内容能被学生吸收,并且会随着时间的推移遗忘得非常快,基本是"不考不记,考过就忘";而若是加入体验的环节,调动多重感官系统来学习,学生们可以通过亲身体验获得相关知识的经验,从而在有限的时间内获得充分的思考,得到最大的提升。本杰明·富兰克林曾说过一句话:"Tell me and I forget, teach me and I may remember, involve me and I learn."几十年的教育心理学和学习心理学研究证明,"亲身体验的互动式学习"将激发学生的内部动机,触发大脑多区域的协调工作,获得最好的教学效果。体验式教学就是在教师的指导下,让学生联系自己的生活实际,通过一系列身心活动,凭借自己的直观感受,去再认识、再发现、再创造,并从理性认识扩展到情感、态度、价值观养成的教学方法,其特点是先行后知,符合人的认知规律。这种教学方式以学生为中心,学生在教学过程中占主体地位,改变了过去以教师为中心的传统教学方式,旨在把学习主题与学生的生活实际结合起来,师生运用协作探讨的方法,在情感的交流、思维的碰撞中进行体验、感悟,使学生逐渐得以熏陶,促进其思维方式趋于成熟,并充分张扬学生的个性,让学生健康发展成长。

思想政治理论课体验式教学模式是以构建大学生的学习参与机制,形成"实践体验"与"内化践行"的学以致用能力为目标指向的,即通过思想政治理论课体验教学,使大学生在参与中验证书本知识、理论学说,构建学生主动参与、亲身体验,主动探究、发现现实生活中问题的模式,并运用所学理论研究、解决问题,在解决问题中分辨是非善恶,坚定理想信念,自觉砥砺品性,不断完善自我。基于对体验式教学的理论思考和实践体会,华中科技大学马克思主义学院副教授万晶晶在《思想道德修养与法律基础》(以下简称"基础"课)课程数年的教学工作中,曾采用不同的教学方法来进行教学,包括团体辅导式教学法、以问题为中心的学习（PBL）教学法、案例教学法等不同教学组织形式，并收到了一定的成效①。不同的教学方法有不同的特点和组织形式，具体比较如表4-2所示。

表4-2　　　　　　　体验式教学各方法之特点比较

|  | 团体辅导式教学法 | 以问题为中心的教学法 | 案例式教学法 |
| --- | --- | --- | --- |
| 理论背景 | 人本主义学习理论、合作学习理论、团体动力学理论 | 杜威实用主义、认知建构主义、人本主义、发现学习理论 | 人本主义、建构主义学习理论、格式塔顿悟学习理论、信息加工理论、情景学习理论 |
| 特点 | 性质是预防与发展性的。目的在于促进个体成长，特别是通过团体成员互动可以相互学习与借鉴，取长补短，不断成长 | 把学习设置于复杂的、有意义的问题情境中，让学生作为问题解决者直接去面对反映真实世界情境的劣构问题，通过解决复杂的实际问题，培养学生的问题求解策略，从而形成解决问题的能力和自主学习的能力 | 通过模拟或者重现现实生活中的一些场景，让学生把自己纳入案例场景，通过讨论或者研讨进行学习。通过各种信息、知识、经验和观点的碰撞达到启示理论和启迪思维的目的 |
| 优点 | 适用于具有同样困惑的"同质性"大学生群体，在教学中不仅强调认知层面的调整和增进，而且注重情感与行为层面的体验和改变 | 能够立足于学生普遍关注的重大理论和现实问题，帮助学生进行深层次的思考和体验，突破封闭的课堂，实现教学环境的开放性 | 案例是对典型事件的真实再现，可以激发身临其境，缩小理论与实践的差距，启发性好；其次，鼓励学生独立思考、自主决策，提升了师生互动 |
| 不足 | 对于知识的学习缺乏系统性；难以引领学生对重要理论问题进行深入理性思考；团体活动占用时间较长 | 对于基础科学常规知识的讲授不具系统性，不适用于收敛性知识点 | 较难设计好的包含相关性、实践性和综合性等特点并贴近学生的案例。生生间互动不足 |

## 二　方法—内容适配策略的具体操作

"基础"课总体教学目标：使刚入校门的大学生，能够顺利实现

---

① 万晶晶：《"基础"课教学方法的精准匹配研究》，《启疑·反思·认同——高校思想政治理论课互动教学深化探索》（第二辑），湖北人民出版社2016年版，第190—194页。

从中学到大学的转变,帮助他们树立崇高的理想信念,确立正确的世界观、人生观、价值观,培养良好的思想道德素质和法律素质,为逐步成长为德智体美全面发展的社会主义事业的合格建设者和可靠接班人打下扎实的思想基础。其教学对象是大一新生,所使用的教材体系是国家马克思主义理论研究和建设工程重点教材《思想道德修养与法律基础》(高等教育出版社出版),其中将"基础"课设计为1+8,即一个绪论,八章内容。在实际教学中,笔者认为整个教材体系和教学内容可以分为三个大板块,不同板块适用于不同的体验式教学方法,具体设计如表4-3所示。

表4-3　　　"基础"课教学内容分析与方法设计

| 教学内容板块 | 具体教学目标 | 适用的教学方法 | 方法的具体操作 |
| --- | --- | --- | --- |
| 第一板块:大学适应与发展<br>绪论<br>第一章<br>第二章 | 帮助学生尽快适应大学的生活和学习,完成中学生到大学生这一身份的转变;确立人生理想及大学发展目标,怀着坚定崇高的信念走上大学发展之路;秉承中国精神并成为改革创新的学习者与实践者 | 团体辅导法为主<br>案例教学法为辅 | 以团体辅导法为例,将学生分成8—12人小组后,通过将教学目标转化为辅导目标从而设计团体活动,通过团体游戏、内省、小组内讨论和分享形成团体成员之间的动力作用,来促使团体成员思想、感受和行为的变化 |
| 第二板块:价值与道德<br>第三章<br>第四章<br>第五章 | 思考人生观与人生价值,选择及创造有价值人生;反思道德的作用,继承中华传统美德和革命道德,选择做一个道德高尚的人;思考社会公德与个人的关系,做一个遵守社会公德的人 | 问题为导向的教学法为主<br>团体辅导法为辅<br>案例教学法为辅 | 以问题为导向的教学法为例,课前老师可以结合课程中学生关注度高的人生价值、道德现状等现实问题进行选择,循序渐进设计出几个问题。再将学生以寝室为单位在课下进行问题调查、论证、讨论、制作汇报材料,在课堂上小组代表发言后学生自由讨论。之后教师运用基本理论结合现实问题对各小组观点进行点评 |

续表

| 教学内容板块 | 具体教学目标 | 适用的教学方法 | 方法的具体操作 |
|---|---|---|---|
| 第三板块：法律意识<br>第六章<br>第七章<br>第八章 | 了解我国社会主义法律体系，培养社会主义法治思维，尊重法律权威；正确依法行使宪法与法律赋予大学生的权利与义务 | 以案例教学法为主以问题为导向的教学法为辅 | 以案例讨论讲解为例，教师根据要教授的法律知识点，选择一个实际的法律案例，就案例本身涉及的知识点提出系列问题，让学生进行讨论，然后由学生自行归纳出问题的答案及案例的理论成分。老师将学生的想法进行归纳，综合意见后，再进行详细讲解。课后组织学生撰写案例分析报告 |

### 三 方法—内容适配策略运用之效果反思

在经历了一轮教学方法与教学内容匹配的教学实践之后，教师认为收到了较好的教学效果，主要表现在：第一，极大提升了学生的学习热情，减少了习惯效应和倦怠感。一方面三类教学方法均为体验式学习，学生们在游戏、讨论、调研、表演等活动过程中实现感悟、体验、反思与领悟，这些都与传统的讲授法有本质的差异，多感官的参与充分调动了学生的积极性和参与感。同时，不同方法的运用又减少了学生的倦怠感，丰富了学生的新鲜体验，使得学生在教学初期、中期和后期的不同阶段都充满了好奇和兴趣，课堂的活跃气氛空前高涨。有的学生在课后表示，真没有想到，政治课还可以这样上，很有意思很刺激。第二，将深奥的理论问题分解成循序渐进的环节，加深了学生对教材内容的理解和领悟，增强了教学实效性。如在基础课理想信念一章的教学中，在团体活动之后，要在团体中讨论树立坚定科学信念对大学生的意义和价值，使学生在团体感悟和共鸣中最终达到认知层面的领悟，增强对科学理想信念的认同。第三，优势互补，扬长避短，提升了思政课教学育人的目的。由于思想政治理论课的教学目的、班级规模、教学要求均有自己独特的特点，即使在"基础"课这一门课的不同教学内容板块，教学目的都有不同的要求，因而根据不同的教学内容和目标灵活选择不同的方法才能最大程度实现相关的教学目标。比如大学适应篇更适合用团体辅导法，因为团辅法会更多激发学生情感体验，启动团体动力，增强新生对新环境的认同感和归属感，以尽快适应大学学习生活并树立科学、远大的理想和发展目标。相比较而言，单纯的问题为导向法和案例式教学法就较难达到同样的教学效果。又如，法律部分有完整的知识体系，又有丰富的现实生活法律案例，从案例入手来理解法律相关概念、背后的逻辑和彰显的法律精神有很好的辅助和启发作用。

思政课不同教学内容的教学方法匹配教学实践和理论研究尚处于起步阶段，在运用各种方法开展教学的过程中，尤其需要注意的是，教学方法始终是一种辅助手段，其目的是为了实现教学目的和任务要求，要根据不同的教学内容灵活使用和组合。如"基础"课中"法律彰显公平正义"这一主题，可通过"呼格吉勒图案件"结合数个问题，如"如何理解'司法是社会正义的最后一道防线'""迟来的正义是正义吗？"等来展开教学，使学生既能在案例中获取更为直观的知识，活跃其思维，来灵活分析问题解决问题，又通过对理论问题的思考引导学生层层深入，理解和领悟法律精神和法治思维，可以说是将案例式教学与问题为导向的教学有机地结合起来。任何教学目的和任务都不可能单纯靠一种教学方法来完成，教学方法的运用要紧贴教学内容和目的，必须合理选择适宜的教学方法并进行优化组合，创新运用。

## 第三节　求同存异：大班教学、小班讨论策略

20世纪60年代，美国特朗普教学制度把大班、小班和个别教学三种形式整合在一起，大班讲授、小班讨论、个别指导，促进了全体发展与个别施教的有机结合。1978年，格拉斯和史密斯对77项有关班级规模与学生学业成绩之间关系的研究数据进行了分析，其结论是：从总体上看，小班化不仅对学生学业成绩的提高有帮助，而且能提高学生的学习积极性和教师的工作积极性[1]。

---

[1] 胡森：《国际教育百科全书》，贵州教育出版社1998年版，第110页。

近些年国内高校也开始了在大班授课的基础上增加小班研讨课的尝试。如中国科技大学于 1999 年开始尝试这种教学模式，调查显示：绝大多数学生都对小班研讨课程有较高的学习兴趣，修读小班研讨课程获得的知识多于普通课程，对能力培养有突出效果，教学效果优良，同时学习小班研讨课程需要比普通课程花费更多的时间进行预习、查阅资料和准备讨论课题。[1] 还有一项针对北京大学小班研讨课的研究表明：小班研讨课开展现状大体良好，受到多数学生欢迎。但部分课程在上课方式、师生间沟通、教室硬件条件等方面仍存在问题[2]。与传统的大班课堂相比，大班授课和小班研讨相结合的模式有助于加强教师与学生的互动。这一模式已被斯坦福大学等诸多世界一流大学的本科生教学中广泛采用。

## 一 "大班教学、小班讨论"的队伍建设

17 世纪夸美纽斯（Comenius Johann Amos）在《大教学论》中阐述了班级授课的理念。[3] 随着时代的发展，班级授课制的问题也逐渐显现，如教师不能很好地因材施教，不利于学生个性全面发展，不利于创新精神和实践能力的培养等。[4] 顾明远在《教育大词典》中也指出了班级授课的缺陷："传统班级教学的缺陷主要是难以适应学生的个别差异以及发展学生的个性与独创性。"[5] 在过去曾发挥过巨大作用的传统班级教学制已逐渐难以适应当代教学的需要，课堂教学改革的呼声渐高，其中一个重要的改革方向就是设立更加个性化的小班研讨课。

"小班讨论"的指导教师对提升"小班讨论"的质量和效果起着关键作用，因此，承担"小班讨论"任务的指导教师要具备较高的

---

[1] 李蓓：《本科 Seminar 课程教学的综合分析》，《教育与现代化》2003 年第 4 期，第 35—39 页。
[2] 陈雅清、刘淑彦、张艺苧、卢晓东：《北京大学小班研讨课教学改革的实证研究》，《教育学术月刊》2013 年第 11 期，第 25—30 页。
[3] ［捷］夸美纽斯：《大教学论》，教育科学出版社 2015 年版，第 36 页。
[4] 张学华：《班化教学及其反思》，《课程与教学》2003 年第 9 期。
[5] 顾明远：《教育大词典》，上海教育出版社 1990 年版，第 207 页。

政治理论水平和综合素质,精力投入要有保障。我校"小班讨论"的指导教师选聘采取单位推荐和自愿报名相结合的方式,聘用的"小班讨论"指导教师由学校统一考核,教务处统一发放酬金并计算工作量。在校党委的领导下,在教务处、学生处、团委、研究生院等相关部门的支持下,我校初步构建了以思政课教师为核心,辅导员、关工委老教师、机关干部及研究生助教共同参与的思政课"小班讨论"指导教师队伍,形成了全员参与的教学模式。"小班讨论"指导教师可视自身情况承担1—4门思政课的"小班讨论"任务。到目前为止,共有1572人次的指导教师参与组织了全校4门思政课的"小班讨论",学校党委书记、副书记都亲自担任了"小班讨论"的指导教师。[①]

## 二 "大班教学、小班讨论"的不同阶段

### 1. 组建教师团队与学生讨论(辩论)小组阶段

建设教师团队和学生讨论小组是所有课程开展"大班授课、小班讨论"教学的首要环节,教师团队人数与讨论班数大体一致,学生讨论小组根据小班人数和讨论形式而定。在大班授课时,大班理论课集中授课,由一位主讲教师或团队教师轮流完成,大班理论授课不需要面面俱到地灌输学生政治学基础知识,而要"讲知识的背景、讲重点、讲难点、讲热点、讲获取知识和信息的方法与手段"。学生自主学习阶段中,主讲教师通过大班理论授课给学生推荐参考资料,集中布置任务,使学生开展课后自主学习。学生在自主学习阶段要完成两项任务:一项是对大班授课知识进行巩固与拓展学习,另一项是为顺利进行小班讨论提供知识准备。[②]

### 2. 讨论前的充分准备

首先,充分准备"小班讨论"的主题。"小班讨论"主题设计得是否科学得当,直接关系到"小班讨论"的效果。"小班讨论"主题设计的总体原则是结合相关教学内容,以"大学生如何树立正确的世

---

[①] 邵龙潭:《高校思政课"大班授课、小班讨论"教学模式的探索与思考》,《思想政治理论课教学》2011年第11期。

[②] 贺建军、张维维:《基于多元互动的"大班授课小班讨论"教学改革研究——以"政治学原理"课程为例》,《教育与教学研究》2015年第4期。

界观、人生观、价值观"为主线,紧密围绕学生关心的热点难点问题设置讨论主题。找准学生感兴趣的问题、学生关注的焦点问题,以此为切入点,是搞好"小班讨论"的关键环节。各个课程组经过多轮探索与总结,根据课程的教学要求、重点、难点,结合大学生的思想实际和社会发展实际,梳理出了若干个与"大班授课"专题教学内容相衔接、相匹配的"小班讨论"主题。有的通过了解大学生关心、困惑及所需要解决的思想、学习、生活等问题,设计与"大班授课"教学内容相适应的"小班讨论"主题或案例;有的通过问卷调查了解学生关注的问题,结合教材内容进行整理,确定不同主题范围的论题,供学生参考选择;有的从主讲教师中来、从教材中来;有的从专家中来、从社会热点问题中来;还有的从大学生思想状况调查中来。在此基础上,再由指导教师和学生具体确定本班的讨论主题。这样最终形成的讨论主题集中了教师和学生共同的智慧,针对性强,得到了学生的高度认同。

其次,"小班讨论"指导教师要做好充分准备。每学期开学初,马克思主义学院都要召开由教学副院长主持、课程负责人参加的全体"小班讨论"指导教师会议,对"小班讨论"的时间、主题、要求进行统一布置。课程组组织"小班讨论"指导教师集体备课,学习相关理论知识,研讨与讨论主题相关的热点难点问题,向指导教师提供教材和相关基本资料,具体安排各班的讨论时间和地点,向指导教师分派班级并告知班长的联系方式。"小班讨论"指导教师可根据课程组的相关安排拟定讨论题目,也可以征求学生的意见,结合学生关注的焦点或学生思想中存在的问题,有针对性地确定具体的讨论题目。指导教师在课前准备讨论题目的同时,还应及时与学生沟通,商定与讨论主题相适应的讨论形式,如自由发言、辩论等。

再次,学生也要做好讨论前的准备。主讲教师提前一周统一布置讨论主题及讨论时间,引导学生做好讨论前的准备,包括查阅相关文献资料、写讨论提纲、确定"小班讨论"的主持人和记录人等。学生要及时收集、整理有关素材,撰写发言提纲,有条件的同学,可以做演示文稿。各班根据讨论题目确定本班讨论的具体形式,如辩论、答记者问、以寝室为单位选代表发言、自愿组合发言、个人直接发言、自编情景剧、模拟社区、模拟法庭、模拟联合国大会、知识竞赛等。无论哪一种形式，都要选好主持人、发言记录人。

最后，要事先准备好教室。由于"小班讨论"是将大的教学班拆分为每一个小的自然班，而且主要是利用上课时间同时进行讨论，因此，对教室资源的需求量非常大。我校的具体做法是，由主讲教师、助教或课程组向教务处或学生所在院系统一借教室，教务处负责调配全校教室资源按需求排课，保障"小班讨论"的顺利开展。

3. 讨论中正确引导

"小班讨论"过程中，指导教师要对整体讨论情况做恰当的导引和掌控。指导教师要认真听取同学们的发言，注意把握讨论主题的发展方向。讨论课鼓励学生各抒己见、畅所欲言，指导教师要注意把握尺度，不要影响学生发言的积极性。指导教师开场白和中间插话要起到穿针引线、回归主题的作用，占用时间不宜过长，要给同学充分的发言机会。最后，指导教师要对本次"小班讨论"进行总结和点评，对好的讨论形式、同学们参与的积极性和突出表现等给予肯定，对偏激的观点进行全面分析和引导，对不正确的观点进行纠正。各班备有讨论记录，作为平时成绩考核的一部分，指导教师要根据学生发言提纲准备情况和讨论表现，按照优、良、中、差进行成绩评定，提交主讲教师，计入期末总成绩。

4. 讨论后总结提升

"小班讨论"结束后，每个小班要推荐一名代表，将本班的讨论情况、发言内容和主要结论在下一次"大班授课"时进行大班汇报和交流。大班汇报和交流时，先由小班发言代表汇报本班讨论情况，再由其他学生提问，也可以进行辩论，不同的观点争鸣和碰撞。最后，主讲教师对整体讨论情况进行总结和提升，这对整个"小班讨论"教学环节而言，起着画龙点睛的作用。通过主讲教师理论联系实际的总结、答疑解惑，学生能够加深对基本理论的理解，纠正原有的错误观点，澄清原有的模糊认识，更好地理解党的路线、方针、政策，全面认识我国现阶段存在的发展中的问题，从而统一思想，提高认识，坚定走中国特色社会主义道路的信心。"小班讨论"后的"大班交流"十分必要。一是可以使不同的小班之间相互交流、学习和借鉴，开阔思路；二是使主讲教师对整个教学大班的讨论情况有一个整体的把握，便于下一步有针对性地开展教学；三是使班级的组织力、动员力和凝聚力得到强化。"大班交流"环节是展现班集体风采与竞争力的舞台，为了使本班有突出表现，每个班都充分发挥集体的力量，凝聚集体的智慧，交流汇报形式丰富多彩，唇枪舌剑，精彩纷呈。①

### 三 "大班教学、小班讨论"的具体实施

思想政治理论课"大班授课、小班讨论"教学模式由教师大班授课、学生大班发言、小班小组讨论、个人网络参与四部分组成。教师以问题意识展开和组织大班教学活动，充分调动学生参与课堂教学。研究生助教主持、组织小班讨论和网络讨论，深化对大班教学内容的认识。这种教学模式保证了学生的主体地位得到比较充分的体现，教师的主导作用有了机制保障，真正实现以"教"导"学"、以"学"促"教"，从而形成教师、研究生助教和本科生三者教学相长的良性互动。

1. 教师大班授课。在 3 个小时的教学中，教师主讲与学生参与有机地结合起来。其中，教师主讲时间约占 1.5 小时左右。一般而言，教师以问题意识开展教学，讲授每章的知识体系、重点内容、学术争论、推荐书目、小班讨论参考主题等。如第六章"中华民族的抗日战争"，我们的大班授课核心内容和小班讨论参考主题设计如下，同时给学生推荐 10 本左右学术著作。

| 中华民族的抗日战争 ||
| --- | --- |
| 大班授课核心内容 | 小班讨论参考主题（学生自选角度切入） |
| （1）近代以来日本为何一直谋划侵略中国<br>（2）如何评价国共两党在抗战中的地位和作用<br>（3）中国抗战胜利的原因和意义<br>（4）抗日战争对中日关系的影响 | 评析国民党正面战场与共产党敌后战场 |
| ~ | 中国抗战胜利与民族伟大复兴 |
| ~ | 当代中日青年如何看待日本侵华历史 |
| ~ | 中日钓鱼岛争端 |

---

① 邵龙潭：《高校思政课"大班授课、小班讨论"教学模式的探索与思考》，《思想政治理论课教学》2011 年第 11 期。

教师在讲授重点内容时，如果有学生准备了相关的主旨发言，可先让学生进行课堂展示和发言，然后组织学生点评、讨论，自己再点评和总结。总之，教师大班授课主要任务是提出问题，讲透核心，引导观点，推荐书目，布置讨论。

2. 学生大班发言。在大班教学环节中安排学生做主旨发言，一是为了更有效地改变由教师单方面讲授多、学生课堂参与少的局面；二是为了弥补小班讨论的不足，即小班讨论主要局限在 20 人左右的小班内展开，缺少与其他同学分享与互动机会；三是为更多学生参与课堂教学提供机会，激发学生参与课堂互动。学生大班发言内容必须紧扣每次教学的核心内容（教师必须提前公布每章的核心内容和问题）。学生以个人或小组名义（一般不超过 4 人，可自由组合）申请，申请者最迟在上课前一天将展示课件发给助教。助教们按照主题内容和课件质量等，共同评比出 3—4 个（组），报给主讲教师。主讲教师在教学过程中根据情况安排学生进行展示，然后组织其他同学进行互动，最后自己点评或总结。

3. 小班小组讨论。小班指的是将一个大班分成若干个小班，每一个小班由 1 名博士生助教负责该班学生的学习讨论、日常管理等。小班讨论一般是每两次大班授课后，即对大班授课的内容展开讨论学习。讨论的主要内容一般由老师确定并在开学初就提前公布和告知学生。小班讨论采取小组形式开展，即每一个小班自由组成若干小组（如 24 人的小班通常分成 4—6 个小组），每一个小组成员必须合作准备一个主题发言，作出 PPT 课件，然后派出小组代表做主题发言。其他小组成员针对该小组的主题发言进行点评和提问，或者对另外小组的点评和提问进行补充或商榷，最后形成每一个小组或成员都要参与讨论的局面，以此激发学生们的学习能力、合作能力、研究能力、表达能力和思辨能力等。小班小组讨论是在不同的小教室开展，由各小班助教主持，学生小组依次发言、互评、提问。助教在主持和点评的同时，观察和记录每个学生的参与和表现，以此作为评定该生平时成绩的依据。

4. 个人网络参与。无论是大班发言，还是小班讨论，依然有部分同学无法或不能尽情地与更多同学分享观点，因此，老师又采取了大班发言、小班讨论与网络讨论相结合的形式，要求学生将大班发言和小班讨论的内容都上传到北大教学网元培学院"纲要"课堂的

"讨论模板"中，鼓励学生在网络上继续讨论和深化交流。此外，老师也将每章讨论的参考主题上传到教学网，同时鼓励学生探讨与中国近现代史相关的学术问题，分享自己观点。老师和助教依据学生在网络课堂上的参与度和参与质量，进行考核和评判。①

### 四 "大班授课、小班讨论"教学改革的实施要求

"大班授课、小班讨论"教学模式能够促进多元互动教学的展开，势必极大提升教学效果，但是，"大班授课、小班讨论"作为教学改革的新型模式，要在教学实践中良性开展，势必需要改变传统的考核方式、加大教学投入、组建教学团队以及构建网络学习平台。

1. 改变考核方式

传统"大班授课"的考核主要以学生期末卷面考试成绩为主，学生作业、考勤、课堂表现等只占很小一部分，这种考核方式不利于学生学习积极性的培养，更不利于学生综合能力的提高。实行"大班授课、小班讨论"后，需要重新调整学生考核方式。一方面，学生期末卷面考试成绩可以从原有的70%下降到40%，而相应增加学生平时自主学习与小班讨论环节的成绩比例；另一方面，传统"大班授课"的学生成绩主要来自于主讲教师改卷与评分，实行"大班授课、小班讨论"后可采取团队教师与学生相互之间评分相结合的方式进行评分，特别是在"小班讨论"环节需要出台相应评分细则。

2. 加大教学投入

一是设置研讨教室。国内高校教室一般都是讲台与黑板在前，课桌依次排列，这种类型的教室适用于教师授课、讲座或做学术报告，无法促成"小班讨论"各种形式的顺利实现。因此，国内高校要推行"大班授课、小班讨论"教学改革，首要任务必须设置研讨教室、辩论教室、小型报告厅等。二是配备教学助手。实现"大班授课、小班讨论"必然会带来教学工作量的增加，各高校可以在研究生中挑选团队教师教学助手，帮助处理教学网络平台建设、作业收发与批改、

---

① 王久高：《思想政治理论课"大班授课、小班讨论"教学创新模式——以北京大学元培学院"纲要"课教学创新为例》，《思想理论教育导刊》2017年第3期。

成绩统计、教学监督等事宜。三是提供资金支持。增加团队教师课时津贴，这样团队教师才会有兴趣投入到团队教学当中，另外，还需要给承担教学任务的教学助手提供资金支持。

3. 建设高效团队

高效的教学团队是"大班授课、小班讨论"教学改革取得成功的重要保证。国内高校不同级别的重点课程、精品课程建设大多都是以团队形式进行，但教学团队没有有效运转起来，课程建设与改革仍由团队主讲教师一人完成。建设高效团队，一要改变教师评价方式。传统"大班授课"主要根据主讲教师的教学课时计算工作量，而"大班授课、小班讨论"则由教师团队共同完成，每位教师各司其职，要使团队真正运转起来，就需要改变以前教师工作量计算方法。二要打破院系专业之间的壁垒。传统"大班授课"中，除了一些公共基础课程外，一些专业性较强的课程都只能找到一个教师主讲，这样在同一院系中组建教学团队较为困难，因此，就需要和其他院系专业进行合作，共同组建教学团队。

4. 共享网络平台

一是加强网络教学平台建设。网络教学平台建设需要教师和学生共同参与，教师可以把教学资源、教学目标、教学设计等信息在平台中显示，这样学生可以提前知晓课程情况。师生讨论板块是网络教学平台的核心部分，学生可以在讨论板块向同学或教师提问，教师对学生提问给予跟踪回答。网络教学平台建设需要加强专业教师的培训，让教师知道网络平台的重要性，也让他们了解网络平台建设的具体程序。二是提高网络教学平台效用。网络教学平台不能得到合理而有效的利用，很多课程的网络教学平台流于形式，这是国内高校课程信息化建设的通病。提高网络教学平台的效用，首先，需要教师提高平台使用频率，网络教学平台不仅在"大班授课"和"小班讨论"中使用，它更应成为课外时间师生沟通的重要工具；其次，需要把平台使用情况纳入学生成绩考核中，让学生积极参与交流互动。①

---

① 贺建军、张维维：《基于多元互动的"大班授课小班讨论"教学改革研究——以"政治学原理"课程为例》，《教育与教学研究》2015年第4期。

## 第四节　移步换景：提问与追问策略

"提问"可以说是最古老的教学方法之一。开始新的教学单元时，教师根据教学内容抛出一个问题，是在教学实践中最为常见的引发学生兴趣的"开场白"，师生间的互动也由此展开。问题设计的技巧在于既要激发兴趣，又要提纲挈领，学生在回答问题的过程中表达能力、应变能力、沟通能力、思维能力均能得到锻炼和提高。由于高校思想政治理论课一般采用大班授课制，思想政治理论课教师在备课过程中普遍难以顾及受众具体情况，没有从学生的思维水平、优势能力、专业特性、兴趣偏好等特点出发，设计出有层次性的教学内容及有针对性的教学手段，这一现状在目前大班授课制下难以改变。在大课堂中使用"提问与追问"这一方法时，如果教师面对不同的学生所提的"问题"是无差别的，那么在回应学生、评价学生、引导互动、反馈答案的时候，是否可以利用同一课堂学生的不同答复提出进一步的"追问"？追问引导学生反思答案的理论依据，厘清思维的逻辑线路，或是跳出原有的框框，进一步拓展思维，这样一种"移步换景"之举，可以增强学生的辨析能力、发散思维能力和创新思维能力，有助于提高课堂应答的理论深度，帮助学生打破原有认识局限、构建新的知识体系，有利于形成新的价值认同。

### 一　基于差异化教学理论的"提问与追问"教学设计理念

教学中的提问有多种形式，归纳起来主要是：其一，评价性提问，这一类问题侧重于了解学生对教师的讲授是否引起注意。其二，知识性问题，答案是关于"是什么"的解释。其三，质疑性提问，答案需要说明"为什么"[①]。

将"问题"作为思维的起点，引导学生回答问题的过程是师生共同对问题进行抽象、质疑、推理、判断的过程。在教学中教师可以不

---

[①] 洪明：《试析提问式教学方法在"思想道德修养与法律基础"课中的运用》，《学校党建与思想教育》2010 年第 5 期。

断进行提问并追问，问题的设计可以从简单寻求"是什么"的答案入手再逐次深入到寻求理由，在教师不断提问与追问的引导下，使问题的探讨不断深化，最终由学生自己得出结论①。

结合差异化教学理论，绪论部分"提问与追问"教学设计遵循三个原则：第一，有助于阐释课程教学的主要内容，尤其是重难点内容。提问的设计侧重将本课程的主要教学内容以问题的形式加以贯穿，以提问的方式凸显教学中的重难点。重难点问题的选择应该围绕每一章中最核心同时也是最有理论难度的问题。第二，有助于学生理性能力的培育。第三，有助于学生形成对课程体系的整体认识。

学生的知识储备不同，对大学的期待不同，对于绪论部分重难点问题"大学教育的真正价值是什么"及进一步的追问"我为什么要上大学""如何最大限度地受益于大学教育"的回答也有不同答案。在教学中，围绕这些问题教师可从学生的回答中归纳出三个不同层次的答案，其中中间答案是大部分学生应该掌握的，教学目标即引导学生在自己原有层次和水平的基础上，向上提升一个档次。基于差异化教学理论的"提问与追问"教学实践中，教师的作用体现为情境和问题的设置，而不是给学生现成的结论和标准答案，学生回答问题之后，教师评价他们的论述（assess the argument），并就此展开讨论，促使学生独立思考（get the students to think themselves），此方法最核心的要素是课堂互动（class interaction），鼓励学生去挑战教师的观点，每一个课堂中的高水平学生是课堂讨论的"意见领袖"，可以充分发挥他们对其他学生的带动作用。

## 二　绪论部分重难点问题"大学教育的真正价值是什么?"的教学设计方案

教学内容：思想道德修养与法律基础课绪论

教学目标：帮助大学生适应人生发展的新阶段

教学要求：引导学生认识大学教育的真正价值，思考为什么来上

---

① 洪明：《试析提问式教学方法在"思想道德修养与法律基础"课中的运用》，《学校党建与思想教育》2010年第5期。

大学？如何最大限度地受益于大学教育。

教学重点难点：大学教育的真正价值是什么？

教学课时安排：2学时。

教学设计的实现包括四个基本环节：教师提问、学生回答问题、教师对学生的不同回答进行评论及分析、追问、总结。

1. 教师提问：从国家、社会层面这一价值主体来看，大学教育的价值是什么？为什么在一千多年的人类发展史上，大学自从诞生之日起便一直存在并不断发展壮大，万古长青？

教学PPT上西方大学的起源及历史沿革、中国大学的发展历史这一部分，讲述大学追求真理，探索未知，并且传承文明，像灯塔一样引领社会，特别是在社会主流价值观的形成和传递中发挥了巨大的作用。对于个体来说，青年初期是人生观、价值观形成的关键时期，对于一个群体而言，"价值观是人类在认识、改造自然和社会的过程中产生与发挥作用的。不同民族、不同国家由于其自然条件和发展历程不同，产生和形成的核心价值观也各有特点。一个民族、一个国家的核心价值观必须同这个民族、这个国家的历史文化相契合，同这个民族、这个国家的人民正在进行的奋斗相结合，同这个民族、这个国家需要解决的时代问题相适应。世界上没有两片完全相同的树叶。一个民族、一个国家，必须知道自己是谁，是从哪里来的，要到哪里去，想明白了、想对了，就要坚定不移朝着目标前进"。

大学将青年一代培养成为终身有思想的公民，可以批判性地审视所有集团和利益主张，辨别什么样的价值观是符合民族、国家的需要，为民众所普遍认同的。惟其如此，大学才承担起自身历史使命，实现了自身价值。

学生回答后归纳几种具有代表性的观点：

1）大学是传承知识的地方，人类要追求真理，科技进步，需要大学。

2）大学是职业训练的场所，学好一门专业技术，安身立命。

3）大学是人际交往的理想之地，发展人脉。

4）在进入社会之前还可以无忧无虑地玩耍的地方。

2. 教师提问：以大学作为价值主体，其价值何在？何谓世界一流大学？

　　大学教育是职业教育，但不仅仅是职业教育，大学教育还肩负培养学生健全的人格和独立思考的能力，培养高素质的年青一代的重任。理查德·雷文在担任耶鲁校长20年的时间里，仅仅出版了一本专著——《大学的工作》。在书中，雷文指出耶鲁本科教育的主要目的是让学生们培养独立和进行批判性思考的能力，这使得学生们将来在面对他们成年生活中出现的不断翻新并不断变化的问题时，能灵活应对和处理。"对于多个学科的接触，使学生有能力去应付新的问题，他们通过不同学科的学习会有不同的视角。这样一种跨学科的广度，能够使毕业生有能力以创造性的方式来解决新的问题"[1]。

　　一般认为大学教育的特点，首先是专业性，大学生要学习专业基础理论、专业知识技能，从高考填报志愿就进行了专业与职业选择。其次是综合性，个人发展的综合性、知识结构的综合性，最后是探索性，探索新的知识领域、探索新的发展领域、探索自我。

　　高等教育的本体功能（即个体功能）与工具功能（社会功能）两者是统一的，只有本体功能发挥良好，才谈得上工具功能。大学只有培养出高素质的各种人才，才能更好地为社会政治、经济服务。我们长期以来把教育看作实现政治或经济目的的手段，教育的工具价值得到充分的体现。但是，越来越多的社会问题却影响着人们安享现代文明成果：技术主义、经济至上、信仰危机、青少年犯罪率上升、环境恶化……社会上弥漫着一股浮躁的、急功近利的氛围，假冒伪劣的产品、各种丑恶的现象出现在社会生活的各个领域。具有讽刺意味的是，教育似乎成了这一切的"替罪羊"，人们纷纷批评教育跟不上"形势"，培养了一些只有技术、没有文化的人，或者是文化知识的积累与文化精神的培养不协调、专业素质与一般文化素质的发展不协调的人。

　　因此，认识教育的本质，"不应再像过去那样，只是从教育对经济发展产生影响的角度，而应以一种更加开阔的眼光，即以促进人的

---

[1] The Work of The University. Yale University Press, 2003；《大学的工作》，王芳等译，外文出版社2013年版，第84页。

发展的眼光来确定教育的定义。"教育"要培养出能改造现存世界的人,也即是具有实践意识和实践能力,能超越现实世界,现实社会的人。"而且这种超越"必定是以教育的终极目标为指向的超越,即指向人所能达到的最高境界——真善美统一的、完美的自由人格——的超越。"① 如果一个特定时期或社会的教育不是实现教育终极目标的一个暂时性、阶段性的环节,或者说不是培养真善美统一的全面发展的理想人格,那么,教育就不可能培养出真正适应现实需要的人。所以说,当我们意识到并正在使教育的重点回归到每个人身心的全面、充分和自由的发展上时,这已经为教育的改革与发展提供了最重要的前提与方向,大学教育必须与时俱进,不断提高学生在竞争中的"核心竞争力"。

学生回答后归纳几种具有代表性的观点:

1)一流大学靠的是一流的学者、教授,对人类未知领域的不断探索。

2)好生源加上好老师,创新性成果。

3)一流大学在精神境界方面应该可以引领社会,而不是跟风媚俗。

3. 教师提问:我们来到大学,是为了什么?

大学生处于特殊的成人预备期,其智力发展、情感发展、意志发展、自我意识的发展带有这个阶段的特征,在这个庞大的群体内部,又有着不同的发展基础和节奏。青年的价值取向决定了未来整个社会的价值取向,而青年又处在价值观形成和确立的时期,抓好这一时期的价值观养成十分重要。但普遍存在哲学及历史修养上的不足,使得他们尚未具备科学工作者的社会良知与文化底蕴,影响了他们成为真正的知识分子,难以解读社会主流价值评价标准,未能了解如何在多种可能性中做选择、充分挖掘"实践"的价值。有了更多的知识,学生才会有重新评估已有结论的想法,去寻求新的结论。在信息时代,获取知识极为方便,从繁杂的信息中遴选出有用的部分的才智比背诵记忆大量知识更为重要。

---

① 庞学光:《论教育之超越》,《教育研究》1998 年第 11 期。

一流大学注重引导学生建立正确的科学观（了解科学的本质、发展规律与发展历史、科学在人类文明中的地位和作用、科学对现代社会的各种影响），重视和加强人文素养（从不同角度解读"人是什么"——包括人与人之间的相互影响及相互作用、社会的结构与运行方式、人类的前途与命运）。科学精神的内涵是普遍主义、公有主义、无偏见的公正态度、有条理的怀疑精神；人文精神则包含对人自身生存价值的思考，对人类、社会的前途和命运的深切关怀。显然，与狭隘的强化技能的教学方式相比，文理（arts and science）兼顾、内容广泛的大学教育，更有利于培养一个个具有真正思考能力和终身学习能力的人，使人从偏见、迷信和教条中解放出来。科技工作者是特殊的社会公民，因为他们手中掌握着能够改变甚至毁灭世界的知识与手段，这种职业的特殊性要求大学生必须在以下几个方面不断提升自己：强烈的社会责任感；真诚的爱国主义情感；正确对待名利；强烈的合作意识与团队精神。

学生回答后归纳几种具有代表性的观点：

1）学好一门专业技术，安身立命。

2）发展人脉，为以后在社会上办事打下基础。

3）找到另一半。

4. 总结：大学应是一个提供理想主义精神的场所，它可以表现在对于伟大、文明的传统的继承、对于未知领域的探索研究、对于个人品质的完善。这种理想使得大学成为激动人心的、让年轻的灵魂在伟大的领域游荡的场所。来到大学学习的年轻人，接受的不仅仅是职业训练，能力培养，更重要的是在探索个人能力、兴趣所在时，承担历史赋予自己的使命，确立自己终身为之奋斗的事业，所以这一切，都离不开个人品质的完善。正如《四书·大学》原文："古之欲明明德于天下者，先治其国；欲治其国者，先齐其家；欲齐其家者，先修其身；欲修其身者，先正其心；欲正其心者，先诚其意；欲诚其意者，先致其知，致知在格物。"大学之道，起于"格物致知、诚意正心"，达至"修身齐家治国平天下"。

思想道德素质和法律素质，是一个人素质的重要组成部分。思想道德素质和法律素质，体现着人们协调各种关系、处理各种问题时所表现出的是非善恶判断能力和行为选择能力，是政治素养、道德品格和法律意识的综合体，决定着人们在日常生活中的行动目的和方向。

加强个人的思想道德修养和法律修养，是与社会责任、历史使命联系在一起的。大学生提升思想道德素质和法律素质的主要途径：一是从"求知"到"求真"，去粗取精、去伪存真、由此及彼、由表及里，学会把握事物发展的规律。二是从"知道"到"体道"，在实践中获得真知，增长才干。

# 第五章　思想政治理论课差异教学评价

　　所谓评价是指衡量评定人或事物的价值，也指评定的价值。一般来说，评价即对某一事物的价值给予一般的衡量，通常它是在抽象领域中使用的术语，它既可以指人也可以指物，而且通常是指对事物的价值高低的判断，包括对事物的质与量所作的描述和在此基础上作出的价值判断。斯塔弗尔比姆是这样定义评价的：它是为了进行问题选择判断而描述获得和提供有用信息的过程。在他看来，评价是为了获得更多有用的信息。而多尔在《后现代课程观》中提出，"从本质上说，评价应成为共同背景之中以转变为目的的协调过程……评价应是共同进行的、相互作用的。应将其作为一种反馈，作为'做—批评—做—批评'这一循环过程的组成部分。"① 还有人认为评价是学业成绩与目标一致性的测定。这两种观点都是将评价视为最终结果与最初目标相联系的桥梁。另外，有人认为评价是专业判断或是允许人们对有价值的事物所做判断的过程，它不是评价定性资料或数据，就是评定定量资料或数据。总的来说，评价总是围绕着价值与判断。因此，作为完整的评价活动来说，不仅要根据评价目标收集定量与定性方面的资料进行质与量的分析，而且还要根据这些资料对评价对象作出最终的价值判断。

　　教学评价是实现教学目的的重要手段，而教学目的又需要通过一系列的教学活动才能实现，所以说教学评价也是一种有目的、有意义的系列活动。

---

① ［美］多尔：《后现代课程观》，王红宇译，教育科学出版社2000年版，第247页。

## 第五章　思想政治理论课差异教学评价

无论是教学过程还是评价必然是为教学对象服务的。所以，另外一种对于教学评价的定义是以学生为导向的。如钟启泉将教学评价定义为通过教学活动客观的把握学生发生了哪些变化，以便最大限度地求得教育效果[1]。郑日昌指出："教学评价就是通过各种测量，系统地收集证据，从而对学生通过教学发生的行为变化予以确定。"[2] 由此可见，教学评价无论是作为教学过程的一环还是对于教师和学生的意义方面，都占据着举足轻重的地位。在思想政治理论课差异教学中，教学评价是依据差异教学的教育目标和标准，对学生的学和教师的教进行系统的调查，并评定其价值和优缺点以求改进的过程。

20世纪以来，人们对于教学评价的研究层出不穷，并开始倾向于多元化、多样化，注重每个个体的不同发展，包括评价内容、过程、评价方式、方法、评价标准等，这是社会发展的必然。在现今课堂教学中，教师所运用的最基本的评价形式无疑是总结性评价，这种评价形式注重结果而忽视了过程，无形中伤害很多学生的自信心、上进心。另外，班级授课制下，教师采用统一的评价方式来评价所有学生，这样的评价方式势必会带来很多的负面影响。学生是不同的，发展也应该是不同的，这就需要我们从学生的这种"不同点"出发，在学生"差异"基础上所进行的评价，才是真正的"教学评价"，才是最适合学生发展的评价。笔者认为，差异教学评价是以人为本的教学评价方式，它并不是一种全新的教学评价理念，而是对传统教学评价的一种发展。

思想政治理论课的课程性质和教学内容内在地决定了思想政治理论课的教学方法具有不同于一般自然科学专业知识教育的功能和特点，后者所研究的是自然现象，本质上是实证科学，它要回答的是自然界中的客观事物"是怎样的"，其教学方法注重的是对知识的理解和掌握，因此也便于考核和评价；而思想政治理论课教学着眼于启迪人的心灵世界，它不仅要求接受和理解相关知识，更注重力行、实践和内化。正因为如此，对于思想政治理论课的教学评价的内容和形式

---

[1]　钟启泉：《"教学评价"议》，《上海教育》1997年第7期。
[2]　李秉德：《教学论》，人民教育出版社1991年版，第320—324页。

就更加丰富、更加抽象。如何去把握这种差异化的教学评价方式，笔者从思政课的特征及其对学生所发挥的作用出发，讨论了以下几种差异评价方法。

## 第一节 相济共生：差异教学的实施和评估

长期以来，我国各级教育均实行以集体授课为主的同质化教学。这种教学假定学生的需要是一致的，并借此统一分配课堂教学资源以保证必要的教学效率。在教育投入明显不足的情况下，同质化教学为我国教育发展与人才培养作出了重要贡献。不过也应看到，这种教学掩盖的课堂教学资源有限性与学生教学需要无限性之间的矛盾日益突出：忽视学生异质性；学生之间多竞争少合作等多种失衡现象大有上升趋势。在此基础上的教学评价，往往是以"考试至上"（将考试成绩作为开展与评判教学质量的唯一标准）为主要的评价方式。在高校，无论是学生的课堂参与度还是学习的成果都在这样的分数理性中大打折扣。

打破分数一元制评价的"多元评价"，意味着教学质量是一个综合性的指标，主要表现在：第一，它是着眼于每一个学生原有水平的提高、发展。第二，高等教育步入了大众化发展阶段，我们应该考虑每一个学生的发展，不能抹杀学生的"差异"。高校思政课作为注重对学生价值观引导的课程，它虽然也会有传统的教学质量观中强调知识质量观和能力质量观，但是在一定程度上分数并未占据主导地位，正因为如此，其更适合差异化的教学评价。学生身心发展的差异性及课堂教学方式的多元化决定评价方式的差异性，所以差异教学评价最大的特点就是抓住了学生个体差异性，围绕学生的"差异性"（不同点）进行教学活动的评价。而且重点在于它是为当前的大课堂教学而创设的，提倡在共性中寻找个性，最终更好地发展学生个性，实现学生全面的发展。

一　同质化教学与差异化教学的评价标准的区别

同质化教学的主要评价方式是考试。有学者将教育现场（课堂教学）的症结归纳为"考试理性"①。理性代表的是"辨明、认识、阐述和评论真理能力"②。考试存在理性，说明考试具备其合理性的一面，但"考试理性"并非对考试具备理性一面的赞扬，而是对业已上升为理性主义的考试的批判。"主义"是放之四海而皆准的至上之物，考试理性主义就是考试高于一切。这种"考试至上"的观念，使考试成为裁判一切教育事实的"判官"，成为决定课堂教学的"指挥棒"……沉迷于对简单化、标准化等结构特质的完善和张扬，从而难以顾及甚至忘却了其存在的初衷和终极目标③。它造成的最终结果是，人才类型的同质化。

现行的思政课教学评价体系更多地考核的是学生对马克思主义作为一种真理性的知识体系的认知情况，却很难对学生的认同情况作出评价。不同于各院系开设的专业课程，思政课导向性更强，是以马克思主义为指导的公民素质教育课程，《大学生思想政治课程标准》中明确指出其课程性质为"切实提高学生参与现代社会生活的能力。逐步树立建设中国特色社会主义的共同理想，初步形成正确的世界观、人生观、价值观。为终身发展奠定思想政治素质基础。"这也对教师提出了高要求，需要教师充分发挥主观能动性，深入了解学生的情感态度价值观方面的差异和需要，不断挖掘学生潜能。而教师在评价过程中应当依据什么样的评价标准，是实施差异化教学评价与同质化教学评价的重要区别，这也是同质化教学评价和差异化教学评价在实施过程中的主要区别。

（一）由重知识转变为追求能力的培养、素质的提升

在传统的教学评价体系中，知识的掌握成为了教师和学生努力追求的目标，谁掌握的多谁就是优胜者。可以看出，目前的教学评价是形式单一的评价，对于大多数学生来说也是不公平的，这种教学评价无法去适应不同学生的不同情况。而高校的思想政治理论课作为公共必修课，如果只是对学生记下了课本上的哪些内容进行评价，这种评

---

① 邓友超：《教育解释学》，教育科学出版社2009年版，第36—49页。
② 冯契：《哲学大辞典》，上海辞书出版社1992年版，第1410页。
③ 张天雪等：《基础教育改革论纲》，重庆大学出版社2008年版，第188页。

价方式无疑是简单的、方便的，但它没有触及高校思政课的本质。死记硬背的一张试卷无法反映出学生是否将我们所推崇的世界观、人生观和价值观内化于心并外化于行，它所带来的结果是学生越来越消极应对思想政治理论课，上课不听，考前死记硬背获得高分或者能够及格，这无疑背离了思想政治理论课的初衷。自"新课改"和"素质教育"推行后，人们开始对知识和能力的关系进行反思，比如人们愈来愈发现许多学生的分数相对很高，但是一到处理具体问题时就显得不那么灵活，或者在需要坚持原则时过于灵活。其实，这就是过度重视"知识"带来的负面影响。由于过于注重知识，使学校教育成为了"应试教育"，慢慢地学生独立思考问题的能力减弱，固守成规，按照所谓的"标准答案"来思考和解决问题，在某种程度上对学生的个性发展也是不利的，长此以往使学生缺乏独立的思想，将学生的棱角都磨成了统一的圆。而差异教学评价要求我们要充分重视学生的差异性，以积极、正向和全面的态度去评价每一个学生，将每一个学生获得最大限度的发展作为出发点，而不能以牺牲部分学生的发展作为代价。但是需要特别说明的是，在强调能力的同时也不可否认知识的重要性，因为适量的知识基础对于学生的某方面能力发展和素质提升来说都是有促进作用的。

（二）由重横向比较转变为追求纵向比较

比较法是一种很常用的研究方法，在教学评价制度中同样适用，它主要包括横向比较和纵向比较两种，而这两种比较法是最基本的形式。横向比较又称为区域比较法，是对同时并存的教育现象进行比较，从中找出同一时期不同国度或不同地区的教育制度或教育实践中的异同；所谓纵向比较，也可称为历史比较法，是对教育现象在不同历史时期的发展变化进行比较，从中找出某种教育现象在不同时期的历史演变。将此两种比较方法套用在学生的评价上就是，传统的评价观中我们评价学生通常采用的方法是横向比较法，将学生个体与学生个体进行评价，当我们知道差异性这一特性时，我们也开始将评价方法发生了转变，我们知道了正是因为差异性的存在，所以人与人是无法进行比较的。为了适应学生的"差异"，促进学生健康的成长，差异教学评价主要采用纵向比较法，即将学生的过去和现在进行比较，让学生能够时刻关注到自己的成长和进步，最为重要的是纵向比较法抓住了学生差异这一特性，对于不同的学生给予不同的机会，最终促进学生的全面发展。

（三）由重视共性转变为追求个性

同质化教学注重学生对老师所讲解的知识的掌握程度。知识是固定的，在一个大课堂上老师所讲解的知识是面向所有学生的，他不会去看不同的学生是不是能够掌握或者是不是已经掌握了。老师们抓住的是不同年龄阶段的学生的共性，在这个年龄阶段的平均的能力。首先，同质化教学表面上是教师与全体学生一对多，但实质是教师与单个学生一对一的简单叠加，学生之间并不直接发生学习关系。其次，同质化教学秉承考试至上的原则，鼓励分数面前人人平等，客观上引导学生不择手段的获取高分。第三，表面上学生之间是公平竞争，单个学生并没有获得教师个人的偏袒和学习资源的照顾，竞争中领先的学生凭借的是个人的天分和努力，但这种公平没有体现出差异补偿的原则，没有为不同学生提供他们最需要的帮助，是一种隐性的不公平。同质化教学的评价有一个很明显的特点，那就是忽视了学生的个性发展，在教学中，教师将所有的学生当作一个统一的整体，学生成为了流水线机器生产出来的相同的复制品，这样一批批复制下来，最终导致他们的发展方向也是大致相同的。

正如自然界的"共生效应"一样：当多种植物生长在一起时，其生命力会因为相互竞争而异常旺盛，这揭示了物种的差异性能促进植物的生长。同时，正是因为学生个体的独特性和相互的差异性，课堂才会如此异彩纷呈，富有"生长性"。[①] 社会是飞速的发展的，飞速的发展必然需要大量人才的储备，到底什么是人才？这个问题需要我们认真思考。难道由学校生产出来的这种具有相同共性的人才是社会所需要的吗？富有独特个性的人才更应该被重视，社会发展也更需要这种人才，差异教学评价需要教师对人才发展有一个最终定位。正是因为差异化教学的评价标准较同质化教学评价标准来说更加符合社会发展要求，更加侧重以人为本的发展理念，差异化教学评价才有实施

---

[①] 曾继耘等：《差异教学策略研究》，首都师范大学出版社2016年版，第140页。

下去的必要性。

## 二 同质化教学与差异化教学的考核方式的区别

课程考核方式是否科学合理，对教学效果有直接的影响，也是教学评价的重要依据。目前高校思想政治理论课的考核大多是以同质化教学为依托，存在着诸多不足，因此，对思政课考核方式的改革，发挥差异化教学的重要作用，是加强课程建设，提高课程教学针对性、实效性的一个重要环节。在2009年度辽宁省高等教育教学改革研究项目中，对于教学考核的研究十分细致，在这里主要借用他们对于教学考核现状的研究即对可实施的教学考核重构作出一定的判断。

### （一）同质化教学的考核方式

高校思政课现行的课程考核设置一般有考试课和考查课两种。考试课的考核以学校统一组织的期末考试为主，试题中有选择、判断、辨析、简答、论述、材料分析等题型。为加强考试环节，有的高校还强调教考分离、统一闭卷等。考查课的考核一般以任课教师随堂组织的结课考试加上课程论文或调查报告等为期末成绩的主要依据。除期末成绩外，目前的另一个普遍做法是：将课堂笔记、出勤、作业、小测验和小论文等指标纳入平时考核范畴，由此形成了"总成绩＝期末成绩（占80%—60%）＋平时成绩（占20%—40%）"，期末考试为主，平时考核为辅的考核状况。这种状况至少在以下几方面存在不足。

第一，重知识测验，轻能力考核，少素质评价。无论是考试课还是考查课，考核的重点都在于知识的测验，轻视对学生能力的考核，更缺少对学生道德素质和思想政治素质的评价。这样的考核目标低于课程教学目标，不能促进课程教育教学目标的实现。

第二，重理论，轻实践。只注重理论知识层面的考核，忽视学生实践、行为层面的考核，对学生学习的引导侧重于"知"，而不是落实到"行"，使学生对基本知识、基本理论的学习和掌握与其情感、行为、意志、道德实践、理想信念等方面的培养和树立相脱离，导致学生"知而未必信""言而未必行"，学用分离、知行不一，很容易出现"高分低能""高分低德"的结果。

第三，学生被动考试，被动学习。教师把考试作为要求和威慑学生学习的手段，把考试成绩作为评价学生学习效果的最重要甚至唯一的指标；学生学习就是为了应对考试，考试过关就意味着完成学习，对所学理论内容死记硬背、考前突击、生搬硬套成为学生的主流选择，形成了"上课记笔记、考前背笔记、考后多忘记；闭卷考试靠背、开卷考试靠抄"的被动学习局面，使学生对课程消极应付，学习兴趣不浓，积极性不高，严重影响了教学效果。

第四，只重视发挥授课教师的主导作用，缺乏授课教师以外的其他考评，特别是学生的自评、互评等多样性考核，忽视了学生自我教育的元素。整个考核主要基于教师或教务部门的安排来进行，教师与学生之间是主考与被考的关系，完全把学生看作考试的客体，忽视学生的自主性和学生自评、互评等多维、多向考核因素，不能从学生内在需要出发去调动和激发他们学习的主动性和积极性，更谈不上促进学生实现自我教育、自我成长，甚至引起学生的反感，造成师生对立的局面，从而对教育教学效果的发挥产生不良的影响。

第五，突出终结性考核，忽视了成长性、过程性评价，加剧了学生对思想政治理论课的冷漠和抵触情绪，助长了学生的逃课、不认真听课等不良行为。

总之，目前思政课考核方式中存在着不足，并成为影响提高教学针对性、实效性和实践性的重要因素，因此，必须进行考试改革，重构考核方式。2018年4月底，教育部印发《新时代高校思想政治理论课教学工作基本要求》，对考核方式，《基本要求》指出要采取多种方式综合考核学生对所学内容的理解和实际运用，注重考查学生运用马克思主义立场观点方法分析、解决问题的能力，力求全面、客观反映学生的马克思主义理论素养和思想道德品质。同时，要合理区分学生考核档次，避免考核走形式。

（二）差异教学评价及考核方式的重构

重构思政课的考核方式，应在全面推进素质教育的教育理念指导下，提升考核目标，丰富考核方法，促进学生的知识、能力、素质协调发展。

首先，提升考核目标，使考核目标与教育教学目标相协同。

思政课的考核目标必须根据课程的教育目标来确定，与教学目标和学生的学习目标保持同一性。《中共中央、国务院关于进一步加强和改进大学生思想政治教育的意见》（中发〔2004〕16号）对目前高校思想政治理论课的教育目标作出了全面的表述：一是以理想信念教育为核心，深入进行树立正确的世界观、人生观和价值观教育；二是以爱国主义教育为重点，深入进行弘扬和培育民族精神教育；三是以基本道德规范为基础，深入进行公民道德教育；四是以大学生全面发展为目标，深入进行素质教育。

围绕这样的教育目标，思政课的教学目标不仅包括提高学生内在的理论思考能力，而且包括提高其外在的道德实践能力，是知与行的统一；不仅包括促进学生对基本知识、基本理论的掌握，而且包括促进学生应用基本知识基本理论进而认识问题、分析问题、解决问题的能力的形成，更要包括促进学生的政治素质、思想素质、道德素质的养成，是学生掌握知识、形成能力、养成素质的统一。这就内在地规定了思想政治理论课的考核目标，既要包括学生对基本知识、基本理论的掌握，又要包括学生应用基本知识、基本理论去认识、分析和解决问题的能力，更要包括学生的政治素质、思想素质、道德素质等因素及其外化形式的实际表现。总之，思想政治理论课的考核目标可以促进学生掌握知识，提高能力，养成素质；促进学生知识能力素质的协调发展。

其次，围绕考核目标，运用多渠道、多形式的考核方法。

1. 基本知识、基本理论的考核方法

对基本知识、基本理论的最主要、最直接、最有效的考核方法是考试。主要做法有：一是闭卷笔试。闭卷笔试不是作为威慑学生学习的手段，所出考试题目也不以刁难学生为目标，而是要真真切切地通过闭卷考试促进学生记忆和掌握所学的最基本的知识和理论，使考试成为学生学习的一个部分。学生复习备考的过程，就是对最基本内容加深记忆和理解的过程。二是口试。口试的特点在于组织和考试的灵活性。这种考试方法不仅能有效地检验学生对基本知识、基本理论的掌握程度，而且对锻炼和培养学生的口头表达能力和临场应变能力也有促进作用。三是课前提问和课堂提问。利用课前复习和导课的过程，对上次课所学的基本知识、基本理论进行提问，督促学生进行课后复习；在课堂讲述中，涉及过去学过的基本知识，随时提问学生，以鼓励学生掌握基本知识。

2. 能力的考核方法

能力是可以被考核的，而且考核的方法也有多种。在实践中，可以通过开卷考试、撰写小论文、平时作业、讨论辩论、学习体会、调查报告等，对学生进行合理的能力评价。

其一，开卷考试。试题以联系社会实际的案例分析题、资料分析题和论述题为主，允许学生查阅课本和资料，所出题目不能直接在教材和资料中找到答案，需要学生在真懂真会真用的基础上，通过对所学的理论和知识的综合运用，才能较好地完成答卷。

其二，平时作业和撰写小论文。既可以针对课堂教学内容，也可以针对一些社会现象和国内外事件来布置任务，要求学生运用所学的基本理论来阐述观点和看法，并在规定的时间内完成。这种方法既能考查学生对基本理论的理解运用能力，又能在一定程度上考查学生的学习态度。

其三，讨论（辩论）。安排1—2次讨论课，讨论的主题、目标、学时等在开学之初布置给学生。学生经过阅读文献、参阅书籍、查找资料等准备后，在课堂上用1—2个学时的时间进行轮流发言讨论，最好能形成辩论。这样的考核方式"把课堂学习当作一种交往，当作发现多元见解、感受，学习沟通方式和社会交际的途径"[1]。

其四，撰写学习体会。要求学生就所学的基本理论或阅读的相关资料、书籍，写出学习体会，以此考查学生对基本理论的理解和运用，考核学生认识问题、分析问题和解决问题的能力。

其五，完成调查报告。学期初布置任务，提供若干选题，选题要贴近学生实际，贴近社会现实，学生也可与教师商定后自选题目。任何量化的指标考核都只是针对有形的内容最为有效，而理想、信念、道德等抽象的内容是难以通过表面的指标进行衡量的。这就需要利用多种方法进行深入了解，不断地接近素质评价目标。

---

[1] 梁红：《作业互动丰富学生的自我认知》，《思想政治理论课互动教学方法教案》，中国文史出版社2015年版，第202页。

其六，合理确定成绩的构成比例。

重构思政课考核方式，还必须打破以往"平时＋期末""期末考试为主，平时考核为辅"的成绩构成模式，合理确定知识、能力、素质三者的成绩构成比例。在这三者中，知识是基础，能力是提高，素质是目标；为了打牢基础，提升能力，接近目标，按照四三三的比例确定成绩构成，进而具体形成多元化复合型的成绩考核方式。

综上所述，思政课考核方式的重构，拟以一表汇之。见下表。

| | 考核目标 | 考核方法 | 构成比例 |
| --- | --- | --- | --- |
| 总成绩（100%） | 知识 | 闭卷考试、口试、课前提问和课堂提问等 | 40% |
| | 能力 | 开卷考试、平时作业、撰写小论文、讨论辩论、学习体会、调查报告等 | 30% |
| | 素质 | 检查、考察、观察、调查、交流等 | 30% |

## 三 案例分析

差异教学主张"以人为本"，实施差异教学评价，前提是教师要尽量充分的了解班集体中的每个学生，包括优生，当然也包括差生。相对于传统的教学评价来说，差异教学评价是一个多样化的教学活动方式。

现行的高校思政课评价方法主要还是课程终结性笔试占主导，题型和内容考察的也多是学生的识记能力，不仅不能起到检测和激励学生创新能力和个性发展的作用，反而成为制约教学效果的瓶颈。在这样的背景下，《实效性视域下思政课"主体间性"教学模式研究——以中国近现代史纲要课程为例》一文以《中国近现代史纲要》这门思想政治理论课程为例，探讨了一种注重教学主体之间的相互交流的教学模式[①]。为确保课堂教学改革的成效，文章提出了在教学评价方法上的大胆尝试：加强了质性评价，弱化了量化评价；加强了过程性评价，弱化了终结性评价；同时尽可能减少共性化知识再现式的试题

---

① 冯秀芹、王忠春、薛峰：《实效性视域下思政课"主体间性"教学模式研究——以中国近现代史纲要课程为例》，《教学研究》2016年第4期。

形式和内容。更加注重学生的课堂表现，增强了平时成绩的区分度，使能力突出的学生得到鼓励；主观性试题皆以小论文（限定字数，不少于500字）的形式呈现，包括对中国近现代重要历史人物和历史事件的评价，有时是学生任选，有时是限定范围。比如，结合历史事实分析中国抗日战争取得胜利的原因，并联系钓鱼岛问题谈谈你对中日关系的认识；近代中国错失了几次近代化的机遇，请选取其中一个近代化运动和其中一位代表人物予以分析评价。

通过学生授课法、读书分享法、课堂辩论法与情景再现法等课堂教学方式方法及所做的评价方式的改革无不体现了包容个性、尊重差异的教学理念。这一教学模式的优势在于将课内学习与课外学习、课上学习与课下学习有机地结合起来，给课堂教学和实践教学找到了一个很好的契合点，有效地缓解了《中国近现代史纲要》课程内容多与课时少的矛盾。

这一模式使学生从中获得学科知识的同时，更重要的是锻炼提高了搜集和处理信息的能力、分析和解决问题的能力以及交流与合作的能力；这一模式融启发式、讨论式、合作式、案例式、情境式等有利于调动学生学习积极性的教学方式方法于一体，并融合传统教学媒体与现代教学媒体的视听觉效果，有利于提高课堂教学的活跃性、针对性和实效性。社会的发展需要多样化的人才做储备，差异教学评价也在于寻找多种适合人才培养的策略，在差异教学评价中，我们要对学生存在的差异给予肯定，要相信只要有差异就会有发展，因此，利用并照顾学生的个性差异，这种评价方式才是最佳的评价方式。

而这些都对教师提出了更大的挑战。但要想更好地实施差异教学评价，促进学生的全面发展，这些都是必经之路。在差异教学开始之前，教师要对每个学生有一个细致的了解，了解包括许多方面，大致有性格、兴趣爱好、文化背景等等，教师从学生的这些差异点出发来安排教学内容、教学过程，最终制定适合不同学生的不同评价结果，使每一个学生在自身原有水平上得到最大化的发展和成长。而此种模式能够促成教师主体与学生主体间、学生主体与学生主体间形成相互尊重、民主平等、对话合作与彼此互动的新型关系，在和谐的教学关系中，学生的学习热情被激发出来，学习潜能得以发掘，特长能够发挥，利于学生认知、能力、情感、道德等方面的全面发展。这种教学模式在凸显学生学习主体地位的同时，教师的教育主体地位不仅没有被削弱，反而得到更充分的发挥：教师要对课程教学进行宏观掌控，课程主干知识和教学难点需由教师亲自讲授，以确保教学目标不偏离；学生主持的教学活动内容和时间比例需由教师合理调控，以确保有限课时内教学任务的顺利完成；教学模式的各个环节都离不开教师的参与和指导。

差异教学评价不同层次的学生采用不同的评价方式，以差异为基础，对于不同的学生提出不同的要求，这就对于教师的教学设计等有了更高的要求，但无论怎样设计，一定要让学生获得成功的机会，体验到成功的快乐。总之，差异教学评价应该定位在学生的全面发展上，评价的方式也应该能满足学生多方面的潜能，我们在关注学生差异的同时，肯定学生存在的差异，也要利用他们的不同要求，促进学生个性化的发展，促进其综合素质的提高。

## 第二节　相容互补：大面积及时反馈与评价

评价应当贯穿于教学的过程中，若等到教学活动结束后再评价，那么一些错误的知识或技能可能早已形成了。所以我们首先强调的是评价的及时性和范围的广泛性。

### 一　大面积及时反馈

设计科学合理的及时性评价将提供一幅让学生持续了解教师的意图、看清知识的内在关联、鉴别错误概念的蓝图。然而在目前的课堂教学中，反馈评价出现方式单一、时效性不足、参与者不全面等问题。究其原因，主要是相当一部分教师缺乏及时反馈评价的理念，缺乏大面积反馈评价的策略，因而影响了教学的效果，也限制了学生的充分发展。相关研究表明，及时反馈的教学效果要大大优于隔日反馈，且反馈的时间越短越好。[①]

---

[①] 吴娟：《关于课堂教学反馈评价的思考》，《江西教育》2017年第10期。

## （一）及时性反馈

及时性反馈，顾名思义，就是指在教学活动发生的短期内进行评价。[①] 它贯穿于教学过程的评价，它与反馈融为一体，对学生的理解程度和学习表现作出清晰反馈，有助于促进学生下一步的学习。[②] 及时性反馈强调的是时间上的及时性，在差异化教学评价过程中要强调评价的及时性，如何表现出来呢？岳超楠学者认为评价应在课堂教学的全过程中体现出来，尤其应重视课初的评价、教学的关键环节的评价和一节课要结束时的尝试性评价。[③] 课初的评价，是教师进行教学的前提和必需，主要是为了了解学生学习新课前的知识技能的准备，学习的兴趣和积极性，学生间差异的水平。差异化教学的前提就是教师要了解学生的差异，那么课初的评价就有着举足轻重的地位。教学的关键环节往往会决定一节课的成败，在关键环节教师必须重视反馈和评估，了解学生对重点内容掌握如何，有什么疑问，有什么困难，教学需不需要调整。这不仅关系到课程的过程是否有趣，是否足够吸引到学生，更可以预测这节课的效果是否有效，是否能够给学生以一定的启示。一节课即将结束，为了了解学生这一节课的学习效果，在学生巩固练习前可以进行尝试性练习，从而反馈学习效果，并进行必要的补救。

及时评价的优点是可以让学生能够在学习兴趣、学习动机较为强烈的时候得到及时的反馈，从而激励学生立刻产生相应的行为反应。众所周知，长期目标无法形成持续的行动动力，只有将长期目标分解为若干紧密相连的短期目标才能保证动力的持续性。同理，较长的评价周期会让学生无法准确判断自己学习状况，产生惰性与迷茫感，造成学习动力不足。及时评价正是为了弥补长期评价的这种不足。[④] 通

---

[①] 李怡明：《基础教育均衡视域下异质化教学建构》，博士学位论文，华东师范大学，2012 年。

[②] 吴娟：《关于课堂教学反馈评价的思考》，《江西教育》2017 年第 10 期。

[③] 岳超楠：《差异教学的实施策略》，《浙江海洋学院学报》（人文科学版）2009 年第 1 期。

[④] 李怡明：《基础教育均衡视域下异质化教学建构》，博士学位论文，华东师范大学，2012 年。

过及时性评价，教师能够及时找到自己教学过程的漏洞及时弥补不足，或者是能够找到自己教学的优势，找到能够引起学生共鸣的闪光点，积累教学经验；另一方面，学生能够及时找到自己身上的不足，并及时纠正。所以及时性评价是一个师生充分交流的双赢活动。

（二）大面积反馈

在及时反馈之前，我们强调大面积，是强调反馈的广度，这与差异教学的理念是共通的。大班授课是高校思想政治理论课一大重要特征，几乎所有高校思想政治理论课的规模都在百人左右，这就给教师的评价反馈带来了难题。一对多的教学模式很难实施差异的评价，老师也没有精力去面对那么多的问题和作业，更不要说去总结学生的差异和不足。所以，注重评价反馈的思想政治理论课的课堂往往采用的是课堂提问的方式，这种方式只是找一到两位同学作为代表回答老师的问题，这就使评价反馈具有很大的不确定性，影响老师对学生的判断，最终可能影响到教学质量。

大面积反馈与及时性反馈必然是要同步进行的，大面积及时反馈是差异化教学评价的重要手段，因为只有做到了大面积及时反馈，才能顾及每一位学生，才能在反馈的基础上进行差异化的分析，才能找到每一位学生的闪光点，这是差异教学评价的巨大价值。

## 二 大面积及时反馈评价的类型

相关研究表明，及时反馈的教学效果要大大优于隔日反馈，且反馈的时间越短越好。为达到教学与每个学生最大限度的匹配，教学反馈应体现大面积性。课堂教学是个互动的过程，通过了解学生的学习信息，及时地关注教学生成，适时地进行反馈评价和调控教学过程，实现教与学的和谐统一、优质有效。因此可以采用同桌互查、试卷检测、打手势等方式，而不是个别提问学习能力强的学生，这样易造成以偏概全。具体应该如何去实施大面积及时反馈与评价，下面是笔者总结的一些具体做法。

（一）反思法

反思法是寓于教学中的一种重要的评价方式。当学生同教师一样拥有评价权时，学生就可以实践他们自我反思、自我分析、解释和对知识的再组织的元认知技能。当这些技能得到很好的发展时,学生将能够指导自我的学习。反思使学生开始关注自己的学习过程,学习如何寻求帮助,获取新的信息,通过与他人交流确认或质疑自己的决策。

面对一段材料,当老师把评价的权力交给学生,让学生来反思评价内容,学生就会根据自己的认知水平和情感态度,来作出自己的评价,并反思自身。这是不经意间流露自身真实情感的重要依据,也是了解学生差异的重要依据。

(二)档案袋评价法

什么是档案袋,所谓档案袋评价能够贯穿于教学的全过程,是学生作业和表现的专业收容库。它是立体的,可以告诉你关于这个学生的努力、进步或学业成绩的经历;[①] 它是生动的,你可以听到学生的声音、看到学生的影像;它又是多彩的,因为其中的作品风格总是因人而异。档案袋是最能体现对学生个别差异尊重的评价方式,正如波帕姆所说,成长档案袋最大的优点就是它可以满足个别学生的需要、兴趣和能力。[②] 学生可以通过自己的作品如文章、绘画、地图、模型、剧本、录像、手工艺品等不同方式展现自己的进步。学生在按照标准选择、评价自己的作品时,会逐渐发展自我评价的能力,而教师也从中了解到学生的学习状况和他们达成目标的程度,能更有针对性地作出下一步决策。[③] 当每个学生都有属于自己的档案袋,自己的优点、缺点等等都会记录在档案袋内,无论是学生自己还是老师对学生的了解,都会有重要的意义。这在一定程度上为差异教学评价积累材料。

### 三 案例分析

反馈作为学生评价中至关重要的一个环节,如果仅仅定位于表扬与批评,未免失于浅薄,而且还容易引发学生产生一些不知所措的反应。在《思想道德修养与法律基础》课第一章的教学中,任课教师

---

[①] Blythe, T., *The Teaching for Understanding Guide*, Jossey - Bass, San Fransisco, 1998.

[②] [美]波帕姆:《促进教学的课堂评价》,"促进教师发展与学生成长的评价研究"项目组译,中国轻工业出版社2003年版,第163页。

[③] 杨璐:《差异教学中的评价策略》,《当代教育科学》2009年第12期。

布置了观看凤凰卫视制作的"红色中国的外国人士：白求恩"专题节目。[①] 学生横跨三个学院六个专业，在共计五百名左右的学生提交了读后感之后，任课教师择其精华集中做了讲评。

第一章作业讲评："《白求恩》（视频）观后感"

他是一名创造者，他创造的许多医学技术成功挽救了一个个即将消逝的生命；

他是一名奋斗者，他奋斗于战争的前线，将战争留下的创伤慢慢抚平；

他是一名传教者，他传播了人性的光辉，展现了战争的险恶，宣扬了共产主义的崇高理念；

他是一名伟人，他挺身而出，义不容辞，将救赎的种子撒遍人们的心中。

——周文鹏（物流管理1502）

一个身为上流社会知识分子却怀着共产主义理想的人，要经历怎样的孤独和磨砺，而从不放弃也不向现实让步，直到为理想献身——需要多纯粹的信仰、需要多坚决的决定，需要多伟大的爱！对比置身优越环境的我，那些彷徨和呻吟，多么令人惭愧啊！

——余笑童（数媒1501）

和平富足的生活让我们面对很多事时显得麻木。白求恩的故事可以打破麻木的那一层壳，直戳进人的内心。这不仅仅是感动或是震撼，这更是一种启迪。

——张一诺（数媒1501）

其实我们都能看到自己身上最可怕的有关人性的缺点，社会与自我的冲突，但很少愿意救赎，我希望自己可以勇敢救赎。

——李涵（财务1501）

---

① 此教学案例来自华中科技大学马克思主义学院洪明教授的教学实践。

人的一生总会有些许不知所措的时光，迷茫地活着，不知我们日复一日的生活到底在追求什么，有些人在雾中走向了歧路，但其实并非无可挽回，只要像白求恩那样寻找心中的灯塔，便一定会回到正途。

——王竹喧（市场营销1501）

可能每个人小时候都会有一个英雄梦，像我一样。等到长大后，生活趋于平凡，梦想也被遗忘。但在现在，我想，走在路上扶起摔倒的老人，捡起地上的塑料瓶，做好义工，尽自己所能去帮助他人的人也应是拥有和白求恩同样高尚情操的人，既然思想相近，品格相似，又如何不能被称为英雄？我想，多伸出一双手，多奉献一点爱心，为社会，为国，平民也是英雄。你想、你愿意，你便可以！

——蔡敏（数媒1501）

对崇高的观摩欣赏不是所谓的 kitch；它是在提醒我们，一个人的精神世界可以强健到何种地步，它更是在激励我们尽自己的力量向更高境界迈进。人之为人，不仅为饱暖，更当为自己生活的家园变得更好而步履不停，就算逝去，也要化作明亮的蓝色磷火在旷野上不朽地燃烧。

——李仁韬（会计1502）

理想不仅是个人对其生存生活目标的期许，更应该是一种为达到某种社会理想而作出的努力。理想可大可小，但不可模糊不清，更不可只是空谈，要用实际行动完成真正的追求，也许结果不一定完美，但过程定要尽心尽力。

——谌薇（物流管理1501）

一个清醒的人永远在追求一种精神满足的状态，而这种满足也会因经历与体验而被赋予不同涵义。白求恩于战火中看到人类的脆弱和其背后执着的反抗，这种体会很大程度上影响了他的价值取向，让他有勇气和决心去追求一种重于生命的崇高，而且更难能可贵的是，他超越了民族、国家、信仰的局限，真正做到了平等地看待每一个人，无私地奉献。人们常说，乱世出英雄，在那特定环境中，人们往往会被时代的大潮流所震撼、感动，作出无法想象的正义之举，如今，我们需要这种时代的大精神，重拾信仰。

——王鹤（光电1502）

白求恩是伟大的、令人敬佩的。他从年青到中年的蜕变使得他的人生变得伟大起来，我敬佩他的自我反思与救赎，敬佩他对理想的追求和对人的生命的关怀。对一个人来说，要做到这些是需要大勇气、大毅力与心中真正的对道德理想的执着，对此我感到由衷敬佩。

我想，人都要有这样的终极关怀的理想，不管是对家人、朋友还是社会、国家，甚至是对所有生灵。我也希望自己最终能形成自己的终极关怀的理想，并为之不懈努力，并实现它！

——付林茂（光电1505）

理想在于对现实的改变，它的价值不在于你的蓝图，而是你去构建这个理想国时所付出的一切。做一个理想主义者未尝不好，因为你自律，自强，有追求，有担当。

——姚昊然（光电1503）

在人的一生中会面临许多选择。理想与现实之间的矛盾也会让我们无所适从，而白求恩的事迹给我们上了很好的一课，为伤员的痛苦而痛苦，为中国的苦难而悲愤。这一切的一切都来自于土地上最朴实无华的大爱。也许我们并不能像他那样作出许多伟大的事情，但也可以从身边小事做起，不只以自我考虑，多关心身边人，做些力所能及的事，积少成多，总会有所改变。

——范知礼（光电1505）

可能我们现在并不伟大，但我们应该去学习，去发扬这种无私的精神。也许我们达不到白求恩的高度，但仅仅是缩小我们之间的距离，也是值得的。

——王浩宇（光电1501）

一个人幸福与否不是看他在物质上占有多少，而在于他愿意付出多少。付出的过程便是一个抚慰个人灵魂的过程。

——余俊松（光电1501）

这是运用反思法，在学生观看视频之后，适时让学生写下感想，老师来对学生的反馈进行评价。思想政治理论课教学中常常会利用一些影视剧、演讲视频之类的艺术作品来深化学生对如爱国主义、理想信念等抽象概念的感受和理解。但是许多老师在使用这些教学方式时，常常只是流于形式，而对学生具体的感想没有及时反馈，或者没有就学生的反馈作出一定的评价和研究。比如，从上面的反馈中我们可以发现，对于同一个视频资料，学生产生的感想是不同的，有的是从自身出发反思自己身上的不足；有的立足于社会，去思考人对于社会的价值；有的是从全人类的角度，去反思人类的善等等。这些感想从侧面反映学生不同的思维方式和视角，那么老师就能够根据这些反馈找出学生之间的差异再按照自己的授课目标将学生加以分类，判断教学是否达到了教学目标，下一节课应该突出什么等等，这些存在于学生中的差异都是教学的重要资源。

这一教学案例呈现了差异教学评价的重要方式，也具有可实施性。随着科技的发展，互联网的使用可以说是大面积传播、及时性反馈的利器，而且它无论是在速度上还是在传播范围上都是其他传统的方式所无法比拟的。能不能将手机运用到思想政治理论课的课堂之中，充分发挥其强大功能来辅助教学目的之达成，这是许多一线教师和学者正在展开的探索性研究。

2016年王艳伟发表了《浅谈微弹幕在课堂教学互动中的应用》一文，详细叙述了如何运用弹幕来发动学生进行大面积及时评价。"在课堂教学互动活动中应用微弹幕，让学生轻松、愉悦地将自己的观点和想法'弹'到大屏幕上，直观地呈现给大家，以此吸引学生的注意力，激发学生兴趣，带动学生的参与积极性，从而提高课堂教学互动的质量。"① 作者通过对这一技术的详细描述,为弹幕的运用做了展示。2018年4月,《湖北日报》报道了华中科技大学马克思主义学院开设的《深度中国》课,其中的一大特色就是在课堂现场开通弹幕,学生一边观摩教学一边发表自己的意见和看法,教师根据其中的一些观点作出解答,再加上课前课后的知识小问答在线测试,系统迅速统计并在大屏幕上显示出正确率,这就将微弹幕技术运用到了思政课教学实践之中,成为大面积及时反馈评价的新方式。

大面积及时反馈的教学案例,表明将技术与思想政治理论课融合是一种紧随潮流、前景广阔的教学评价方式,但是,我们也不能忽略技术的不当或过度使用带来的种种弊端,比如是否会使反馈流于形式、转移了学生的注意力等等,值得我们在运用的过程中不断地去反思。

## 第三节　异曲同工:弹性作业的布置与评价

美国教育家黛安·荷克丝特别推崇弹性分组的教学方式,她认为弹性的学生分组是差异教学的核心。她认为:"在差异教学的课堂上,弹性教学分组是非常重要的管理策略。它帮助你根据学生的需要设计出各种合适的学习活动,还使你有时间给特殊的学生或小组提供额外的教学辅导。弹性分组不会让学生产生自己被孤立在班集体之外的感受。实际上会发现,当学习和活动符合学生的学习需要和学习偏好时,他们更乐意参与到课堂学习中,也表现得更为自信。你还可以更好地利用教学时间,因为你能够给所有学生设定合适的学习目标。"② 弹性分组过后,给每个小组布置的任务自然就是弹性作业,荷克丝称之为"层递式任务"。"弹性"二字体现在:教师有时候依据学生的准备水平和能力,有时候依据学生的兴趣和学习风格对学生进行分组;有时候对学生进行同质分组,有时候对学生实施异质分组。无论

---

① 王艳伟:《浅谈微弹幕在课堂教学互动中的应用》,《发明与创新技术应用》2016年第10期。

② [美] D. Heacox:《差异教学——帮助每个学生获得成功》,杨希洁译,中国轻工业出版社2002年版,第136页。

采取哪种分组法，依据只有一个，那就是看分组是否能给学生带来最佳的发展。①

所谓层递式任务是指"是你根据学生的学习需求制定的差异学习任务和项目。结合弹性分组教学使用层递式任务，你就可以给不同小组的学生布置不同的作业。还可以进一步规定小组的作业是要求学生独立完成，还是和学习伙伴一起完成，或者是由小组全部成员一起合作完成"②，那么如何去布置这样的一种弹性作业呢？也可以借助荷克丝的层递式任务的设计来参考。荷克丝提出教师要根据任务的挑战水平、复杂性、可用资源、最终成果、过程或作品，结合对学生具体需要的判断，设计出层递式任务。

## 一 弹性作业的布置和评价

面对不同的任务，还需要注意的问题是这样的作业对学生来说是不是公平的，学生愿不愿意接受这样的差异化的作业。因此弹性作业的布置要注意的是：（1）不同的任务而不是更多或更少的任务；（2）活动量相等，在计划差异活动时，要使得各组的活动水平都相等；（3）考虑到所有学生的兴趣和参与的积极性。你必须把每项活动都设计得富有吸引力，这样学生就不会觉得自己受到了不公正的对待。要求应用关键概念、技能或理论。应该同时要求他们应用已学的或正在学的知识。这些任务应当帮助学生最有效地利用课堂时间。

弹性作业布置之后，教师面临的一个重要问题就是评价的问题。如何对这种不同的作业进行评价，才是公正的，才能有效地激励学生，从而达到最终的教学目的？评价涉及到的一个重要问题就是打分问题。该怎么评分才能显得公正呢？荷克丝认为"评分的首要标准是给学生（或他们的家长）关于他们学习进度和学习质量的反馈。""要使评分做到平等公正，就要让学生清楚地明白你对他们的期望。每一个差异教学任务都应当具有明确的评估标准。……但是，标准与

---

① 夏正江：《一个模子不适合所有的学生——差异教学的原理与实践》，华东师范大学出版社2013年版，第251页。

② [美] D. Heacox：《差异教学——帮助每个学生获得成功》，杨希洁译，中国轻工业出版社2002年版，第147页。

标准之间的差别反映出的应当是任务种类的差异","所有的学生都需要得到学习反馈意见。但是,给他们反馈意见的人,不必非你不可。教学生应用你制定的评分标准,对自己的学习进行自我评价,或和其他同学进行相互评价。……学会自我评估和同伴评估可以增强学生的独立性,提高他们的判断力。"①

## 二 弹性作业的特点和类型

所谓分层布置弹性作业,就是让学生有选择、限量、自主地完成课外作业②。它具有以下三个特点:

第一,选择性。作业通常由教师布置,但学生可以自主选择一定的作业来完成。事实上,学生的基础水平,研究问题的层次、兴趣各有差异,因而选择作业题的类型也各有不同。

第二,限量性。作业有总量控制,作业的评价也不是以完成作业的多少来确定的。每位学生可根据自身的实际情况限定作业量,前提是必须高质量地完成。

第三,自主性。这是分层布置弹性作业最大的优点。教师布置的课外作业中,除了规定的"基础题",其他的是否去做、做多少,完全由学生自己决定。

弹性作业的类型包括:(1)差异化作业,我们都知道作业是评价学生学习结果的很好的方式之一,那么科学合理的作业设计,应该符合哪些标准呢?张志国是这样描述的,作业要有利于巩固基础知识,有利于充分反映学生思维过程,有利于提高学生理解知识、应用知识解决问题的能力,有利于充分挖掘学生潜质,有效促进学生发展。对于教师来说,作业是由他们布置和批改的,对于学生而言,作业就是对他们已学知识的一个巩固的过程,可以这样表达,作业是教师与学生双向活动中的重要的一环。在作业的布置上,为了尊重不同学生的发展需要、满足不同学生的发展需求,我们既需要书面作业,也需要

---

① [美] D. Heacox:《差异教学——帮助每个学生获得成功》,杨希洁译,中国轻工业出版社2002年版,第199页。
② 王海平:《弹性作业:学习的"助推器" 教育研究与评论》,《中学教育教学》第52页。

口头作业；需要选择性作业，也需要开放性作业；需要基础练习，也需要拓展训练；需要课内作业，也需要课外作业等等，这一系列的作业类型都为我们的学生发展提供了很好的平台，另外教师也可以根据自己的班型、学生的类型设计不同形式的作业，最好是符合不同学生的不同能力和特点的，布置作业要在"精"字上下工夫，批改作业则应在"改"字上下工夫。下面我们主要就两方面来对差异化作业进行阐述。

(2)开放性作业。开放性作业对于学生的发展来说是具有非常重大的意义的，一方面培养了学生的创新精神；另一方面还培养了学生分析与解决问题的能力，是根据学生的个性差异性而设计的具有趣味性以及创新性的，并较贴近实际生活的一种学习方式。那么，良好的开放性作业应该如何设计才会促进学生更好的发展呢？其一，具有趣味性，能够引起学生的学习兴趣。俗话说得好："兴趣是最好的老师"，兴趣在学生的学习过程中对学习动机的激发和维持持久深入思考的动力都起到了至关重要的作用。其二，具有层次性和差异性，能够贴近学生的日常生活。作业的设计上教师应该尽量尊重学生的差异性，能根据不同学生的不同情况去设计。除了差异性之外，开放性作业也应该体现层次性，而这一层次性主要体现在内容和方式、方法上，在内容上主要可以划分为基础性作业、提高性作业以及拓展性作业，在方式和方法上同样可以设计多种作业的类型。其三，具有整体性和综合性，能够加深学生对教学内容的理解。知识的学习并不是独立存在的，而是相互紧密联系的整体，要想学习比较完整的知识体系，我们就需要将各学科相互结合，提升学科间的整体性，并在整体性的基础上尝试设计一些综合性的作业，增强学生的理解力以及迁移的能力。

(3)选择性作业。思想政治理论课作业存在一个这样问题，教师统一布置的作业过多，而学生自主选择的作业较少，这极大程度上削弱了学生的自主选择权利，使学生对学习失去了兴趣。针对这一问题，将统一性作业转变为选择性作业成为关键，而选择性作业正好符合了学生个性差异的需求，可以更好地适应学生的发展。在学习优势上，每个学生都是存在差异的，这就要求我们教师在作业设计上要多下工夫，尽量设计一些多层次性的、有弹性的作业形式，满足学生的选择欲望，每一个学生都可以根据自己的兴趣和需要进行选择。

差异教学评价理论是一种民主化的、人文化的评价理论。差异教学评价的研究是建立在学生发展的基础之上的，它是对学生全面发展的一种提升，在评价过程中，力求从"差异"入手，运用"差异"评价法。对于不同的个体评价方式也是不同的，这主要体现在评价目标、内容、方法等方面，学生的自身条件以及发展方向也是不同的，这就需要我们根据学生的发展差异性，因地制宜地选择多种多样的评价方式。

在现行的班级授课制形式下，如何更好地实施差异教学评价是我们亟待解决的问题，并且无疑会进一步加大了教师的工作量，教师在教学设计上要提前考虑不同学生的不同需求，考虑在整体的基础上关注个体的发展。

### 三 案例分析

在《概论》课中围绕教学目标，教师实施差异教学的出发点和具体做法如下[①]：

（一）指向学生生活经验，提升学生分析能力

以《社会主义为什么也要搞市场经济》专题为例，在引言部分导入飞机场管理和城市交通管理，由于这两个事情是学生都能够体验到的生活经验，所以形象描述了市场经济和计划经济；然后引入军用品和民用品配置为例，说明市场经济和计划经济是资源配置的两种方法，它们都要解决生产什么？生产多少？如何生产？资源配置的三大问题。最后，以学生生活经验出发，要求学生回答，农村房子为什么大多数是平房，而城市大多数是高楼大厦？如果进行蔬菜交易要填一个表格，由计划者收集所有人的表格，输入计算机进行统计和分析，选出最合适的交易对象。你能够想象自己的生活会是什么样？通过互

---

[①] 韦革：《基于大学生成长的精准互动教学模式研究》，《启疑·反思·认同——高校思想政治理论课互动教学深化探索》（第二辑），湖北人民出版社 2016 年版，第 153—154 页。

动，学生不仅了解了基本概念，而且提升了有效资源配置的能力，从而进一步了解市场经济和计划经济在资源配置方面的特征。社会主义为什么也要搞市场经济的结论就顺理成章地得出来了。

（二）指向学生专业背景，提升学生专业发展定位能力

以《经济新常态新在何处》专题为例，考虑到学生大多数为理工医专业背景，首先以我国钢铁、水泥、电解铝、平板玻璃、船舶产能利用率明显低于国际通常水平为例，说明哪些行业属于产能严重过剩行业；以医疗、金融、旅游等领域为例，说明哪些行业属于供应不足的行业；其次，举例说明国家为了引领新常态，对这些行业提出的问题如何解决；最后，要求学生反思自己所学专业属于什么样的市场地位和政策地位，如何构建学习新常态，引领自己发展新常态？

（三）指向学生个人发展与国家社会发展的关系，推动大学生在思想上和专业上与共和国一起进步和成长

在"为什么要学习《概论》"专题教学时，以杨百万发家史为例（杨怀定，人称"杨百万""中国第一股民"，原上海铁合金厂职工，因在1988年从事被市场忽略的国库券买卖赚取其人生第一桶金而成名，随后成为上海滩第一批证券投资大户，股票市场上的风云人物）。分析杨百万从工厂辞职之后，如何利用了解国家国库券相关信息，在短短一年内赚得了百万元的巨款；如何证明自己财产合法性。以联想集团创办为例，分析1978年中国科学院计算所柳传志如何从《人民日报》上面的文章，感觉到国家政策的风向变化，开始了他的创业筹备。最后总结大学生要成长，既要埋头读书，也要抬头看路；既要做聪明人，又要做明白人。

教师精心设计的作业各不相同，但对学生思维的调动和训练所起的作用是同样的，可谓"异曲同工"。

## 第四节 大同小异：标准化评价与多元评价

对标准化的追求促使生产效率得到极大提高、社会物质财富大大增加，但标准化的泛滥直接导致的后果是：标准化把千差万别的东西统统都拉平了，并制造出了不是几乎相同的而是完全一样的零件，它

潜在地影响了人们的思想观念、思维方式、价值观念以及道德标准。标准化在解放人们心灵的同时也给自己筑起了新的禁锢。标准化贬低和忽视了它所不能达到的限量，它排斥差异，把万事万物看成是没有差异的统一规格的简单的细胞质，追求一种机械化地解决所有问题的标准化的方法。

## 一 标准化评价

"标准"一词已经泛滥于社会的各个方面，但是我们对标准的认识和理解似乎是模糊不清的。这里，我们有必要对标准是什么、如何制定标准以及如何看待和应用这些标准有一个清晰的把握。

### （一）"标准"与"标准化"

就"标准"一词本义来看，《辞海》中"标准"的解释是："衡量事物的准则"。其实，说到标准，我们很自然地会联想到标准化工作，联想到企业的技术标准，制造业的国家标准，我国在 GB39.5.1《标准技术基本术语》中对标准作了如下定义："标准是重复性事物或概念所做的统一规定，它以科学技术和实践经验的综合成果为基础，经有关方面协商一致，由主管部门批准，以特定形式发布，作为共同遵守的准则和依据"[1]。杜威在区分运用标准和作出判断两者之间的区别时指出，每个标准具有以下三个特点：第一，标准是一种存在于具体条件下的特定的实体性事物，而不是一种价值。第二，标准是一定事物的尺寸、体积、重量方面的属性，对于商业交易起着重要作用，因而它们有着很高的社会价值，但对事物的测量却并非价值。第三，作为测量标志，它是从数量上对事物加以界定，标准是外在的、公共的，被自然地运用着。[2] 从上述论断来看，标准是工业化大生产的产物，其本质特征是统一的外部规定，具有强制性，设定标准就是为了加强规范，加强统一性和规范性，因此，标准必须是绝对的、固定的，标准必须先于判断，否则就必然导致相对主义。

---

[1] 曹培英：《关于课程标准的几点思考》，《课程·教材·教法》2005年第5期。
[2] 转引自 [美] 埃利奥特·W. 艾斯纳：《教育想象——学校课程设计与评价》，李雁冰主译，教育科学出版社2008年版，第119页。

在工业化社会生产中，我们已经越来越习惯于"标准"这个词，标准成为我们生活的中心，标准化原则贯穿于日常生活的各个方面，"标准化原则在人类社会领域中的应用及确立始于20世纪初，世界企业管理的导师泰罗认为，只有每个工人在劳动中每一个动作实现了标准化，劳动才是科学的。每项工作只有一个最好的标准的方法，一种最好的标准的工具，和在一个明确的标准的时间里去完成"[1]。过程标准化、方法标准化、工具标准化、时间标准化，标准化已经成为效率的最高象征，被广泛应用于社会生活的各个领域。在教育领域内同样也充斥着标准化的痕迹，标准化的课程、标准化的考试、标准化的智力测验、标准化的学校升级原则、入学条件、标准化的学分计算，等等。

毫无疑问，对标准化的刻板追求及由此而集中生产出来的统一的标准形象，由群体化的传播工具灌输到群众的心目中，形成工业社会生产制度要求的标准行为规范"正如一个艺术品要拿来被硬性标准化怎么听起来都不艺术了"[2]。

（二）传统教学评价及其缺点

传统的教学评价，其主要目的和功能是为选拔和甄别服务的，通过评价给学生划分等级，进行排名，以决定学业成绩的考核结果，作为"好坏"学生区别和结业资格的依据。传统的评价中，注重量化，强调相对评价，把量化标准作为唯一的评价指标。学生始终处于一种消极的被动地位，传统的评价中，学生置于评价的对立面，挫伤了学生参与评价的积极性。[3]

传统评价观蕴涵这样一层含义，即教学评价是用统一和标准化的方式来进行的评价，因而过分强调学生学习和思维方式的统一性，传统常模和标准参照测验可能掩盖学生学习和认知方式的独特性。近年

---

[1] ［美］阿尔温·托夫勒:《第三次浪潮》，朱志炎、潘琪、张炎译，生活·读书·新知三联书店1983年版，第93—95页。

[2] 孙玲:《差异教学评价——基于和合文化精神的观点》，博士学位论文，南京师范大学，2011年，第14页。

[3] 张南、张宁、张新:《浅谈尊重大学生个性差异的教学方法》，《才智》2017年第6期。

来建构主义的兴起，使评价不能不重视学生认知建构的个体差异。建构教学论认为，知识的建构通过学生的自我反省、自我调节完成，由于每个人都是独立的个体，都有自己的一套最佳的学习方式，因而各人的知识建构方式不一定相同。建构论认为，认知个体是在主动地解释客观世界，认知个体处在不断发展与改变的过程中。①

国际著名的民主教育理论家和实践者，黛博拉·梅耶尔就曾指出："良好教育"以及"教育的高标准"不能用考试来衡量，因顾及广度而牺牲深度，只能降低标准。最不易被考试检测出来的品质，如独创精神、责任感、批判思维能力等，恰恰是学校教育应该重视的。②自动化过程不适用于人际交往，也不适用于教学，因此教学评价不需要一个统一的评价标准。③冯友兰先生说："所谓黑白长短，虽然没有一定的标准，但是在一定范围内，所谓的黑白长短，都需要用同一个标准。"④划一性学生评价即千篇一律的、模式化的评价，它表现为无视或忽视受教育者的个体差异，试图以统一的要求、统一的标准、统一的教学内容、统一的教学形式和方法，塑造同一规格的人才。"一刀切"的评价常常会泯灭学生的天性，学生就像生产流水线上的标准件⑤。在相当长的历史时期内，标准化考试占据中外高等教育人才选拔的优势地位。中国的高考制度是全球最大规模的高等教育人才选拔标准化测试。亚洲国家（地区）如日本、韩国及中国台湾地区等也都长期推崇标准化测试。欧美国家也曾经同样看好标准化测试，并在试题库建设等方面取得极大成功⑥。比如，美国最大规模的SAT测试在学生智力、语言能力、逻辑能力、数理能力等方面具有很高的信效度水平⑦。虽然如此，近年来基于多元智能理论开展人才选

---

① 易凌峰：《多元教学评价的发展与趋势》，《课程·教材·教法》1999年第11期。
② 李茂编译：《在与众不同的教室里——8位美国当代名师的精神档案》，华东师范大学出版社2007年版，第195页。
③ [美]内尔·诺丁斯：《学会关心——教育的另一种模式》，于天龙译，教育科学出版社2003年版，第16页。
④ 冯友兰：《中国哲学史（上册）》，华东师范大学出版社2000年版，第200—201页。
⑤ 曾继耘等：《差异教学策略研究》，首都师范大学出版社2016年版，第127页。
⑥ 姚继军：《美国"应试教育"现状与反思》，《江苏教育》2017年第6期。
⑦ 张紫茵、马小刚：《美国SAT数学考试述评与启示》，《数学教育学报》2011年第6期。

拔的呼声越来越高。美国主要的精英高校（研究型大学和部分精英文理学院）大大降低了标准化测试在最终人才选拔录取中的占比，很多高校该比例已降至25%以下。"考试文化"根深蒂固的亚洲国家也在寻求改变，比如，韩国已试点推行"档案袋"制度，记录学生的成长细节，拉长人才选拔时段。

在高等教育人才选拔领域，长期存在着两种截然不同的理论导向和思维方式。一种是简单化的、一元的、以智力考察为核心目标的标准化考试思维；另一种是复杂化的、多元的、以能力特长和创新潜质为核心目标的多元智能考核思维。差异教学的评价方式无疑是后者。

## 二 多元评价

多元化教学评价，顾名思义就是在评价学生学习表现时，使用两种或两种以上方式，不局限于单一的纸笔测验而成为多种评价的方式，较能顾及认知、情意、技能之学习结果。多元化评价是以教师、学生、师生间共同参与的课程与教学活动为对象，结合各种理论、评价工具、方法和资源等多样化的探讨途径，进而了解教师的教学效率，学生的学习成就，以及课程的设计与实施的情形。吴毓莹认为评价的开放，除了从一元丰富成多元外，尚需从成果导向走向历程导向，从点或平面的描述走向立体的呈现。综合田耐青、李坤崇、张稚美、加德纳、Airassan、Lazear、Wolf、Bixby、Glean 和 Linn 及 Miller 等人的观点，台湾学者李坤崇将多元化教学评价涵义阐述如下：多元化教学评价系以教师教学与评价专业为基础，依据教学目标研究拟订适切的评价方式、评价内涵、评价人员、评价时机与过程，并呈现多元的学习结果，以提供更适性化的教学来增进学生的成长[①]。

### （一）多元化评价的基本原则

坎贝尔概括了多元教学评价的五项基本原则：（1）评价是多角度的；（2）评价关注学生不同阶段的成长；（3）评价要反映教学信息；

---

① 李坤崇：《教学评量》，台北心理出版社2006年版，第6页。

(4) 正式与非正式评价同等重要；(5) 学生是主动的自我评价者。①

田耐青则认为多元化的评价具备以下五项基本原则：评价长期化，长期评价可对学生的作品或表现进行连续性的观察。评价多元化，评价人员包括了教师学生和家长。评价反馈化，评价的结果应能为教学提供信息，反馈予教师、学生和家长。评价兼顾非正式评价，学生在课堂互动的日常表现，反映了他的学习态度，所以应给予关注和观察。评价应激励主动的自我评价，学生有能力对自己学习的优缺点进行评价，能理解自己所学到的知识与概念，更能确认自己应如何运用适切的思考模式和学习的历程。②

(二) 多元评价策略

1. 多元化评价主体策略

教师评价是教学评价的重要内容，也是非常难去实施的一项评价，在教师评价层面上，我们主要关注的是教学过程的评价，也可以说是教师的教学表现评价。教师评价对我们的教育教学活动来说，影响是非常重大的。一方面可以对我们的教学质量进行更加全面的评价；另一方面可以提升我们最终的教育教学效果。教师评价是通过各种方法，对教师的素质、工作过程和工作效果进行判断，以改进教学的一种评价。教师评价对于教学评价来说是非常重要的，可以说它具有自己的特色的同时也在认真的遵循着教学评价的一般规律。那么，教师评价的主要目的是什么呢？毋庸置疑就是改进教育教学的质量，同时还可以提高教师的教学水平。在这里值得注意的是，我们在紧紧盯住评价结果的时候，也要加大对评价过程的关注，努力做好两者之间的平衡。

苏霍姆林斯基说过，只有能够激发孩子去进行自我教育的教育，才是真正的教育。学生作为课堂的主体，在评价上也应该发挥主体的作用。传统意义上的那些不可能参加评价工作的被评价者也被提到了主体评价的地位，而且是一种以教师自评为主的，其他评价共同参与的评价系统，强调了主体之间的相互融合与互动，最终形成一种积

---

① 易凌峰：《多元教学评价的发展与趋势》，《课程·教材·教法》1999 年第 11 期。
② 李坤崇：《教学评量》，台北心理出版社 2006 年版，第 5—6 页。

极、平等和民主的评价关系。其中，学生评价成为了教学评价中的一大亮点。国外学者吉普斯在其著作《超越测验：走向教育性评价的原理》中提到，学生评价是一系列评定学生表现及成绩的方式的综合，包括正规测试与测验、实践与口头评价、教师实施的基于课堂的评价、档案袋等[1]。我国学者则认为学生评价是对学生个体的发展和变化的评价，它包括对学生学业成绩的评定、学生思想品德及个性的评价等方面。

2. 多元化评价内容策略

国家课程标准是教材编写、教学、评估和考试命题的依据，是国家管理和评价课程的基础，应体现国家对不同阶段的学生在知识与技能、过程与方法、情感、态度与价值观等方面的基本要求，规定各门课程的性质、目标、内容框架，提出教学和评价建议。传统的评价倾向于把学生的学习结果统统化约成分数或等级，而差异教学认为，学生的情感、体验、行为和某些成就是数字和等级所不能表达和涵盖的。正如波帕姆所说，反映学生成就的证据在数量和种类上越丰富，教师给予学生的评价就越公正、越明智[2]。

对认知领域内容的评价是教学评价中最常见的，认知行为包括记忆、运用、推理、分析等一系列智力活动，学校组织的各种考试，都是针对学生的这些智力活动进行的评价。在差异教学中，教师应努力使评价成为促进学生发展的手段，允许学生拥有选择的自由，努力发现学生的强项和优势，让评价成为对学生的一种真诚的赞美。

对情感领域内容的评价包括评价学生的情感、态度、动机、价值观等。对于这方面内容的评价可以通过课堂观察，也可以通过一些评价工具来实现。对情感领域内容的评价可以包括：评价学生"参与小组讨论的表现""与人合作和倾听他人的能力""对自我和他人的关心与尊重""讨论和解释（质疑/探究/复述/汇报/反思）的能力"等。

---

[1] Caroline V. G., *Beyond Testing: Towards a Theory of Educational Assessment*, London: The Falmer Press, 1994, vii.

[2] Popham W. J., *Classroom Assessment: What Teachers Need to Know*, Boston: Allyn & Baconp, 2011.

动作技能包括学生的动手能力、表演能力、运动能力等，这些技能在学校越来越受到重视。为了发挥评价促进学生学习的作用，教师应尽量对学生的优势智能给予表现的机会，比如有的学生学习成绩欠佳，但他有很强的表演欲望，那么教师就可以让他有机会通过表演来表现自己对学习内容的掌握程度；同样一个口头表达有困难的学生，也可以通过一个小制作来表现自己对学习内容的理解。

3. 多元化评价方法策略

导向性评价。在课堂教育教学活动中，教师始终扮演着"领导"和"引导"的角色，在至今的课程中这种成分仍然占有一定的比率。如果教学中想要以评价促进学生的发展，就要充分的发挥导向性评价的方法。而且评价对于学生来说，是很有效的引导方法。在课堂上教师要更好地利用评价的引导作用，主要体现在以下两个方面。第一，具有指导和示范的功能，在课堂教学中，教师要对学生的行为及言语给予及时的肯定，用积极的评价去鼓励每个学生，还要注意教师与学生之间、学生与学生之间的一种示范与指导作用。第二，评价主体的变化，传统课堂中教师是主要的评价者，而学生始终处于一种被评价者的状态。差异教学则强调主体从以前的单一性转向多元化的一种趋势，提倡学生是发展的主体，那么他们也应该成为评价的主体，教师要不断地向学生示范，使学生逐渐形成准确的判断力。

（三）多元化评价的实施

过程性评价与结果性评价相结合，让评价方式不单一。在以往的教学中，我们往往是以结果性评价作为单一的评价方法，忽视对教学过程的评价。我们需要引进过程性评价，使之与传统的结果性评价相结合，以全面反映出学生真实的学习情况。

自评与他评相结合，让评价主体不唯一。课程标准规定：实施评价应该注意教师的评价、学生间互相评价与学生的自我评价相结合。然而，我们发现现有的教学评价往往重视"他评"，而作为评价主体的学生，却陷入了一种被动的旁观者的境地，没有充分发挥评价主体的自我教育作用。因此，引导学生参与教学评价，形成"自评"与"他评"相结合的评价模式，可以重建学生在教学评价中的主体地位，充分发挥学生自我教育的激励功能。

激励性评价与延时性评价相结合，提升评价效果。对于学生的认识，正确的要充分肯定，有个人独立见解的要鼓励，要在肯定学生已经积极思考的前提下，引导学生再想一想、听一听别人的意见。小班化教学中激励性评价的面可以更广，可使每一个学生在他的最近发展区内得到发展，享受成功的快乐。①

## 三 案例分析

"全程化互动式"考核模式与评价机制研究与实践
——以大连理工大学"毛泽东思想与中国特色社会主义理论体系概论"课为例②

依照思想政治理论课考核方式与评价机制设计的基本理念，结合思想政治理论课政治理论素养和能力培养的目标，应从平时学习态度及学习能力考核和期末基本知识点考核两大方面，推进理论考核与实践考核相结合、过程考核与期末考核相结合、学习态度考核与学习结果考核相结合、学生评价与教师评价相结合的"全程化互动式"考核模式的改革，彻底改变"重结果、轻过程"的传统考核方式，把考核的重点转移到平时的学习过程上来。

（一）平时考核环节的设计

平时考核是考查学生掌握理论知识程度、听课效果和学以致用的关键环节。我们结合课程的教学方法和教学环节，将平时考核分为大班授课、经典文献阅读、小班讨论和社会实践四个环节。

一是大班授课环节考核。学生到课堂上课、参与教学过程是保证思想政治理论课教学效果的首要条件，因此，平时大班授课环节的考

---

① 霍文文：《多元化评价在小班化化学教学中的运用》，《中学教学参考》2015 年第 2 期。

② 赵冰梅、曲洪波等：《思政课落实创新计划背景下的"概论"课教学改革探索》，东北大学出版社 2016 年版，第 178—182 页。

核就应成为一个最基本的考核环节。大班授课考核主要是教师对学生的随堂学习效果和学习态度进行考核，增强教师教学的责任感。考核方式应为不定期的随堂随机小考，考核题型可以是课上所讲的重要知识点考核，也可以是运用基本知识点对现实问题的分析能力考核，以此督促学生的有效课堂学习。

二是经典文献阅读环节考核。"读经典，学经典"，原汁原味地领悟我们党和国家有关重要历史文献和理论经典，是当代大学生提高自主学习能力、理性思维能力和政治理论素养的一个重要途径。考核方式为撰写学习心得，通过学生对经典文献阅读心得的撰写，使学生了解文献提出的历史背景、当时的指导意义，结合当前国内国际形势的新变化，明晰经典文献的现实指导意义。

三是小班讨论环节考核。目前，由于受师资等方面条件的限制，思想政治理论课授课班型一般比较大。"大班授课"不利于师生之间展开充分的互动、交流，而"小班讨论"则不仅可以在师生之间搭建平等沟通、双向交流的桥梁，同时，也可以为学生搭建一个能够充分展现自我、体现个性的舞台，让学生在交流碰撞中激发灵感、产生智慧、建构知识，培养探究精神和科学知识，增强他们自主学习的积极性、主动性和创造性。根据课程教学目标的要求，结合社会热点、难点、重点问题，组织以班级为单位、形式多样的主题研讨，考核方式为讨论发言与讨论提纲撰写。

四是社会实践环节考核。社会实践是充分利用社会教育资源充实教学内容、增强教学现实感和吸引力的重要渠道，也是增强学生社会责任感和适应社会能力的重要渠道。结合课程教学内容，以小组为单位，组织开展丰富多彩的主题调研活动，让学生在现实生活中了解民情国情，理论联系实际，发现问题、分析问题、解决问题，从而培养大学生服务祖国、服务人民、服务社会的意识，增强大学生作为中国特色社会主义事业接班人的社会责任感和使命感。考核方式为撰写调研报告、汇报调研成果。

（二）期末基本知识点考核环节的设计

期末基本知识点考核，主要是考核学生对基本知识点的掌握程度及其基本运用能力,是对学生课程总体学习效果的一个基本检验。该环节的考核形式为机考。具体而言,该考核环节的设计主要从学生必须掌握基本知识点的确定、基本知识点考核题型的建立、分值的确定等几个方面展开。

学生必须掌握基本知识点的确定标准。根据课程教学的要求、重点、难点,结合大学生的思想实际和社会发展实际,课程组主讲教师共同商讨确定学生必须掌握的课程基本知识点。课程基本知识单的建构要从总体上反映出基本知识点之间、基本理论之间的内在逻辑关系,能够帮助学生从总体上建构课程知识体系,不是一片树叶,而是一棵枝繁叶茂的大树。

基本知识点考核题型的确定。考核题型一是要适合机考,二是要能考核学生对基本知识点的掌握及其基本运用能力。考核题型一般可以设置为单选、多选和判断三种题型,其中对学生运用所学基本原理和基本知识点分析实际问题能力的考核,以选择题形式为载体。

机考题库的建立。机考题库按章节、分题型建立,每一章节每一题型按难、中、易三个层次建立,以使期末机考时随机组成的试卷难易程度相当、各章基本知识点基本覆盖。各章节考核分值按教学基本要求和难易程度综合确定。

"全程化互动式"评价机制是依据思想政治理论课考核方式与评价机制设计的基本理念,结合思想政治理论课政治理论素养和能力培养的目标,从评价客体、评价载体、评价主体三个方面进行思想政治理论课考核评价机制的设计。从评价客体来讲,建立与思想政治理论课教学目标紧密结合的涵盖学生知识掌握、能力培养、素质提高的全方位评价机制;从评价载体来讲,创新多元评价情境,建立全程化评价机制;从评价主体来讲,建立教师评价与学生评价及学生之间的相互评价机制。

# 第六章　思想政治理论课差异教学背景与实验

　　发展是人类基于改善生存与生活环境，实现自身的发展和进步的有意识、有目的的行为。从人类社会文明、进步的历史事实来看，随着经济发展，消除贫困、愚昧，带来充分就业，提高收入……从而带来普遍的繁荣和幸福的生活方式，似乎已经成为惯例。美国学者威利·斯哈曼博士指出，"我们唯一最严重的危机主要是工业社会意义上的危机。我们在解决'如何'一类的问题方面相当成功"，"但与此同时，我们对'为什么'这种具有价值含义的问题，越来越变得糊涂起来，越来越多的人意识到，谁也不明白什么是值得做的。我们的发展速度越来越快，但我们却迷失了方向"，"而一旦发展的方向发生了迷失，人类的实践行为将毫无疑问地变得愈加盲目而放纵"[1]。由此而来的"自我异化"的发展观，其危害在于：人变成了一种"单面人"——经济动物，在对财富的无穷追逐和贪婪的占有过程中获得满足。不仅如此，这样一种发展价值观为人们所带来的，是后来甚至成为先发现代化国家新的社会意识形态的"消费主义"文化与价值观的泛滥，导致整个社会生活再次重现自由资本主义时代曾为马克思所诟病的"商品拜物教"，人的生存与生活以及全部社会关系出现普遍异化，从作为人们实现生活方式基础的生存环境方面来看，则是生态环境的破坏。随着改革开放所带来的巨大红利，21世纪初期中国大陆迎来了翻天覆地的变化。物质生活水平逐步提高，社会文化

---

[1] [美]威利·斯哈曼：《未来启示录》，上海译文出版社1988年版，第193页。

生活愈加丰富，教育质量不断提升，人们的思想观念和生活方式也在发生着转变。

## 第一节　思想政治理论课差异教学背景

本节以大学生生活方式偏好的纵向比较研究为视角，呈现思想政治理论课差异教学的宏观背景。大学生作为一种特殊的社会群体，其人生价值观在相应地变化的同时也折射出一个时期大学生的生活哲学和人生态度。面对新的群体、新的特点，如何有效地提高人生价值观教育的有效性，对当代大学生的人生价值观作出科学的引导与教育，是高校思想政治理论研究的当务之急。社会主义核心价值观的正式提出，为实现中华民族伟大复兴中国梦提供了最持久、最深层的精神动力。作为中国社会主义现代化建设和实现中国梦的生力军，大学生的价值取向在我国未来整个社会价值取向中起决定性作用，而青年又处在价值观形成和确立的关键时期，因而抓好这一时期的价值观养成至关重要。

马克思指出："个人怎样表现自己的生活，他们自己就是怎样。"[1] 个人生活方式的选择，直接地反映着其人生价值观。人生价值观是人们对自身的社会地位、人生目的、意义以及个人与社会集体、人与人之间关系等进行认识和评价时所持的基本观念，简称人生观，其在价值观系统中占主导地位。生活方式是指作为生活主体的人在一定的思想观念指导和作用下同生活资料、生活环境（包括自然环境、社会环境）相结合所表现出的倾向和特征，是人们"怎样生活""活得怎样"两个方面的综合体现[2]。大学生生活方式的偏好意味着他们的人生想以怎样的一种形式来度过，他们想通过怎样的形式来实现自己人生的价值与意义，因此生活方式偏好选择是大学生内心人生价值观的体现。

Morris 生活方式量表是 Charles Morris 主要对美国大学生的生活方式进行研究而制订的。Charles Morris 曾于 1948 年以此"生活方式量

---

[1] 《马克思恩格斯选集》第 1 卷，人民出版社 1995 年版，第 67—68 页。
[2] 王雅林：《人类生活方式的前景》，中国社会科学出版社 1997 年版，第 83 页。

表"在中国各省施测了大学生 743 人,以探讨当时中国大学生对各种生活方式的评价。杨国枢教授曾于 1964 年、1984 年用此"生活方式量表"对台湾大学生做过调查,并进行了统计分析。1984 年谢惠灵教授曾用杨国枢教授修订的"生活方式量表"对北京和山东的大学生做过调查,1999 年徐冰与杨宜音在全国九个省市自治区随机抽取了社会成人和大学生 1000 人重新施测 Morris 的"生活方式问卷",其中大学生样本 288 人。2004 年西南师范大学韩璐使用在黄希庭教授的指导下简单修订的"生活方式问卷"在五所大学各随机选取 60 名大学生,实际收回 289 份。以上六次调查均有详细的平均分与等第数据,加上笔者与所指导的研究生展开的 2010 年、2015 年的调查,所用的量表为同一量表,我们可以进行历时比较(diachronic comparison)。八次测试时间跨度为 67 年,在这六十多年里,中国发生了深刻的社会变革,生活在不同社会制度、不同历史时期的大学生对生活方式喜好评价的等第变化,可以从一个侧面来了解社会环境对大学生人生价值观的影响历程。

这项历时比较,是在以往相关研究的基础上,进一步探讨并分析当代大学生的生活方式偏好的变化和发展。在数据分析的过程中发现,1984 年台湾大学生与 2004 年大陆大学生的生活方式偏好趋势大体一致,通过对两地不同时期的社会环境的各方面进行对比分析,论证了社会环境对人们生活方式乃至人生价值观的形成有着不可忽视的影响,因此可以说,大力践行社会主义核心价值观,需要构建相应的有利于社会主义核心价值观形成的社会环境作为土壤。以下为研究过程的简要介绍[①]:

## 一 调查对象与测量工具

基于目的性、便于调查和高效率低成本的调查原则,选取华中科技大学的本科生为测试对象。本次问卷调查发放问卷 360 份,实际回

---

① 2015 年的调查(即第八次)由华中科技大学马克思主义学院 2014 级研究生皮丹完成,具体内容参见其 2016 年完成的硕士学位论文《当代大学生人生价值观研究——以生活方式偏好为视角》。

收问卷331份，回收率达到了90%，因在课间休息期间进行发放，有任课教师的协助，问卷填写的有效性也较高，有效问卷为321份。其中，男生160人，女生161人；独生子女152人，非独生子女169人；文科94人，理工科227人。

Morris的生活方式问卷是运用实证方式对价值观进行研究的工具之一，也是被广泛运用的问卷之一。Morris利用自己编制的生活方式问卷对大学生进行施测，其研究结果和问卷被发表在《人类价值观种种》一文中。Morris所编制的生活方式问卷（Ways to live questionnaire）共包括13种生活方式[①]，不同于以往的问卷形式，在十三种生活方式后都列有对此种生活方式的解释，虽然在一定程度上帮助了施测者对此种生活方式的理解，但是解释语言晦涩，很难从中提炼出此种生活方式主要的特性以及明确的意思。

黄希庭教授的学生韩璐在导师的指导和建议下，对Morris的生活方式量表进行了简要的修订[②]，使语言更易于被中国大学生理解。该生活方式量表描述了不同的人在不同时间内所倡导和遵循的13种生活方式，在每一种生活方式的后面都有字数相近的文字描述，并对其采用1—7级数字评尺。每一种生活方式的核心描述如下：

第一种生活方式：个人对传统和社会环境负有保存人类最好成就的使命。

第二种生活方式：个人应单独行动，确保自己生活空间的隐秘以培养人与物的独立性。

第三种生活方式：净化自己，约束自己以便接纳、帮助他人，对他人表示同情和关切。

第四种生活方式：率性而为，轮流体验欢乐与孤独。

第五种生活方式：借参加团体活动来实践与享受人生。

第六种生活方式：个人经常能够掌握住变动不居的环境。

第七种生活方式：将行动、享受、沉思这三者加以统合的生活。

---

① Morris, C. W., *Varieties of Human Value*, Chicago: University of Chicago Press, 1965.

② 韩璐：《当代大学生对生活方式评价的调查研究》，《内蒙古师范大学学报》（教育科学版）2005年第7期。

第八种生活方式：在无忧而卫生的享受中生活。

第九种生活方式：在安静的接纳中等待自然而来不求而至的命运安排。

第十种生活方式：重视对理性和自我的驾驭，坚韧地控制着自己。

第十一种生活方式：在回忆和幻想中静观内心的生活。

第十二种生活方式：个人应该从事勇敢和冒险性的活动，这样的生活才有意思。

第十三种生活方式：主张为了安全个人应该服从宇宙的旨意。

## 二 数据处理与排序结果

采用 SPSS 22.0 对数据进行分析。

Morris 生活方式量表是较为经典的价值观研究量表之一，从发表之日起至今，一直被众多学者加以应用，对价值观相关内容进行研究。前人调查所用的量表与本次研究所用量表同为 Morris 生活方式量表，和本次研究一起一共是八次研究。不同历史时期的大学生对生活方式偏好的等第变化，可以从一个侧面来了解社会环境对大学生人生价值观的影响历程，这样的研究称为纵向比较研究法，目的是通过对一般总体在不同时期的态度、行为或状况进行比较，以揭示和发现社会现象的变化趋势和规律[①]。

表 6-1　　　　八次大学生生活方式调查数据汇总表

| 十三种生活方式 | 1948 大陆 666人 平均数（等第） | 1964（台湾） 784人 平均数（等第） | 1984（台湾） 934人 平均数（等第） | 1987 大陆 184人 平均数（等第） | 1999 大陆 288人 平均数（等第） | 2004 大陆 289人 平均数（等第） | 2010 大陆 928人 平均数（等第） | 2015 大陆 321人 平均数（等第） |
|---|---|---|---|---|---|---|---|---|
| 一 | 4.96 (5) | 5.67 (1) | 5.55 (2) | 5.89 (1) | 6.02 (1) | 4.99 (4) | 4.94 (6) | 4.73 (6) |
| 二 | 2.96 (11) | 4.10 (10) | 4.29 (8) | 4.82 (8) | 5.64 (3) | 4.30 (12) | 4.19 (11) | 4.23 (10) |

---

① 风笑天：《社会研究方法》，中国人民大学出版社 2001 年版，第 44 页。

续表

| 十三种生活方式 | 1948大陆 666人 平均数(等第) | 1964(台湾) 784人 平均数(等第) | 1984(台湾) 934人 平均数(等第) | 1987大陆 184人 平均数(等第) | 1999大陆 288人 平均数(等第) | 2004大陆 289人 平均数(等第) | 2010大陆 928人 平均数(等第) | 2015大陆 321人 平均数(等第) |
|---|---|---|---|---|---|---|---|---|
| 三 | 5.15(3) | 5.24(2) | 4.94(4) | 5.28(3) | 4.75(10) | 4.88(5) | 5.37(4) | 5.36(3) |
| 四 | 3.26(10) | 3.04(13) | 3.87(12) | 3.34(11) | 5.57(4) | 4.62(9) | 4.61(9) | 4.30(9) |
| 五 | 5.12(4) | 4.64(8) | 4.42(7) | 5.42(2) | 4.96(8) | 4.82(6) | 4.98(5) | 4.90(5) |
| 六 | 5.24(2) | 4.71(7) | 4.20(11) | 5.19(5) | 4.46(11) | 4.51(11) | 4.60(10) | 4.39(8) |
| 七 | 4.75(6) | 4.99(3) | 5.67(1) | 5.20(4) | 5.79(2) | 5.39(1) | 5.60(1) | 5.46(1) |
| 八 | 4.02(8) | 4.80(5) | 5.22(3) | 3.92(9) | 5.04(7) | 5.08(2) | 5.42(3) | 5.21(4) |
| 九 | 2.66(12) | 4.46(9) | 4.89(5) | 2.83(12) | 3.63(12) | 4.64(8) | 3.68(12) | 3.69(12) |
| 十 | 3.71(9) | 4.85(4) | 4.24(9) | 4.98(7) | 5.10(5) | 4.57(10) | 5.44(2) | 5.41(2) |
| 十一 | 2.38(13) | 4.00(11) | 3.75(13) | 3.68(10) | 5.10(6) | 3.76(13) | 4.64(8) | 4.17(11) |
| 十二 | 4.50(7) | 4.79(6) | 4.47(6) | 5.11(6) | 4.78(9) | 5.02(3) | 4.87(7) | 4.72(7) |
| 十三 | 5.51(1) | 3.90(12) | 4.21(10) | 2.83(12) | 3.49(13) | 4.72(7) | 3.50(13) | 3.11(13) |

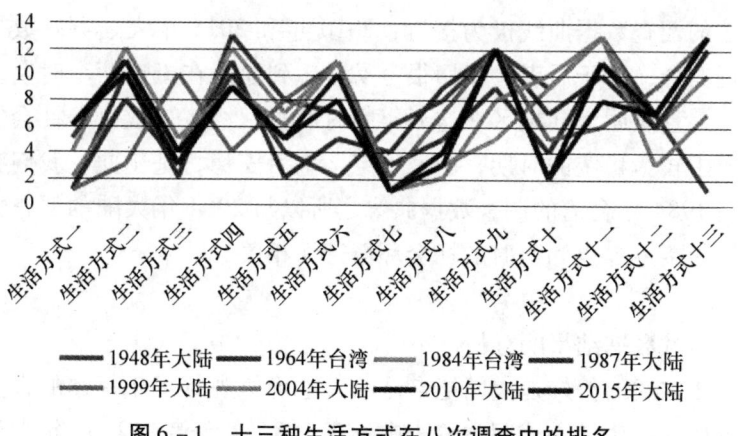

图6-1 十三种生活方式在八次调查中的排名

## （一）第一种生活方式的历时变化

第一种生活方式呈倒"U"形变化，表明这种生活方式已经不再受到大学生的青睐。在 1964 年和 1984 年的台湾、1987 年大陆和 1999 年大陆，这种生活方式一直稳居前三，因为这几个时期的台湾和大陆都处于经济高速发展阶段，良好的社会发展状况，使得同时期的人们对生活有信心有劲头，对当时社会与国家的现状十分满意。

## （二）一直不受学生喜爱的生活方式

第四、九、十一种生活方式一直不太受学生喜爱。第二种生活方式强调人与物的独立性，而随着社会的发展，团队意识和合作共赢理念被越多的人认可和接纳。第四种生活方式提倡率性而为、轮流体验欢乐与孤独的生活，这种生活方式强调内心的想法的重要性，在心理倾诉渠道多样和广泛交友的时代背景下，这种生活方式也没有被大学生广泛认可。第九和第十一种生活方式一个是被动接受，一个是注重内心与过去，在务实为主、展望未来的社会环境中，这两种生活方式显得格格不入，因而也不被多数学生喜爱。

## （三）一直深受学生喜爱的生活方式

第三种生活方式一直被喜爱与选择。第三种生活方式充满了正能量，提倡人应该善良与乐于助人，提升、净化自己，此种生活方式历年来被大学生们推崇。从侧面反映出大学生在人生价值观方面总体是积极向上的。

从图 6-2 和图 6-3 可知，1984 年台湾的调查数据曲线和 2004 年大陆的调查数据曲线极为接近，2010 年和 2015 年大陆调查数据曲线几近吻合，对于后者，我们很容易就想到原因在于这两个时期差距较小，并且表明大陆地区在这五年的时间里，经济、教育等社会发展状况属于较为稳定的时期，国家安定、生活安稳，基于此，我们有理由推断 1984 年台湾的调查数据曲线之所以与 2004 年大陆的调查数据曲线极为接近，也和当时的社会环境密切相关。

## 三 对数据结果的分析

生活方式的偏好是人们把自己的人生价值观寄予于具体的人生生活的体现，在生活方式问卷调查中发现 1984 年台湾和 2004 年大陆学生对生活方式的偏好选择极为接近，2010 年和 2015 年大陆学生两次生活方式的偏好选择基本吻合，反映出台湾与大陆虽然处于不同时期，但是当时两地的社会环境状况应该十分相似，经过搜集和整理相关数据信息，进一步证实了这个设想。

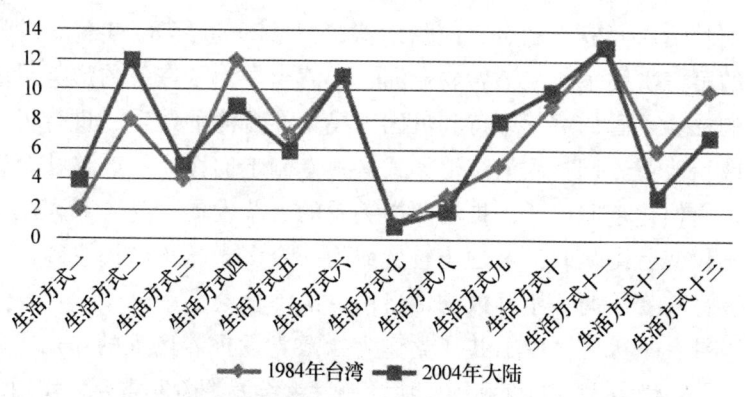

图 6-2　1984 年中国台湾与 2004 年中国大陆生活方式排名

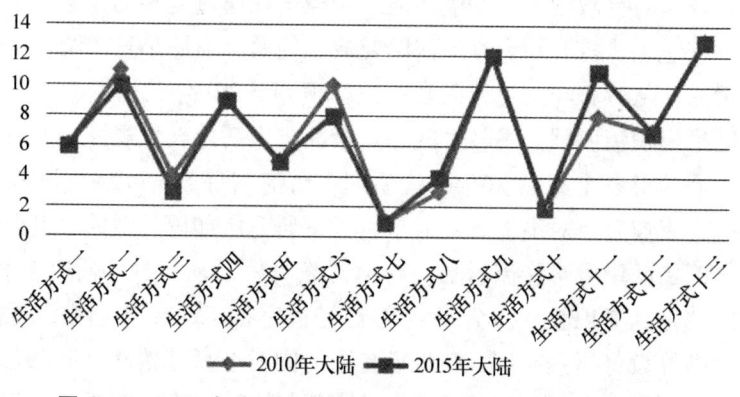

图 6-3　2010 年中国大陆与 2015 年中国大陆生活方式排名

首先，从经济方面来看。对比发现，1984 年的台湾与 2004 年的大陆都处于经济的高速发展时期。首先，1984 年的台湾经济得益于前期的经济转型的巨大成功，2004 年大陆的经济得益于改革开放的巨大效益，可以说两者的发展都是得益于对外经济。其次，两者在经济增速上极为相似，均保持了较为稳定和快速的增长。两者在 GDP

增速方面也惊人的相似，所以台湾跻身"亚洲四小龙"，而以大陆为主体的中国经济的腾飞被盛赞为"奇迹"。最后，当时重点发展的都是第三产业和高科技产业。由于前期的经济转型较为顺利，在世界经济浪潮的侵袭下，第三产业和高科技产业的巨大作用都得到了凸显。

其次，从政治方面来看。总体上来讲，1984年台湾和2004年大陆时期政治局面较为稳定，政治形势良好。20世纪80年代，世界范围内的第三次民主化浪潮席卷亚洲，台湾当局为了在新的形势下缓和台湾的社会矛盾，继续维持和巩固国民党在台湾的统治，进行了一系列的政治改革。调整政治统治方式，由专制走向民主；改善社会管理手段，由僵化走向灵活；推动两岸关系的繁荣发展。这一系列政策的实施不仅使台湾从政治上逐步转变成为一个多党竞争的民主政体，在社会上也转变成为一个开放的、自由的法治社会。

2004年的大陆，中国共产党作为执政党发挥着巨大的作用，政治稳定，人民代表大会制度和民主协商制度继续发挥着其重要的作用，在对外方面秉承着和平外交、和平发展的原则，与各国保持着友好的交流与往来。在对台政策上，积极沟通，希望争取通过更多的探亲、旅游等形式，来进一步打开与台湾地区的交流，使两岸血脉早日团圆。

最后，从教育与文化方面来对比。20世纪50年代后期起，台湾当局适时推出积极发展高等教育战略，全面扩大高等教育规模，形成台湾高教发展的第一个高潮。70年代后期，台湾高等教育受到经济发展的新挑战，工业升级对高级人才需求巨大，研究所如雨后春笋般出现。80年代末开始两岸学术交流增加。台湾的教育体系从幼教到研究生教育，从传统德育到通识教育，至1984年已经很完备。2004年前后，适逢大陆扩大高等教育招生比例，在规模扩张的同时，高等教育质量也在稳步提高，高等教育在国家创新体系中的作用越来越突出，创新和服务能力显著增强，一批大学在世界上的地位迅速提升。国家十分重视素质教育和义务教育阶段的基础教育，对职业教育和高等教育也更为重视，私立教育在经济良好的形势下得到了相应的发展。

在文化方面，最主要的相似点就是，对儒家文化和汉文化的重视程度有所提高，大陆有些地区兴起了穿汉服、写汉字的文化活动形式，对父母行跪拜礼、举办成人礼等多种多样的汉文化的宣传，在

1984年的台湾地区，学校对普通话、汉字的听写教育更加重视，传统礼仪与社交在台湾的中小学以校园活动的形式被推广于其中。

总之，高速而稳定的经济发展状况，政治形势的平稳，教育系统的稳固发展，种种相似之处，造成了两地大学生在生活方式的偏好上有了较为一致的选择，因为生活方式是人生价值观的日常表现，所以，两岸大学生在这两个时间段的人生价值观状况极为相似，也印证了人生价值观根植于一定的社会环境的前提假设。所以，如果要把社会主义核心价值观彻底贯彻融入人们的人生价值观与选择中，就必须基于相应的社会环境状况，包括经济、教育等方面。社会存在决定社会意识，社会意识是社会存在的反映，这就是社会意识与社会存在的辩证关系。生活方式是人生价值观的灵感与感悟的来源，生活中处处蕴含哲理。人生价值观在一定程度上制约和支配了人的生活方式的选择与变化。八个时期大陆和台湾的大学生的生活方式的评价尺度深深植根于中华民族的优秀传统文化之中，在这方沃土的培育下，炎黄子孙跨越地域、时代和制度的限制，形成了颇具东方特色的生活方式。在全球化的浪潮下，人们的生活方式也发生着极大的变化。包容差异、尊重多元成为人们生活方式的主旋律。

正如本书第三章所强调的，人自身的全面发展以及整个社会不断增长的福祉，才是社会历史发展的真正目标和真实目的。社会经济的发展、政治的发展以及思想文化的发展，应该致力于人与自然生态环境的伦理关切，致力于人与社会的协调发展，致力于每个个体潜能的开发、人性自身的丰富、人格的完善，以及人生意义的充盈等。习近平总书记曾经说过，"一种价值观要真正地发挥作用，必须融入社会生活，让人们在实践中感知它、领悟它……利用各种时机和场合，形成有利于培育和弘扬社会主义核心价值观的生活情景和社会氛围，使核心价值观的影响像空气一样无所不在，无时不有"[1]。在谈到思想政治工作时，他强调"要更加注重以文化人、以文育人，广泛开展文明校园创建，开展形式多样、健康向上、格调高雅的校园文化活动，

---

[1] 中共中央文献研究室：《习近平总书记重要讲话文章选编》，中央文献出版社2016年版，第121页。

广泛开展各类社会实践"[1],全国高校思想政治理论课教学实践也证明,社会主义核心价值观不能只停留在课堂教授环节,而是要融入社会生活、融入到校园文化活动,与广大青年学生的日常生活、文化活动紧密联系,"在落细、落小、落实上下功夫,才能克服青年学生在价值观问题上知行脱节的问题,才能使社会主义核心价值观成为青年学生日常工作生活的基本遵循,才能切实增强青年学生的社会主义核心价值认同感和归属感"[2]。

总体而言,当今的大学生生活态度积极向上,更朝气蓬勃,也更具理性。实现中华民族的伟大复兴,正需要勇于创新的青年群体,在了解差异、尊重差异、理解差异、利用差异的思想政治理论课差异教学的训练和浸染后,成为有责任有担当的一代,为世界和中华民族的发展作出贡献。

## 第二节 思想政治理论课差异教学实验

个别化教育理念距今已有两千多年历史,曾普遍应用于古代教学活动中。工业文明之后,个别化教学因难以适应生产力发展所带来的社会变革——教育普及化的要求,从而逐渐衰退。随后,班级授课制以划一化、专业化、集中化的特点成为主流教学组织形式,然而班级授课制在发展过程中显现出诸多弊端,原因在于班级授课制是基于共性的教学,它的划分依据是处于相同年龄阶段的学生在思维水平及接受能力上是一致的,教师对学生实施同样的教学,方可让所有学生获得同样的进步。但处于同一个班级内部学生的思维水平和接受能力的参差不齐是无可辩驳的事实,20世纪以来国外教育界在班级授课制的基础上开始进行差异化教学研究,在班级内部依据学生不同准备水平和学习兴趣制定不同的教学策略。开展教学实验的意图就是验证差异化教学是克服传统共性教学缺点的有效形式,对于吸引学生主动学

---

[1] 《习近平在全国高校思想政治工作会议上强调把思想政治工作贯穿教育教学全过程 开创我国高等教育事业发展新局面》,《人民日报》2016年12月9日第1版。

[2] 冯刚:《习近平关于大学生思想政治教育论述的理论蕴涵》,《重庆大学学报》(社会科学)2018年第3期。

习和提高教学效果有重要作用。

## 一 《思想道德修养与法律基础》课差异教学实验①

本次教学实验的研究团队采用中国人整体思维方式量表（侯玉波，2005）对大一新生进行问卷调查，验证文理科生思维方式具有差异的假设，并在此基础上对受众（学生）进行第一层细分。同时，在潜心研究"基础"课教材的基础上，设计了"基础"课认知问卷，主要考察学生的人际智能、内省智能，以及对教材每一章节核心问题的认知水平。依据学生的回答情况，将学生分为高、中、低三个层次，进行第二次细分。本实验还对大一至大三的学生进行访谈，深入细致地挖掘他们对于"基础"课的教学方式、教学内容、教学实效性的态度与意见。为构建差异化教学方案，准备真实客观的第一手资料。

（一）实验设计

本次教学实验在 2015 级大一新生中随机选取四个班级，两个班作为实验组，其余两个班作为对照组，实验组与对照组都由一个文科班级与一个理科班级组成。其后在授课过程中将所设计的差异化教学方案运用到实验组班级，最后进行实验结果的对比分析。

采用 SPSS 19.0 软件对数据进行分析处理。

在个案研究和文献整理的基础之上提出了相关量的研究假设。共选取 15 个案：包括 9 名男生，6 名女生；大一、大二、大三各 5 名学生；分别来自光电、新闻、软件、电气、外国语等学院。在一年时间内进行了约 30 次访谈，访谈问题如下：

（1）大学生认为进入大学之后自己的生活有哪些改变？（包括学习环境、日常生活环境、人际环境）

（2）学生进入大学之前，受到怎样的家庭教育、学校教育？哪一个对自身思维方式影响最大？

---

① 本教学实验由华中科技大学马克思主义学院 2014 级硕士研究生蒋成陈与笔者合作完成，详见其 2016 年完成的硕士学位论文：《基于"受众细分"理念的"思想道德修养与法律基础"课差异化教学研究——以华中科技大学为例》。

（3）大学生认为文理分科给自身发展带来怎样的好处和局限性？

（4）大学生对于"思想道德修养与法律基础"课持怎样的态度，这门课是否对你们的成长和发展起到了作用？

（5）倘若由大学生来上"思想道德修养与法律基础"课，你们会如何安排设计教学活动？

（6）大学生更能接受哪种观点传播方式，人际传播、网络传播、官方传播、广告文学作品等媒介传播？

通过对访谈记录和文献的整理，提出如下研究假设。

假设一：文理科生的思维方式具有差异性

文理分科一直是学界热议的话题，有学者认为文理分科会导致学生偏科、加重应试教育的难度。亦有学者表示取消文理分科会加重学生负担，关键是要改革高考制度。然而，在现行的高考制度下，除了极个别省市在逐渐模糊文理分科的界限，绝大多数省市、自治区仍然沿用传统高考方案。在"高考"这一指挥棒下，学生从高一下学期或高二开始便只重视自己选择学科内的知识，理科学生渐渐与政治、历史、地理绝缘，文科学生也不再接触物理、生物、化学知识。理化生等自然科学注重逻辑性与绝对性，每一题都讲究标准答案，呈现唯一性。政治历史等人文知识注重全面性与相对性，答题注重思维发散，呈立体多面性。长此以往的题海战术，不停重复的解题思路和答题模式会让文理科生的思维方式有所区别。正如笔者所采访的我校"大学生发展研究与指导中心"的心理咨询师所说：

"成百上千的来访者里面，我发现一个有趣的现象，大部分来咨询的工科学生比文科学生更'死板'，他们认准了一件事情就不愿意去变通，无法接受某件事情具有不确定性和变化性，在感情问题上尤为如此。"

笔者在查阅文献时也发现，理工科学生的人际适应、心理状况问题颇为突出，一直是教育界和心理学界的热点话题。人们对于"工科男"持有呆萌、刻板的印象背后，隐藏的是他们特有的思维方式。而文科生相较理科生更容易接触到中国传统文化和马克思主义思想，更能够吸收传统文化中"和谐""天人合一"、马克思主义思想中的"唯物辩证法""历史唯物主义"等观念，这些都深刻影响着他们思维方式的形成与发展。

假设二：人际智能、内省智能与思维方式相关

在加德纳多元智能理论中，人际智能与内省智能被统称为社会智能，对个体成才与发展极其重要，与常见的"情商"有诸多相似之处。笔者在自编"基础"课认知问卷时，将人际智能与内省智能也纳入其中。人际适应是否良好，自我认知是否清晰，属于"基础"课的教学范畴。人际智能与内省智能是否得到提升，亦是检验"基础"课教学效果的重要指标。人际智能与内省智能的形成和发展受到家庭、学校、社会三方面的影响，其中，家庭教育与学校教育影响最大，这种影响更多的是表现为思维方式的差异，以往学界的研究论证了家庭经济背景、文化背景与子女人际适应的相关性，而家庭教育培养的正是子女的行为习惯、看待问题解释世界的眼界与能力。换言之，思维方式在深刻影响着个体人际适应与自我认知能力的发展。

个案三是一位人际适应与自我认知能力都较弱的学生，他在回答"与室友如何处理关系"时这样说道：

"寝室生活没有让我感觉到很惬意，室友与我的生活习惯不同，我又不好意思开口让室友小声一点，唯有默默忍受。我觉得一旦开口了人与人之间的裂缝就产生了，就算室友改正了但彼此之间还是会心存芥蒂，所以能忍还是尽量忍吧。"

个案三面对与自己生活习惯不同的室友，没办法开口去调和矛盾。他无法用矛盾的观点去看待问题，只能以一种绝对的唯一的观点去处理人际关系，充分暴露了他不具有运用矛盾的观点去看待问题的思维能力。

假设三：运用差异教学能有效吸引学生的学习兴趣、提高教学效果

将传播学与思想政治教育结合在一起，不仅是因为二者具有内在统一性，更重要的是笔者在访谈过程中发现，某种价值体系的建立远大于某个知识点的讲授。譬如学生了解理想与信念的含义、作用，但不一定理解为什么要有理想信念，为什么社会层面的理想信念更加高级。这也就是以往常说的思想政治理论课教学实效性不高的表现。

个案五在谈到对于"基础"课的看法时说道："整个课堂氛围整

体来说还是可以的，老师会放一些视频让我们讨论发言，比起高中的政治课有趣很多。但这门课对我来说作用很小，有很多疑问没有解决。譬如为什么要有远大理想信念？我认为人各有志，有人选择努力有人选择平淡，有人选择金钱有人选择名利，这些都很正常。我认为一味强调大学生要把理想信念与社会责任结合起来，是一种'道德绑架'。"

个案十三在回答哪种传播方式更容易被人接受时说道："我比较反感教材中带有绝对性的字眼，比如说某种理论某种观点一定是正确的，一定是真理。这种传播方式无法让我感同身受，我喜欢在宽松平等民主的氛围里和老师同学讨论某一问题，这样他们所讲的观点我会比较容易接受。"

个案五和个案十三代表了一小部分人对于"基础"课的印象，即"说教"与"洗脑"。近年来思想政治理论课的改革取得了不小的成效，无论是从教学方法、课堂氛围、教学效果等方面都有很大提升。但由于教学内容和教学目标的特殊性，该课程仍面临不小的挑战，如何有效地帮助学生构建主流意识形态所倡导的价值观念体系，还有待进一步探索。针对此问题，教师依据学生的准备水平、兴趣爱好、优势智能等进行教学设计。首先能够吸引学生的学习兴趣，让学生感受到该门课程与自身息息相关，减轻或消灭学生的抵触情绪。其次，通过设置情境、提出问题，引发学生的思考，从被动转换为主动式学习。最后，运用传播学中"意见领袖"作用机制、"集体参照标准"等理念，让课堂变为信息传播之地，引发不同认知水平学生之间的思想碰撞，避免传统的"说教洗脑"形式，让传播效果（教学效果）达到最大化。

本实验目的是通过差异教学提高学生的学习兴趣、改革"基础"课教学模式，提升"基础"课的教学实效性。

（二）实验被试选择、实验变量、实验工具

本实验采用简单随机抽样方法，选取两个实验班级（文+理）和两个对照班级（文+理），实验班级采取差异化教学，对照班级沿袭以往教学模式。经过一学期的学习之后，由前后测数据对比实验组与对照组的教学效果。

实验变量主要有：自变量（人为操纵控制，有计划变化的诸因素）、因变量（随着自变量的变化而变化，打算观测的变化因素）、干扰变量（自变量以外，另外一些引起研究对象因变量变化的其他影响因素，它使研究者无法作出正确判断和解释），本实验的变量主要有：

自变量：思想政治理论课差异教学策略

因变量：学生的学习兴趣、积极性、对于主流价值观的认同程度及对课程要领性问题的认知水平。

干扰变量：其他课程教师的引导、人际环境、学习环境的差异

实验工具一：中国人思维方式量表

该量表以中国文化的特点和东西方思维对比的结论为设计依据，分别从联系性、矛盾性、变化性三个维度衡量中国人的思维特点。侯玉波等人在编制量表时发现，中国成人的思维方式为联系性与矛盾性聚合，变化性分离的模式；中国青少年的思维方式为三者聚合。在该量表中，联系性得分越高表示越能够用联系的观点看待问题，矛盾性得分越高表明越能够利用矛盾的观点分析看待问题，变化性采用反向计分，得分越高表明变化越频繁。

实验工具二：思想道德修养与法律基础课认知问卷

在潜心研究教材和文献查阅的基础之上，编制了"基础"课认知问卷。问卷共设15道题，包含人际智能、内省智能两道计分题以及每一章节两道核心问题。核心问题是对"基础"课每一章节内容的浓缩提炼，是学习该单元必须思考的要领性问题。例如第一章节"追求远大理想 坚定崇高信念"的要领性问题是"当代大学生为什么要有远大理想和崇高信念？"这一问题可启迪学生思考理想与信念对于个人、社会的作用意义，以及怎样去实现理想和信念，是概括全章内容的要领性问题。学生亦只有从"为什么"这一层面去主动思考，才能领悟到理想与信念的真正含义，从以往的被动式学习转化为主动式学习。

实验工具信效度检验：教学团队于2015年9月开学之初，发放前测问卷583份，剔除数据缺失值超过5%的问卷15份，得到有效问卷568份，问卷回收率为97.4%，样本人口统计变量等基本情况见

表 6-2；2016 年 1 月学期结束之时，发放后测问卷 500 份，剔除数据缺失值超过 5% 或有明显反应偏向的无效问卷 18 份，得到有效问卷 482 份，问卷回收率为 96.4%。为了检验差异化教学效果，前后测所用问卷一致，通过两次数据的组间比较，可以分析出哪种教学方式更有效果。

表 6-2　　　　　　　　差异教学样本基本情况表

| 属性 | 类别 | N | % |
| --- | --- | --- | --- |
| 性别 | 男 | 304 | 53.5 |
|  | 女 | 264 | 46.5 |
| 专业 | 光电、电子卓越班（实验） | 146 | 25.7 |
|  | 电信（对照） | 156 | 27.5 |
|  | 新闻、传播、广电（实验） | 136 | 23.9 |
|  | 英语、日语、翻译（对照） | 130 | 22.9 |
| 生源地 | 农村 | 113 | 19.9 |
|  | 城镇或县城 | 160 | 28.2 |
|  | 城市 | 295 | 51.9 |
| 是否独生子女 | 是 | 386 | 68.1 |
|  | 否 | 182 | 31.9 |
| 父母受教育程度 | 初中及以下 | 127 | 22.4 |
|  | 高中或中专 | 183 | 32.2 |
|  | 大学 | 218 | 38.4 |
|  | 硕士研究生及以上 | 40 | 7 |
| 总计 |  | 568 | 100% |

信度、效度及实用性是任何测量工具不可或缺的条件，本书对所选取的量表进行信度和效度的检验。采用 Cronbach's alpha 系数作为信度指标，对问卷进行信度检验，结果符合心理测量学的通行要求。在效度方面，各维度间相关均达到中等～显著相关水平，也符合心理测量学要求。

表6-3　　　　　整体思维三维度之间信度及其相关矩阵

| 因素 | Cronbach α | 联系性 | 矛盾性 | 变化性 |
|---|---|---|---|---|
| 联系性 | .7134 | 1 | | |
| 矛盾性 | .6762 | .278** | 1 | |
| 变化性 | .6957 | -.139** | -.021 | 1 |

由表6-3可知，中国人整体思维量表内部一致性系数为0.7134，信效度令人基本满意。同时KMO（0.7）和Bartlett球形检验（p<0.001），表明该样本数据适合进行探索性因子分析。

（三）调查结果分析

1. 文理科学生思维方式具有差异性

通过前测问卷（中国人整体思维方式量表，侯玉波，2005）发现，文理科学生的思维方式存在一定差异。此次样本数据中，文科生思维方式呈现联系性与矛盾性聚合，变化性分离的模式，属于中国成人思维阶段。理科生思维方式呈现联系性与矛盾性聚合，变化性与矛盾性聚合的模式，属于青少年向成人思维过渡阶段。此结果验证了文理科学生思维方式存在差异性的假设。

2. 人际智能、内省智能与思维方式相关

表6-4　　人际智能、内省智能与思维方式相关性矩阵（Pearson）

| | 人际智能 | 内省智能 | 联系性 | 变化性 | 矛盾性 |
|---|---|---|---|---|---|
| 人际智能 | 1 | .371** | | | |
| 内省智能 | .371** | 1 | .191** | | |
| 联系性 | .148** | .191** | 1 | -.139** | |
| 变化性 | -.060 | -.162** | -.139** | 1 | -.021 |
| 矛盾性 | -.141** | -.145** | .278** | -.021 | 1 |

由表6-4可以看出，人际智能与内省智能得分呈正相关性，表

示二者之间互相影响。人际智能、内省智能与联系性思维均为正相关性，即联系性思维越好的学生，其人际智能与内省智能发展得越好。人际智能、内省智能与变化性思维均为负相关性，即变化性得分越高、越不稳定的学生，其人际智能与内省智能发展越差。人际智能、内省智能与矛盾性思维均为负相关性，即越不善于以矛盾观点看待问题的学生，其人际和内省智能发展得越差。

人际智能、内省智能与思维方式密切相关，且前文已经验证思维方式具有专业差异，故应继续探讨人际智能、内省智能与专业的相关性。进一步分析显示，理科生的联系性思维与人际智能、内省智能显著正相关，文科生的联系性思维与人际智能、内省智能正相关。且理科生与文科生的联系性得分存在显著差异，理科生得分高于文科生。这也说明了理科生的抽象逻辑思维要好于文科生，文科生在高中阶段虽然接受了大量文史哲知识的学习，但其逻辑性思维不如理科生，不善于把所学知识归纳总结，形成自我的知识体系。而理科生在高中阶段接受了较多自然学科训练，有利于形成类似西方人的注重分析、逻辑、推理的思维特点，故相较而言理科生能够较好的将问题进行普遍联系。

文科生的人际智能、内省智能与联系性显著正相关，与变化性无关，与矛盾性显著负相关。理科生的人际智能、内省智能与联系性显著正相关，与变化性、矛盾性显著负相关，且文理科生在变化性这个维度上得分差异并不显著，均值分别为 17.45 和 16.95。这个结果体现了文科生与中国成人看待变化、应对变化的思维特点更为接近。而理科生因受自然学科训练较多，尤其是在高考的指挥棒下一直受到数理化"唯一正确"答案的影响，具有"守恒性"思维，看待事物的方式较为静止。

（四）"思想道德修养与法律基础"课差异化教学方案构建

1. 教学对象差异化

第一层划分：文理科班级。前测数据已经表明文理科学生的思维方式具有差异性，且这种差异性会较大程度影响到大学生的社会认知、自我认知、人际适应等。故将文理科作为"受众细分"的第一层标准，此类划分也是考虑到当前高校思想政治理论课大班制教学现状，具有较高的操作性。

第二层划分：班级内部划分。通过统计分析学生对"基础"课认知问卷的回答情况，将学生的认知水平分为高、中、低三个层次。就某一要领性问题而言，中水平为绝大多数学生所要达到的思考层次，高、低水平都只占小部分比例。高水平代表超越一般水准的更深层的思考层面，是"基础"课最终极的教学目标。低水平则是学生对某一问题的认知理解没有达到合格线。依据传播学的集体参照标准理论，教师的作用体现为情境和问题的设置，使得不同水平的学生在课堂上进行充分的交流互动。其中，高水平学生是课堂讨论中的"意见领袖"，应当充分发挥他们对其他学生的带动作用。

2. 教学目标差异化

思维方式。前期调查已经验证文理科生的思维方式具有差异性，且思维方式会较大程度地影响人际智能、内省智能的发展，故将思维方式作为教学目标之一。对于文科生而言，其联系性得分低于理科生，因此要注重培养文科生用联系的观点看待问题的能力。对理科生来说，变化性是影响他们人际智能、内省智能发展的关键因素，故应着重培养理科生养成运用变化的观点看待问题的思维方式。

认知水平。根据维果茨基"最近发展区"理论，"基础"课的教学目标设定要比学生原有水平高一个层次。通过"基础"课认知问卷的调查分析，实验组理科班与实验组文科班在15道题目上的得分及准备水平基本类似。有关某一核心问题的认识上，低水平学生要提高到中等水平，达到及格线；中等水平学生要往高水平发展；高水平学生要在强化认知的基础之上，培养他们更高层次的辩证思维。

3. 教学策略差异化

优势智能。受到高考分科和专业限制的影响，实验组理科班与文科班学生的优势智能有所差异。理科学生的逻辑—数理智能更为突出，文科学生的语言智能较为优秀。价值观体系的构建需符合大学生的认知特点，文理科生优势智能的差异导致他们在选择、注意、理解事物上有所不同。为了更好地进行师生之间的有效沟通与理解，笔者认为在课堂信息交流中，教师可对理科学生更多地利用逻辑推理环节来进行观点说服，符合他们的思维定向。对文科学生则设置更多的讨论环节，充分发挥他们的语言智能优势。同时，在教学设计中依据学生的优势智能布置相应的课后作业，使学生更有兴趣更好地完成学习任务。

准备水平。前测数据表明，实验组文理科学生在人际智能、内省智能上的得分并无显著差异。"基础"教材共八章，两个班学生在第一到五章的核心问题认知上，高中低水平分布情况大致类似。第六到八章即法律部分，文科学生的法律知识水平明显高于理科学生，故法律部分的教学文理科班应体现出差异。理科学生注重基础性法律知识与法律思维的学习培养，文科学生则可以思考更加复杂的典型法律案例，初步学习领悟法律制定的标准及培养较高层次的法治思维。

4. 教学考核差异化

将"基础"课的考核设定为平时成绩（60%）和期末卷面成绩（40%），为了便于操作和考量，差异化考核主要体现在平时成绩中，根据每一章节的具体内容，结合学生（受众）的特点，布置不同的学习任务。

表6-5  思想道德修养与法律基础课差异化教学考核

| 章节 | 作业 | 差异化内容 |
| --- | --- | --- |
| 思想教育 | 1. 采访过来人*<br>2. 自我二十问<br>3. 投射活动<br>4. 他人眼中的我及自己眼中的我<br>5. 为什么要有远大理想与崇高信念*<br>6. 搜集有关"中国制造"的材料* | 1. 实验组文科班结合专业特点，用视频的形式进行采访<br>2. 结合自己的专业谈谈理想信念对于社会及个人的作用<br>3. 实验组理科班搜集自己专业领域内的"中国创造"成果，实验组文科班搜集国外媒体对于"中国制造"的评论 |
| 道德教育 | 道德两难辩论赛* | 实施弹性化分组，将道德认知判断水平不同的学生组成一队，每队均有高中低水平的学生 |
| 法治教育 | 1. 法律案例评述*<br>2. 法律小品表演 | 文科班学生选择难度更高更复杂的法律案例，理科学生选择法律基础知识较多的简单案例 |
| 养成教育 | 道德小品*摄影展*文学作品* | 学生根据自身兴趣加入表演、摄影、文学组。通过小品、照片、文章的形式来完成"你眼中校园公德" |

注：*为差异化内容

### (五)"思想道德修养与法律基础"课差异化教学方案实施

#### 1. 思想教育部分

"基础"课的一到三章统称为思想教育。本框的教学目标在于帮助大学新生进行入学适应,确立人生目标,加强大学生对主流价值观的认同。本框下设六个核心问题,分别是"理想信念、大学教育的价值、中国制造、爱国主义、价值观选择、人际交往"。根据前测数据,将学生的认知水平分为三个层次。高层次:适应良好、目标确立、理解并认同主流价值观;中层次:在新环境中重新认识自己、正在探索新的目标、基本认同主流价值观;低层次:适应不良。

表6-6　　　　第一到三章实验班学生准备水平情况表

| 实验组理科班 | 考察目的 | 高 | 中 | 低 |
| --- | --- | --- | --- | --- |
| 大学生为什么要有理想信念和崇高信仰? | 对理想信念的选择、认知 | 理想理念不仅关乎个人成长,还关系社会发展。21.5% | 理想信念对个人成长具有重要作用。(个人层面)76.5% | 不关心理想信念。2% |
| 大学教育的真正价值是什么? | 对于大学教育的认知是否清晰 | 学有所成,学有所用。16.8% | 开阔眼界,训练思维,学习知识。(个人能力提升)82.5% | 仅仅为了找个好工作。0.7% |
| 对于中国制造现象的看法 | 是否有改革创新的时代精神 | 对这一现象很高兴,但不满足。90.6% | 仅仅感到自豪,但并不具备创新精神。1.3% | 不关心这一现象。8% |
| 经济全球化阶段是否还有必要坚持爱国主义? | 是否有爱国主义为核心的民族精神 | 有必要,爱国主义是永恒的。93.8% | 有必要,但是狭隘民族主义,认为学习外来文化是"背叛"。0.7% | 不需要爱国主义。5.5% |
| 在拼爹看脸时代,我们应该如何脱颖而出? | 人生价值观的选择 | 不抱怨,不走歪门邪道。77.5% | 无选项 | 以成为人生赢家为目的,不在乎过程是否光鲜。22.5% |
| 如何处理与室友关系 | 是否积极应对人际关系 | 积极应对,主动找室友协商问题。87.2% | 无选项 | 消极应对,默默忍受或改变自己。12.7% |

续表

| 实验组文科班 | 考察目的 | 高 | 中 | 低 |
|---|---|---|---|---|
| 大学生为什么要有理想信念和崇高信仰？ | 对理想信念的选择、认知 | 理想信念不仅关乎个人成长，还关系社会发展。18.5% | 理想信念对个人成长具有重要作用。（个人层面）77.7% | 不关心理想信念。3.8% |
| 大学教育的真正价值是什么？ | 对于大学教育的认知是否清晰 | 学有所成，学有所用。26.8% | 开阔眼界，训练思维，学习知识。（个人能力提升）72% | 仅仅为了找个好工作。1.3% |
| 对于中国制造现象的看法 | 是否有改革创新的时代精神 | 对这一现象很高兴，但不满足。91.7% | 仅仅感到自豪，但并不具备创新精神。1.9% | 不关心这一现象。6.4% |
| 经济全球化阶段是否还有必要坚持爱国主义？ | 是否有爱国主义为核心的民族精神 | 有必要，爱国主义是永恒的。96.2% | 有必要，但是狭隘民族主义，认为学习外来文化是"背叛"。1.9% | 不需要爱国主义。1.9% |
| 在拼爹看脸时代，我们应该如何脱颖而出？ | 人生价值观的选择 | 不抱怨，不走歪门邪道。84.7% | 无选项 | 以成为人生赢家为目的，不在乎过程是否光鲜。15.2% |
| 如何处理与室友关系 | 是否积极应对人际关系 | 积极应对，主动找室友协商问题。80.9% | 无选项 | 消极应对，默默忍受或改变自己。18.5% |

"基础"课认知问卷显示在实验组理科班中：关于"大学生为什么需要崇高信念和理想信念"，21.5%的学生认为理想理念不仅关乎个人成长，还关系社会发展，达到了高水平认知阶段；76.5%的学生认知到个人层面，属于中间水平；2%的学生不在乎理想信念，属于低水平学生。"大学教育的真正价值是什么？"，有16.8%的学生选择了"学有所成，学有所用"，属于高水平阶段；82.5%的学生处于中间水平，意在培养自我思维和提高自我水平；0.7%的学生的目标是找个好工作，属于低水平认知。"如何看待中国制造这一现象？"，

90.6%的学生认为中国制造应该向中国创造发展,是高水平认知;1.3%的学生仅仅认为这是一件值得自豪的事情,属于中间层;0.8%的学生不关心这个问题,是低水平认知。"经济全球化阶段是否有必要坚持爱国主义",94%的学生认为有必要坚持,达到了高水平认知;0.7%的学生认为有必要坚持,学习外来文化是"背叛"行为,属于中间层次;3.4%的学生认为没必要坚持,爱国主义是狭隘的,属于低水平认知。"在拼爹看脸时代,我们应该如何脱颖而出?",78.5%的学生选择了不抱怨,不走歪门邪道;22.5%的学生选择了只要不违法,过程不那么光鲜也无所谓。情景设置题:"如何处理室友关系?",87.2%的学生选择与室友商量,属于积极应对;12.7%选择了默默忍受或自己迎合,属于消极应对。

在实验组文科班中:有关"大学生为什么需要崇高信念和理想信念",18.5%的学生认为理想理念不仅关乎个人成长,还关系社会发展,达到了高水平认知阶段;77.7%的学生认知到个人层面,认为对个人发展具有重要作用,属于中间水平;3.8%的学生不在乎理想信念,属于低水平学生。"大学教育的真正价值是什么?",有26.8%的学生选择了"学有所成,学有所用",属于高水平阶段;72%的学生处于中间水平,意在培养自我思维和提高自我水平,即中水平认知;1.3%的学生的目标是找个好工作,属于低水平认知。"如何看待中国制造这一现象?",91.7%的学生认为中国制造应该向中国创造发展,是高水平认知;1.9%的学生仅仅认为这是一件值得自豪的事情,属于中间层次;6.4%的学生不关心这个问题,是低水平认知。"经济全球化阶段是否有必要坚持爱国主义",96.2%的学生认为有必要坚持;达到了高水平认知;1.9%的学生认为有必要坚持,学习外来文化是"背叛"行为,属于中间层次;1.9%的学生认为没必要坚持,爱国主义是狭隘的,属于低水平认知。"在拼爹看脸时代,我们应该如何脱颖而出?",84.7%的学生选择了不抱怨,不走歪门邪道,属于高水平认知;15.2%的学生选择了只要不违法,过程不那么光鲜也无所谓,属于低水平认知。情景设置题:"如何处理室友关系?",80.9%的学生选择与室友商量,属于积极应对;18.5%选择了默默忍受或自己迎合,属于消极应对。

差异化教学实施：以上数据表明，实验组文理科班学生在第一到三章思想教育部分准备水平基本相当，高中低水平学生比例大致一样。这一部分的教学活动应注重优势智能的差异，结合学生的专业特点来制定教学计划。

绪论"珍惜大学生活 开拓新的境界"的核心问题是"大学教育的真正价值是什么？"面对这一问题，教师不仅要从社会层面上讲述大学对于社会发展的作用，还要让学生自行讨论发言，对于个体而言大学教育的真正价值到底是什么？让学生结合自己未来的职业发表"学有所成，学有所用"的感想。面对擅长"逻辑—数理"智能的理科学生，教师可让其画出生命线标注出人生大事件，以及画出个人价值与社会价值的逻辑关系图，迎合他们的思维方式及表达喜好。

"追求远大理想 坚定崇高信念"，这一章的核心问题是"大学生为什么要有远大理想和崇高信念？"基于传播效果中视频≥图片＞文字＞声音的原理，"基础"课尽量多播放与教学内容相关的视频，提高学生的学习兴趣。在这一章节中，给理科光电、电子专业学生播放《科学院院士施一公的回国之路》，体会一个科研人员的爱国情怀与崇高理想。给文科新闻、传播专业学生播放清华大学新闻专业博士生梁植的演讲《我的偶像》，通过观看视频让学生了解理想信念对于个体与社会的重要意义，并布置一篇观后感的作业，让学生通过书写感悟出理想信念不仅对于个人成长有重要意义，还关系着社会的发展。

"弘扬中国精神 共筑精神家园"，这一章的核心问题是"如何看待中国制造现象？"和"在经济全球化时代，是否还有必要坚持爱国主义？"，在课堂讨论开始前，教师先给两班学生布置不同的课前作业。理科光电、电子专业学生搜集自己专业领域内的"中国制造"与"中国创造"；文科新闻、传播专业学生搜集有关国外媒体对于"中国制造"的文章与评论。在课堂上就学生搜集到的资料进行讨论"中国制造的重要性"，光电、电子专业的学生可以从专业领域出发，讲述科技创新对于社会国家发展的重要性。教师在讨论过程中可以结合理想信念、人生目标与爱国主义对学生进行引导。新闻、传播专业的学生能够就外媒对于"中国制造"的评论讨论出"中国创造"的重要性与必要性，同时可以引出"经济全球化时代是否还有必要坚持爱国主义?"在此问题上,文理科班学生绝大多数都认为应该坚持爱国主义,所以教师应针对低水平学生所认为的"背叛行为""没必要坚持"等理由让全班进行讨论,教师不宜做过多发言,运用社会关系论中的"两级传播"原理,避免让低水平学生产生"洗脑"的想法,使其在与同学的讨论中提升对该问题的认知水平。

课堂实录:讨论是否应该坚持爱国主义。

学生甲:我认为有必要坚持爱国主义,爱国是每个人都应该坚守的公民道德。我们处在一个社会集体中,享受了这个群体所带来的资源和便利,就有义务维护这个国家的整体性。

学生乙:或许爱国主义是虚无的,缥缈的,爱不爱国都是一句口号,对我们的生活并没有什么实质作用,也有人认为爱国主义会被当作政客的武器。

学生丙:我觉得作为大学生爱国的表现就是好好学习,好好科研。就像之前讨论的将"中国制造"变为"中国创造"。爱国并不是一句口号,而是把行动落实在自身,通过自己的努力让社会变得进步一点,美好一点,这就够了。

学生丁:真正的爱国并不是仇视或批判某个国家,中国人讲究和谐包容,我们也应该以开放的心态去学习其他民族的优点,只有自己国家强大才是王道。另外,现在有些人会认为一旦扯上爱国就等于是洗脑,我认为这是错误的,爱国无外乎是一种情感表达,人都是情感动物,只是人的情感侧重点不同罢了,爱国爱家人爱朋友爱恋人都是我们的情感表达,这是人正常的心理表现,不需要大惊小怪。

在价值这种特定关系中,"价值的主体性"正如李德顺教授所指出的,是主体的(需要和能力等)规定性成为客体产生其价值的根据和尺度。任何对象有无价值及有何种价值,都依主体的尺度而形成和改变。这一观念引出深刻的启示:通过对价值现象的根源和特性的考察,我们能够更清楚地看到人在自己对象性行为中的权利与责任。说到底,"主体性"就是人在自己行为中的权利、责任,以及权利与责任的统一性。一切价值判断和选择的权利就在于主体,承担其后果的责任也在于主体。这个回归社会实践、教学实践的推论意味着:在价值领域要更多地关注人,理解人的尊严,倡导人作为主体的自觉担当，促进人与人之间的理性互动与和谐，等等①。

基于此，教师总结：谢谢几位同学精彩的发言，是否应该坚持爱国主义，我不会笼统地告诉大家到底是或不是，而是希望大家去思考爱国这种情怀的来源、作用、意义。刚刚几位同学的论据、论证都十分充足，希望大家听了他们的发言之后有所启迪，明白自己作为一个大学生对于国家的权利和责任。

"领悟人生真谛 创造人生价值"这一章节核心问题的设置结合社会现实，贴近学生生活，针对当今社会上"拼爹看脸"的风气进行讨论，突出人生价值选择的重要性。在此问题上，两班绝大多数学生选择了"不抱怨，靠自己的实力工作"，依据传播学中"正反两面"说服效果远大过"一面说服"效果，两班学生根据自由意志选择，组成辩论双方，就坚持哪一种价值观而进行辩论。通过辩论赛的形式，提高学生对于价值观的辨识能力，帮助学生树立正确的人生观与价值观。

2. 道德教育部分

"基础"课第四章"注重道德传承 加强道德实践"的内容为道德的含义、本质、传统道德、社会主义道德。本章的教学目标是提高学生的道德认知判断水平，培养学生的道德理性。本章节的核心问题设置为"为什么要成为有道德的人？"和"海因茨偷药故事"，选用科尔伯格道德判断认知题目，将学生的道德判断水平分为习俗水平、前习俗水平、后习俗水平。

表6-7　　　　第四章实验班学生准备水平情况表

| 实验组理科班 | 考察目的 | 高 | 中 | 低 |
|---|---|---|---|---|
| 海因茨偷药 | 道德判断水平 | 后习俗水平 50% | 习俗水平 42.3% | 前习俗水平 7.7% |
| 为什么要成为有道德的人？ | 对道德含义、功能的认知 | 道德是人内心理性的选择 75.8% | 道德能够给人带来好处，让社会更加美好 23.5% | 无所谓，道德是个人选择 0.8% |

---

① 参见李德顺《价值思维的主体性原则及其意义》，《湖北大学学报》（哲学社会科学版）2013年第4期。

第六章 思想政治理论课差异教学背景与实验 249

续表

| 实验组文科班 | 考察目的 | 高 | 中 | 低 |
|---|---|---|---|---|
| 海因茨偷药 | 道德判断水平 | 后习俗水平 55.7% | 习俗水平 36.8% | 前习俗水平 7.4% |
| 为什么要成为有道德的人？ | 对道德含义、功能的认知 | 道德是人内心理性的选择 71.8% | 道德能够给人带来好处，让社会更加美好 26.1% | 无所谓，道德是个人选择 2% |

在道德两难"海因茨偷药"这一题目中，实验组理科班有50%的学生达到了后习俗水平，42.3%的学生位于习俗水平，7.7%的学生处于前习俗水平；实验组文科班中55.7%的学生达到了后习俗水平，36.8的学生位于习俗水平，7.4%的学生在前习俗水平。关于"为什么要成为有道德的人？"，实验组理科班有75.8%的学生认为道德是人内心理性的选择，属于高水平认知；23.5%的学生认为道德可以让我们的社会更加美好，给人带来好处，属于中水平层次；0.8%的学生选择了无所谓，即低水平认知。实验组文科班中71.8%的学生达到了高水平认知，26.1%的学生处于中层次，2%的学生位于低水平。

差异化教学实施：前测数据表明，文理科班学生在道德判断与道德认知层面上基本持平。本章教学将采用"情景设置—道德两难"的方式，让学生就道德困境进行讨论，提高道德认知水平。两个班学生同样讨论"姑娘与水手""海因茨偷药""脱轨的电车"三个题目。选取差异化教学中弹性化分组的方式，教师在课前把不同道德水平的学生随机分为一组。每班分为10组，每组12—16人。组内各有高、中、低三个水平的学生，他们将共同探讨"道德困境"，并最终总结出组内意见上台报告。通过弹性化分组与合作探究学习，能够让不同水平的学生在组内讨论时产生思想交锋，充分发挥"高水平学生"意见领袖的作用，使得低水平学生进行自我思考，受他人启迪。教师在此章节应当指出判断水平的高低之分和"道德两难"故事背后的哲学意义，引导高水平学生进行更加深入全面的思考，进一步提升他们的道德判断水平。

### 3. 法治教育部分

"基础"课第六、七、八章是法律知识部分，该部分的教学目标是增强学生的法律意识，培养初级法律思维。这一部分共设置三个核心问题：法治思维的核心内容、法律权利与义务，东莞警方应该如何处理卖淫女事件。依据学生的回答情况，将其认知水平分为三个层次：高水平：具有批判精神；中水平：能够领会法律精神、树立法治理念；低水平：拥有基本法律知识和法律意识。

表6-8　　　　第六到八章实验班学生准备水平情况表

| 实验理科班 | 考察目的 | 高 | 中 | 低 |
| --- | --- | --- | --- | --- |
| 法治思维的基本内容 | 知识性考察 | 法律至上，权利制约、公平正义、人权保障、正当程序（正确答案）26.8% | 无选项 | 其余错误答案 73.2% |
| 法律权利与义务 | 知识性考察 | 法律权利与义务相互依存（正确答案）92.6% | 无选项 | 其余错误答案 7.4% |
| 东莞警方处理卖淫女事件，将卖淫女当街示众 | 基本法律思维（案例考察） | 警方的出发点是好的，但这一方法需要改进 71.8% | 侵犯了卖淫女的人格尊严权 24.8% | 震慑其他同行 3.4% |
| 实验文科班 | 考察目的 | 高 | 中 | 低 |
| 法治思维的基本内容 | 知识性考察 | 法律至上，权利制约、公平正义、人权保障、正当程序（正确答案）41.4% | 无选项 | 其余错误答案 58.6% |
| 法律权利与义务 | 知识性考察 | 法律权利与义务相互依存（正确答案）91.7% | 无选项 | 其余错误答案 8.3% |
| 东莞警方处理卖淫女事件，将卖淫女当街示众 | 基本法律思维（案例考察） | 警方的出发点是好的，但这一方法需要改进 79% | 侵犯了卖淫女的人格尊严权 19.7% | 震慑其他同行 0.6% |

差异化教学实施：通过以上数据可以看出，实验组文科班的法治

思维内容得分明显高于实验组理科班,在如何看待东莞警方这一做法上文科班的高水平学生也略多于理科班。原因在于文科班学生受"高考"指挥棒的影响,法律部分基础知识较为扎实。故此框内容采取"压缩课程"的差异化教学形式,对理科班着重进行法律基础知识的讲解,了解法律、法治思维、法律权利与义务的概念,理解社会主义法律、中国特色社会主义法治体系、依法治国的含义,基础知识与案例讨论时间比重为3:2。文科班则着重进行法律案例的讨论,在经典法律案例的讨论中培养法治思维,基础知识与案例讨论时间比重为1:4,缩减文科班学生学习基础法律知识的时间,提高教学效率。

4. 养成教育部分

"基础"课第五章"遵守道德规范 锤炼高尚品格"包含社会公德、职业道德、家庭美德、个人品德,旨在对学生进行行为习惯的养成教育。这一章节的核心问题设置为"网络道德"和"大学生恋爱观",紧紧围绕大学生的现实生活和兴趣爱好。本框内容的准备水平分为以下三个层次:高层次:反思、内省;中层次:自觉遵守公共生活、职业生活、婚姻家庭生活三大领域的道德与法律准则;低层次:了解规范及要求。

表6-9 第五章实验班学生准备水平情况表

| 实验组理科班 | 考察目的 | 高 | 中 | 低 |
| --- | --- | --- | --- | --- |
| 网络时代应该如何发言 | 网络道德 | 通过文明,克制的方式来表达意见 89.9% | 公众人物既享受了权利也要承担风险 9.4% | 做错了就该被讨伐 0.7% |
| 伴侣选择标准 | 爱情观 | 人品与三观 92.6% | 外貌和容忍度 7.4% | 无选项 |
| 实验组文科班 | 考察目的 | 高 | 中 | 低 |
| 网络时代应该如何发言 | 网络道德 | 通过文明,克制的方式来表达意见 90% | 公众人物既享受了权利也要承担风险 9% | 做错了就该被讨伐 1% |
| 伴侣选择标准 | 爱情观 | 人品与三观93.1% | 外貌和容忍度6.9% | 无选项 |

由表 6-9 可以看出实验组理科班在"网络道德"这一问题上，89.9%的学生认为要通过文明，克制的方式来表达意见，属于高水平层次。9.4%的学生认为公众人物既享受了权利，也要承担风险，属于中水平层次。0.7%的学生认为做错了就该被讨伐，属于低水平层次。在恋爱观这一问题上，92.6%的学生选择了人品与三观，7.4%的学生选择了外貌和容忍度。综上可得出，实验组理科班的学生对于网络道德和恋爱观有非常清晰的判断和认知。实验组文科班情况与理科班情况类似，在网络道德暴力和个人婚恋观两个问题上，90%以上的学生属于高水平，极少部分学生属于中低水平。

差异化教学实施：基于此结果，结合学生的兴趣爱好与实际生活，本章内容将着重进行社会公德、大学生择业创业、恋爱观与婚姻观、个人品德几个方面的教学，从而避免重复教学，提高教学效率。教师将采取"兴趣—爱好"小组的形式，各班学生根据自身兴趣选择进入"摄影小组""文学小组""表演小组"。每组学生通过摄影、文字、小品的方式演绎他们眼中的"社会公德"。同时，针对文理科学生的思维方式差异，有关"恋爱与婚姻"这一内容，教师在选取案例进行讨论时应着重引导理科学生的变化性思维，培养他们以运动变化眼光看待爱情、看待生活的能力。

（六）"思想道德修养与法律基础"课差异教学效果检验

首先，以《中国人整体思维方式量表》分析对比。

表 6-10　　文理科学生思维方式前后测整体对比表

| | 联系性 | 矛盾性 | 变化性 |
|---|---|---|---|
| 理科前测 | 22.09 | 18.66 | 16.99 |
| 理科后测 | 21.56 | 18.60 | 16.28 |
| 文科前测 | 21.25 | 19.04 | 16.95 |
| 文科后测 | 21.63 | 19.02 | 16.42 |

后测结果表明：理科生联系性与矛盾性正相关、联系性与变化性

负相关、变化性与矛盾性不相关。文科学生联系性与矛盾性不相关、联系性与变化性负相关、变化性与矛盾性负相关。相较于前测结果,文理科学生的思维方式都发生了一定改变,但具体原因还需分析每个班级的前后测结果。

表6-11　　实验组理科班思维方式前后测对比情况表

|  | 联系性 | 矛盾性 | 变化性 |
| --- | --- | --- | --- |
| 前测 | 22.36 | 18.86 | 16.52 |
| 后测 | 21.89 | 18.79 | 15.52 |
| Sig（p） | 0.192 | 0.874 | 0.026 |

由表6-11可以得知,实验组理科班经过一学期的差异化教学,其学生的变化性思维得分与开学之初有显著差异,P=0.026（<0.05）,前测得分为16.52,后测得分为15.52。前文提到,理科生的人际智能、内省智能与变化性呈负相关性,故变化性得分降低,表示实验理科班学生看待变化,应对变化的能力增强,完成了本实验有关思维方式的教学目标。

表6-12　　对照组理科班思维方式前后测对比情况表

|  | 联系性 | 矛盾性 | 变化性 |
| --- | --- | --- | --- |
| 前测 | 21.85 | 17.99 | 17.14 |
| 后测 | 21.16 | 18.11 | 16.69 |
| Sig（p） | 0.068 | 0.802 | 0.345 |

由表6-12可得知,对照组理科班在思维方式三个维度上的前后测得分并无显著差异,其变化性前测得分17.14,后测得分16.69,P=0.345（>0.05）,表明经过一学期传统式大班教学,该班学生的变化性思维并未得到显著改善。

表 6-13　　　　实验组文科班思维方式前后测对比情况表

|  | 联系性 | 矛盾性 | 变化性 |
| --- | --- | --- | --- |
| 前测 | 21.60 | 19.31 | 17.02 |
| 后测 | 21.41 | 18.90 | 16.74 |
| Sig（p） | 0.557 | 0.418 | 0.274 |

表 6-14　　　　对照组文科思维方式前后测对比情况表

|  | 联系性 | 矛盾性 | 变化性 |
| --- | --- | --- | --- |
| 前测 | 21.17 | 19.15 | 17.28 |
| 后测 | 21.29 | 19.43 | 16.46 |
| Sig（p） | 0.784 | 0.567 | 0.111 |

由表 6-13 与表 6-14 可看出，本学期教学完成之后，两个文科班级的思维方式前后测得分无显著差异。

人际智能与内省智能得分对比。通过对整体数据进行分析，四个班级的学生在前后测人际智能与内省智能的得分上并无差异，表明一个学期的学习不足以提升学生的人际适应与自我内省能力。然而从实验组理科与对照组理科的数据比对发现，实验组理科学生的内省智能得分与对照组理科学生的内省智能得分差异显著，$p=0.009$（$<0.01$），且这种差异体现在后测时期，充分说明经过一个学期的学习之后，实施差异化教学的实验组比对照班学生内省智能发展要好。实验组文科与对照组理科的后测数据显示，两个班级的内省智能有一定差异，但差异并不十分显著，$p=0.050$，实验组文科得分为 12.45，对照组文科得分为 11.82。但无论是人际智能，内省智能，实验班得分均要高于对照班，说明差异化教学对于提升实验文科班学生的人际智能、内省发展起到了一定作用。

表 6-15　　　理科班人际智能、内省智能后测对比情况表

| 后测数据（均值） | 内省智能 | 人际智能 |
| --- | --- | --- |
| 实验组理科 | 12.54 | 9.92 |
| 对照组理科 | 12.03 | 9.83 |
| Sig（p） | 0.009 | 0.678 |

表 6-16　　　文科班人际智能、内省智能后测对比情况表

| 后测数据（均值） | 内省智能 | 人际智能 |
| --- | --- | --- |
| 实验组文科 | 12.45 | 10.12 |
| 对照组文科 | 11.82 | 9.85 |
| Sig（p） | 0.050 | 0.457 |

个体人际智能与内省智能的形成受到家庭、学校、社会全方位长期影响，无法在短期内得到很大改变与提升。然而以上数据表明，经过一学期学习，实施差异化教学的两个班级内省智能得分均要明显高出对照组班级。这说明差异化教学对于学生的内省智能提升起到了一定作用。究其原因在于，差异化教学能够更有效地启迪学生思考，学生能够从教师所设置的情景和问题中思考自我与他人、自我与社会、他人与社会的关系。

"思想道德修养与法律基础"课认知问卷比较分析。用"基础"课认知问卷对学生进行前后测，可以看出他们经过一学期"基础"课的学习，对于核心问题的认知水平是否得到提高，每个班高中低三个水平学生人数是否有所改变，以此检验差异化教学是否达到预期效果。通过表 6-17 可以看出：在核心问题认知上，实施差异化教学的实验组文科班教学效果要好于对照组文科班，充分说明了实施差异化教学，对于学生的思考能力、认知能力、反思能力都有所帮助。然而在分析中发现，实验组理科班对对照组理科班的认知水平对比并不明显，其原因较为复杂，需要在后期再次分析学生原有准备水平与学习兴趣。

表6-17　　　实验组文科班与对照组文科班认知水平对比情况表

|  | 实验组文科 ||| 对照组文科 |||
| --- | --- | --- | --- | --- | --- | --- |
|  | 高 | 中 | 低 | 高 | 中 | 低 |
| 当代大学生为什么要有理想信念和崇高信仰 | 38% | -24% | -2.4% | 16% | -14% | 4% |
| 大学教育的真正价值是什么 | 27% | -27% | 0 | 10% | -14% | 1% |
| 如何看待中国制造 | 2% | -1% | 1% | 2% | -1% | 1% |
| 经济全球化时期有必要坚持爱国主义吗 | 1.8% | 1% | -1% | 0.7% | 1% | -1% |
| 人生价值选择（拼爹看脸） | 9% | -8% | 0 | 0 | 0 | -1% |
| 如何处理与室友关系 | 9% | 0 | -9% | -7% | 8% | — |
| 海因茨偷药 | 23% | -16% | 0 | 24% | -21% | -2% |
| 为什么要成为有道德的人 | 7% | -6.5% | -1% | 6% | 6% | 0 |
| 网络道德暴力 | 4.8% | -4.8% | 0 | -5% | 17% | -4% |
| 法治思维 | 51.2% | 0 | 0 | 42% | 0 | 0 |
| 法律权利与义务 | 3% | 0 | 0 | 4% | 0 | 0 |
| 东莞警方处理卖淫女事件 | 3% | 0 | 0 | -2% | 0 | 0 |

（七）总结与反思

1. 实施差异化的班级教学效果更好

通过比对中国人思维方式量表和"基础"课认知问卷在各个班级中的前后测情况，实施差异化教学的理科班在思维方式、内省智能的得分上高于对照班，实施差异化教学的文科班在"基础"课认知水平、内省智能得分上也高于对照班级。这一结果充分说明运用"受众细分"理念的差异化教学形式对提高"基础"课的实效性有一定帮助，本次教学实验的结果基本达到预期目标。但此次差异化教学在实施过程中也存在诸多不足。

2. 理科班级的"认知水平"对比不明显

经过一学期差异化教学的理科班级，在思维方式得分与内省智能的得分上都高于对照班，但在对于"基础"课认知水平上却与对照班级无显著差异。一方面是由于实验组理科班学生原有准备水平较高、提升空间较小，导致前后测的差异相对不明显。通过比对两个理科班级学生的具体情况与准备水平发现：实验组理科班级的学生为该校录取分数线最高批，对照组理科班学生为录取分数中等批。比对父母受教育程度、家庭所在地、人际智能、内省智能这四个维度，实验组理科班均高于对照组理科班。实验组理科班学生中父母是大学及以上文化程度的占50%，对照组理科班为31%；实验组理科班家庭所在地是城镇或城市的占80.8%，对照组文科班为66.2%；实验组理科班人际智能、内省智能均值得分为10.11分、12.55分；对照组文科班均值的得分为9.87分、12.16分。同时，在"基础"课认知问卷中，实验组理科班学生的前测认知水平普遍高于对照组理科班。此前曾有多个研究证明，父母受教育程度、家庭经济条件与孩子的学习成绩、高等教育入学机会呈显著正相关。父母的受教育程度越高，家庭经济条件越好，家庭所提供的社会资本越多，其子女的高等教育入学机会就会大。实验组理科班与对照组理科班的数据比对也充分证明了这一结论。实验组理科班的学生拥有更多的家庭文化、经济、社会资本，在前测时期其"基础"课认知水平及人际、内省智能均高于对照组理科班，提升空间比对照组理科班小，故对比相对不明显。

另一方面在于在实施差异化教学方案时没有依据学生的特质作出完全的调整。实验组理科班的学生是高中阶段名副其实的"尖子"学生，大多来自城市，父母受教育程度较高。他们不再是以往印象中刻板的"读书机器"，大多受过良好的素质教育熏陶，注重知识、能力、素质三位一体的培养。正如该班某位同学在访谈时说："通常大家会觉得理科生都只会做题，但我们在高中阶段我们也会看一些小说、历史传记等等。上了大学室友也会讨论社会热点和国际国内大事。"针对该班学生综合素质较高的情况，差异化教学方案理应将原有的高中低三个水平皆向上提一个层次，同时布置更有难度的课后作业，例如哲学原著选读、社会热点新闻评述等，激发学生的学习热情，提高思维水平和认知能力。

3. 细分标准具有不确定性

因文理科优势智能的差异，本文将文理科作为第一层划分标准，中国人思维方式量表也验证了文理科学生的思维方式具有显著差异。

但笔者在访谈过程中发现，随着素质教育的普及，以及家庭文化背景、经济背景、社会背景与子女高等教育入学机会的正相关性，能够进入"985"高校的学生大部分都来自县城或城市、其父母受教育程度和家庭经济条件高于社会平均线。这些家庭大多都注重培养子女的综合能力，单一优势智能与思维方式的学生并不多见，取而代之的是兼有理性与感性、西方与中方结合的思维特点。理科生中爱好文学、辩论的不在少数，文科生中注重理性、追求逻辑的越来越多。以文理科作为"细分"标准，必定会模糊一些中间地带的学生，在目前高校思想政治理论课的大环境之下，这或许是无奈中的较好选择。但想要真正做到差异化教学，就必须关注处于中间地带的学生，这一点是此次差异化教学实验中没有考虑到的。

此外，差异化教学的细分标准并不局限于专业或认知水平。性别、地域、家庭环境、兴趣爱好、学习风格等都能够成为划分依据。笔者在此次研究中发现，利用海因茨偷药这一案例来判断学生的道德认知水平，其男女认知水平存在性别差异，男生得分略高于女生。这究竟是回应了科尔伯格提出的女性道德水平更为低下的结论，还是吉利根在《不同的声音》中所说女性拥有与男性不同的道德体验与道德判断标准呢？因时间精力等原因，笔者没有继续探索这一问题。但可以确定的是，对于学生（受众）的细分有多种多样的选择，目前尚无一种完美的划分方式，能够将学生（受众）的特质完全囊括。在当前高校思想政治理论课的大环境之下，考虑到人力、财力等综合因素，以何种依据来进行为最科学的划分是值得继续探索的问题。

## 二 小组活动与展示的差异教学设计与实践

### （一）主持此项教学改革实验教师的思考[①]

要让学生在此类课程的学习中真正受益，健康成长，他们全身心的投入是必要条件；在人数超过100人的大课堂里，怎样在保证每一

---

[①] 此教学实验由华中科技大学马克思主义学院杨一平副教授主持。杨老师擅长讲授式教学，学生评教的分数多年稳居学院前三名。2012年她开始探索新的教学方法，在2013级、2014级学生中不断完善，2015年荣退。

个学生都有参与热情、参与途径的同时，还能提高课内交流的效率（交流内容更有深度，更有代表性和启发性）？如何走出大班互动难以顾及面上的广度和点上深度的怪圈，是一个很有挑战性的问题。

学生的现状：从差异出发，是指学生原有的个体差异是评价活动的起点或基础，一切有效的评价都必须充分尊重学生原有的个体差异。[①] 大一新生对大学生活知之不多，思想也不够成熟，在课堂上的发言要么深度有限，要么曲高和寡，很难达到深入交流的目的；此时课堂讨论中的个别发言较为容易流于形式，难以成为真正意义上的互动。但各种类型的互动对思想政治理论课差异教学又是极为重要的。大一新生的另一个特点是，有热情和好奇心但行动的方向不清晰，希望得到指导，参与课内外活动的积极性高，相对于大二学生，功课不是很重，课余时间比较充裕。

（二）教学改革目标和教改思路

一是通过对课堂教学的组织和管理，让所有学生都动起来；二是通过活动主题的设计与小组活动成果的课内展示，引导学生开展全方位的自主式学习。

差异教学要体现出差异，关键在于克服大班教学在互动方面存在的深度与广度的局限，让每一个学生都有条件有机会切实参与到教学互动中，真正学有所得。为实现差异教学及课堂内外深入全面的互动提供组织形式、评价体系、实现途径、制度管理等方面的可靠保证。

（三）教学方案设计

首先，以课内课外结合的主题活动为载体，通过主题活动突出教学重点，拓展学生思考的深度与广度，变被动听课为自主学习，使学生能及时看到自己学习的成果，并接受大家的评判；紧扣本课程教学内容设计活动主题，提出各个主题活动的具体要求，注意章节之间的合理分布，给出活动完成的大致期限；在第一次活动开始之前，留出一定的准备时间，大概从第四次课开始，则第三次课初审，第一次课布置任务，报选题，中间为学生的准备时间。

其次，确保每一个小组成员的参与。随堂讨论以小组为单位，可

---

① 曾继耘：《差异发展教学研究》，首都师范大学出版社2006年版，第73页。

以保证每一个同学都参与到其中，班里的分享也更为集中。

最后，评价体系与管理制度的建构。制定结构合理、便于操作的科学的评分标准，助教可以在上课的学生中聘请（主要负责收集、发放各种表格，对小组活动情况进行登记）；相关资料文件的准备（活动方案、评分表、小组活动情况记载表等）；小组名单中一定要有小组长的手机号码，便于课后指导与联系；小组的座位固定既有利于组内交流，同时又有利于教师的课堂管理（画出小组座位方位图）。

（四）教学效果及总结

从学生的表现来看：积极主动，对各小组的发言都很关注，许多小组都有独到的创意，学生做的远远超出了教师的要求（同济"病人眼中的好医生"，视频，加字幕，采访，心得）；能源学院课堂当天下午只有两节课，下课后常常看到一些小组的同学主动留下来一起讨论完成主题活动的有关事宜，临床八年"泰山逐岩"小组在上台展示"出生的故事"之前还在教室外面集体排练他们要集体朗诵的诗歌——献给母亲；而能源"守望者"小组为了完成"出生时的故事"主题活动，每一位成员都打电话给父母，了解自己出生时所发生的一切，每个人都上台向全班同学讲述了自己出生时的故事，并与下面的同学进行互动（请同学起来对自己的父母说一句话）；能源学院的同学在这方面做得尤为突出（如"独一无二的我""假如你有万能的力量""校园招聘会一日行""知而不行"还是"知之不深"等活动的展示），这是之前本课程相对沉闷的理工科学生课堂上从未有过的现象。

从学生反馈来看：教师要求学生提交主题活动个人小结——小组活动之我的故事；事件——对时间、地点、人物及典型事件过程的写实性描述；感受——这件事对自己产生了哪些影响（观念、情感、行为），每位同学将自己的个人小结在小组展示后的两周之内交给本小组的助教。

临床八年1201—1204共101人，有收获的97人，在没有收获的4人中有2人没有参与小组活动；在有收获的同学中，49人的收获与本组的活动主题有关。29人的收获主要涉及各种积极体验与自我反思：做事：全身心投入、组员之间的协调分工、对收集到的各种信息进行整合，从中提炼出表达的主线、做事有计划、最大限度发挥每个人的长处、提前做好准备；做人：在团队中要多赞美鼓励他人、责任感、勇气、团队内部的分工合作、任务衔接、集思广益、齐心协力的重要性、收获友谊、工作无"小事"、交往要主动、体谅他人、认识更多同学、感受到自己的价值、感受到集体的智慧和力量。19人的收获主要在经验与技能方面：如调查访问、查资料、收集资料、组织材料、团队合作、PPT制作、视频剪辑、分析能力、交流、表达等。

1204班孙亚洁（"我的人生十大理想"）："在同济采访学姐的过程中被学姐的精英意识所打动，学姐的理想不是像其他同学一样环游世界、日子过得富足，而是希望能深入了解我们国家的医疗体制，尽自己的努力让它向更好的方面发展。我想学姐这么优秀的原因之一就是她那坚定的理想吧！"

1204班聂晓琦（"病人眼中的好医生"）："了解了病人眼中的好医生是怎样的；了解了病人比较关心的当前中国医学界存在的某些缺陷，……坚定了自己今后的目标和方向，为自己增添了动力和勇气，更多了份信念和责任——有很多人需要我们，需要合格的负责的善待生命的好医生。健康所系、生命相托。"

1204班刘金燕（"病人眼中的好医生"）："我收获了许多课堂里学不到的东西，真切地感受到了发自病人内心的对'好医生'的要求，明白了未来我们肩上所担负的责任。"

1202班张寒珂（"假如我有万能的力量"）："大部分同学的梦想都是实现自己个人的愿望，但总有那么一部分人，不是为了自己而努力着，而是为了拯救他人奉献自己的全部，这种崇高的精神感染了我。无论我之前学医的理由有多少个，现在只剩下一个：不为济世，不为留名，只为救人！"

1204班李葭（"假如我有万能的力量"）："听到人的答案后体会到人生有很多值得追求的事物，应该放宽视野，跳出自己小世界的局限，认真思考了自己想用这种力量去做什么。"

1203班何君瑜（"'知之不深'还是'知而不行'"）："以前一直以为人们做不道德的事是因为'知而不行'，做了这个课题后才发现，其实正由于人们对道德的理解不够深入，才导致了这些道德现象的发生。"

1202班汪成("我出生时的故事"):"了解了一些不为人知的出生故事,感受到父母尤其是母亲对孩子的呵护与其中的艰难。"

1203班常丹("我们的成年礼"):"了解到'成年礼'的相关知识以及各国关于成年的风俗,懂得了成长的意义。"

1203班李卓光("大学生人品素描"):"了解了'人品'的含义,知道怎样成为一个拥有'好人品'的人。"

1204班胡紫薇("我们的行囊里有什么"):"通过对本年级和高年级同学的采访,自己的视野也在不断拓展,自己不再局限于之前那个小我;同时也意识到了我们肩负的责任。"

1202班徐铭("独一无二的我"):"通过制作展示主题活动的PPT,从主题中也受到了启发,更有自信了。"

1203班郭君怡("寻找称职的CEO"):"在设计调查问卷询问他人的同时,我自己也对学好医学专业所应具备的能力和品质进行了思考,明白了接下来的路该怎么走。"

热动1201—1205共136人,收获与主题有关的55人;体验与反思55人,知识与技能16人,未完成任务3人;无收获4人;未参与4人。

热动1203王晨阳:"完成这个任务时,我们每个人都打电话询问了父母自己出生时的具体情况。从母亲口中我知道了她生我有多么不容易,而我小时候调皮捣蛋又让她操了多少心。完成这个任务后,我觉得我变得更能站在父母的角度为他们着想,更懂事了。"

热动1204邓志超:"完成'校园招聘会一日行'的活动后,我了解了企业对大学生的要求,明白自己以后该做好哪些事情。"

热动120王斌:"通过参与'独一无二的我',我对人的个性特点有了更深入的认识,每个人的性格也许难以改变,但我们可以改变与他们的交往方式。"

热动1202余雨鸿:"通过'我们的行囊里已经有什么'的活动,我明白了自己有哪些资本和哪些不足,懂得了需要不断完善和充实自我,才能让自己的'行囊'更加丰富。"

热动1204乐浩瀚:"在思考这次'行囊'的活动内涵时,我回顾了自己的高中生活，对大学生活有了初步的计划，从而变得更加自信。"

热动1204余文恺："在'行囊'活动中，我更加清楚地认识到自己在过去的十八年的生活中所积累的经验，明白了在大学里应该如何去做。"

热动1201王一帆："在对十大人生理想的调查中，我也收获了不少感悟，对理想，对未来更添了一份信心与希望。"

热动1205余文："在调查'每天学习少于8小时是否不道德的'过程中，了解了许多学长对学习的看法，对大学里学习与生活的关系有了更深入的认识。"

热动1205李泽田："成年礼是成年的象征，通过这些资料，我明白了成年的含义。"

热动1202孙佳伟："通过这个活动，我先是明白了'能力越大，责任越大'，也就越需要有良知，把自己的能力应用在有益于人类有益于国家的地方，最起码不能作出伤害他人的事情。"

热动1201张旭然："爱与感情是人们最渴望的，也是人们不能缺少的。如果问我'假如你有万能的力量'，我想到的无非就是环游世界或回到古代。而学姐学长们大都说的是朋友、亲人、爱人这些方面内容。爱和感情是需要承担责任的，他们懂得去爱别人，接受爱的同时也付出爱。而我似乎只是在不断地接受爱。我成年了，要为爱而承担责任。"

热动1201肖著："其实具有很大的能力也表明一个人肩负着更大的责任，承担责任也是一个人成熟的表现。"

热动1202高璐："在不知不觉中增强了自己的责任意识，还有耐心的养成。"

热动1205李小敏："我负责收集材料，以前我以为只要找到了就行，但在寻找的过程中，我却很难找到符合要求的材料，而这些要求又是我自己设的。所以，无论一件多么渺小的事，只要去做，就有自己的想法融入其中。"

热动1202吴辉："之前一直认为做PPT是一项很难的任务，当我自己真正去摸索后，看到那一页页'飞'出来的画面，内心的喜悦是无法形容的。"

热动1204余洁:"在一个集体中每一个成员都必须承担起自己的责任,把自己的工作认真负责地完成好,个人的工作质量和效率不仅仅是个人的事,还会影响到整个活动的进展。"

热动1201李子俊:"起初我们对怎样开展小组活动毫无头绪,但经过每个小组成员的一点点想法的累加,展示内容的羽翼渐丰,最后终于完成了我起初以为很难完成的展示。这样奇妙的结果使我深刻意识到集体智慧的伟大。"

热动1201林小丹:"因为一开始对活动主题理解的偏差,导致采访效果不好,这让我明白了在做一件事之前你必须要弄清楚自己要什么!"

热动1205陈昊翔:"由于我的懒惰,开始把任务推给其他同学,但最终还得由我自己来买单。我懂得了做每一件事都要尽职尽责,不要因任何原因而推卸责任,因为逃不掉。"

热动1204赵威:"我做事不投入,组长把我忘了,我竟然不知道他们什么时候把工作做好的。在团队中不能总是处于被动地位,要积极参与,努力为自己争取角色。"

热动1205贾先政:"我是一个习惯于独行的人,想改变但又不太容易。然而,有这种带'强迫性'的合作来抛砖引玉,也是好处多多的:就像打火机一样,轮子间的强迫性摩擦才能产生火花,进而产生火苗。"

热动1201吴至易:"虽然自己因没能更好地调动每一位组员的积极性而做得太多,但还是受到了很好的锻炼。这种方式为课堂增添了许多活力,使大学课堂走出了教室,让每个同学有了参与感。"

热动1203江盟:"不积极融入团体的后果就是打酱油,无法体会到成功的喜悦。"

热动1201汪峰:"当我看到做好的PPT时,不禁惊讶于它的精彩,也后悔其中没有我半点的辛劳与付出,所以我的收获是以后碰到类似事情,不管忙与不忙都要积极参与!"

热动1205李径:"让一个人了解他人的想法在某种意义上说可以拓宽人的思维模式,同时也可以增强个人表达自己思想的能力;在完成任务时把不同的想法汇聚在一起，我们又得到了融合不同想法并从中提炼精华的能力。"

热动1202董昱昊："对于要展示的任务总是会认真去做，为了避免在上台展示时无话可说，我们收集了许多素材，而且在制作过程中对其加以分析整合，使我们在这方面的认识远甚于其他小组的同学。"

《思想道德修养与法律基础》学习小组工作流程总结：分为起承转合四个环节。起：开头，收集信息（收集与主题有关的素材——内容/种类/方式）；承：承接，分析处理信息（整理收集到的素材，分类，归纳）；转：转折，形成观点与架构（提炼表达主题，构思表达方案——思路与形式）；合：实现，作品呈现，上交小组活动照片与展示作品。分工与合作贯穿始终，从方案的产生—头脑风暴—方案修改与完善。小组主题活动任务可以分解为：收集资料（网络/文字/视频）；个别访谈（拟出访谈提纲，实施，补充访谈，整理结果）；问卷调查（设计问卷，讨论修改，印制并发放问卷，回收问卷，统计数据，结果分析）；搭建理论框架（整合信息，提炼观点，搭建框架）；组徽设计、PPT设计制作、视频/小品脚本的撰写及拍摄；组织协调，召开会议；外联；课堂展示（除主体内容外还包括小组名 组徽 小组成员分工情况 致谢）。助教小组的职责为：协助教师更好地促进小组活动的开展：每人分工联系1—2个小组（用小组成员名册抽签决定），不定期参加这些小组的活动；负责按时收发各种资料（小组公约与活动照片，个人活动小结）和评分表，协助组长登记收发情况，督促展示前拷入课件与及时上交；对所收小组公约进行形式审查，合格后上交并在组长处登记；统计小组展示得分，做好相关课堂记录；为有关小组课堂展示拍照；专人负责信息发布与反馈（开通网上交流平台，课堂展示计时，发布相关信息：工作流程/任务分解/活动小结要求/活动进展/小组项目分工/助教分工），绘制小组座位确定之后的课堂坐标图；原则上每个班级有2人参加，公开招聘。

（五）本次教改实验的收获与反思

同学们在完成主题活动的过程中，从概念的考证（"成年礼""医生""行囊"），到有针对性的访谈、文字图像资料的收集整理，充分讨论与集中意见，再到视频、课件的制作与后来的课堂展示，以及整个过程中的分工合作、相互配合(小组内外),每一个环节都有成长。将学习延伸至多时段、多空间中。以小组为架构,以主题活动为载体,开展更为全面、立体的学习。形式上的参与:小组有分工,个人有任务;内容上的参与:每个人承担的任务都与本课程的学习重点密切相关,既能分享别人的学习成果,又能为别人的学习贡献新的成果;心智的参与:当学生能够用心、用热情和智慧来完成小组任务的时候,他们的心灵也就融入到了学习活动中。有效消除了学生之间互动的死角,让课堂上的每一个学生都有思考的动力和上台表达的机会,在合作学习的过程中得到成长;增加了教师与学生交流的深度与广度;初步建立起一个深度合作、教学相长的教学共同体。

不足之处一是活动主题的设计还有待进一步完善;二是小组展示结束后,教师的点评还要加强;三是有效解决小组之间发展不平衡的方法还有待探索。

## 第三节 结论与展望

以针对工科大学生的工程教育做参考,有学者分析:从知识层面来说,文理工管四大类知识都必不可少,还要理论联系实际,能够动手操作,解决各种实际问题。这种教育要求虽然合理,但本科毕竟一般只有四年,要修满以上四大类课程,还要有一定的深度和广度,再加上大量实验实习实训实践,时间已很不够。学生还受到天赋资质、兴趣爱好、学业基础等个性的限制;学校还受定位特色、服务面向、师资状况、设施条件、地域环境等种种约束。教学只能在这些约束条件下做文章,寻找最佳出路与解决方案。出路就在于要对学生实行分层次、类型、阶段和岗位去向来加以培养。产业运营是有不同分工的,有人侧重于生产第一线的操作,有人侧重于研究开发新技术、新工艺、新产品,有人侧重于经营管理与销售服务。生产无论怎样自动化、智能化、个性化、定制化,实现全过程机器人操作,这种分层或分工也会存在。哪怕就是只有几个人组成的小公司,也会是这样。分工要求各人的素养、知识、能力结构就会有些不同,因而教学要求和培养模式也会略有差异①。如果说以知识和技能的学习为主的工程教育都需要实施差异教学，那么以情感态度价值观培育为主的思政课，没有理由使用同质化教学。

第一，为了实施差异教学，首先要从教育理念上明确教育的目的。

苏格拉底规定了教育的最高目标是培养人的理智德性。柏拉图更是将人对"至善"的领取看作最高的善。柏拉图在《理想国》中设定了两种教育即音乐教育和体育教育。"用体操来锻炼身体，用音乐来陶冶心灵。先教音乐后教体操。"②"音乐教育的最后目的在于达到对美的爱。"③"音乐教育之后，年轻人应该接受体育锻炼。凭一个好身体，不一定就能造就好的心灵好的品格。相反，有了好心灵和品格就能使天赋的体质达到最好。"④亚里士多德坚持"知识乃是通往德性之途"⑤的主张。

"君子不器"语出《论语·为政篇》，朱熹解释为："器者，各适其用而不能相通。成德之士，体无不具，故用无不周，非特为一才一艺而已。"⑥这一命题实际上包含积极与消极两个方面的内涵。就其消极意义而言，"器者，各适其用而不能相通"故"君子不器"。一种器物往往只有一种用途，此种用途是一定的，超出其使用范围之外，此器物则会变得毫无用处，故其特点是"各适其用而不能相通"，是有局限性的。作为一个君子，他不应该像石匠、木匠等从事某一特定行业的人那样仅只具有某一特定技能（"非特为一才一艺而已"），在儒者看来，这无异于将人等同于器物，这是违背人性的。就其积极意义而言，"君子不器"强调君子应该"体无不具""用无不周"。君子是本性得到充分发展之人，孟子曰："充实之谓美，充

---

① 王义遒：《新工科建设的文化视角》，《高等工程教育研究》2018 年第 1 期。
② ［古希腊］柏拉图：《理想国》，郭斌和、张竹明译，商务印书馆 2002 年版，第 70 页。
③ 同上书，第 110 页。
④ 同上书，第 111 页。
⑤ ［古希腊］亚里士多德：《尼各马可伦理学》，廖申白译，商务印书馆 2003 年版，第 15—16 页。
⑥ （宋）朱熹：《四书章句集注》，中华书局 2003 年版，第 57 页。

实而有光辉之谓大，大而化之之谓圣，圣而不可知之之谓神"①，君子必须不断充实自己，充分发扬自己的本性。在博学的过程中通过"学""思"结合，使各种不同的知识"相通"成为一个"体无不具""用无不周"的"成德之士"。

在《未受教育的心理》(The Unschooled Mind) 一书中，加德纳给出了理解的定义，他认为，一个人要能把在任何教育背景下所获得的知识、概念和技能，应用到与这些知识确实相关的新事件中或新领域内，才算实现了理解；如果他不会应用所学知识或选择了不恰当的知识，来诠释变化了的新形势，那就没有实现真正的理解。可以说，教育的一个直接目标是实现真正的"理解"。为了实现这个目标，可以让教学内容、教学方式、组织形式、教学评价等更多元、更具弹性，拓宽差异教学的思路，促使学生从多个角度、多个侧面理解教学内容；让学生学会做一个合格的公民，使思想政治理论课更加具体和实用，避免了泛政治化和过度抽象化的倾向；让学生实现真正的"理解"，为学生将来积极参与社会公共生活做好准备。

可见，中西先哲都把教学的终极目标指向促进学生的发展。思想政治理论课差异教学也不例外。除了让学生学到利于未来发展的知识与技能，掌握影响后续发展价值追求和学习技能，还注重在课堂中教师创设的自主权，实现充分展示自己教学个性、根据学情与时代变化来提升自己教学能力目标，实现教师个人专业素质提升。差异教学追求的发展过程就是将学生的最近发展区不断转化为已有发展区的过程，实现不知到已知、不会到会、不能到能的转变过程。在形式上强调内在、生成。内在发展追求的是个体内部对知识的鉴赏、判断与批判的能力的发展。生成的发展，具有极大的不可预知性，是超出逻辑可能推测到的结果的，具有极大的偶然性，表现为灵感的突发，甚至异想天开，却与内心相契合，还可能表现为与学习内容、外部环境达到心灵和思维的共振，或者眼界与内心的清明澄澈。差异教学是一种可持续的、面向未来的发展，指向终身发展，潜在力量和后续劲头也在其关注的范围内。

---

① （清）焦循：《孟子正义》，中华书局2004年版，第994页。

差异教学的根本目的是为了促进人的和谐发展,促进师生双方有差异的和谐发展,以满足师生双方的精神生活的需要;教师面对不同的学生层次或个体时,通过收集分析该学生层次或个体具有的、与教育教学相关的诸方面信息,根据差异教学目标和教学决策的基本原理,设计多种可能性的教学方案并理性选择符合学生特点和需求的最佳方案。教师根据差异教学"以人为本"基本理念,通过一系列教学决策行为,实现课程内容、教学进度、评估方式与其有独特性、差异性的学习者之间的匹配。

第二,从掌握如何进行有差异教学的教学方法上,发挥思政课教师的主观能动性。

差异教学必须以人的和谐全面发展为中心,以满足教学过程中不同主体的发展需要为根本任务,以实现人的全面发展为最终目标。"顺木之天,以致其性"语出唐代柳宗元的《种树郭橐驼传》。文章所说的"天"是道,是树木生长的基本环境和规律,"性"是树木的本性。"顺木之天,以致其性焉",就是遵从树木生长的规律,让树木充分实现自己的本性。"虽小道,必有可观者焉"。郭橐驼种树,讲究适度作为,避免过犹不及。有的人种树,树根摆得不舒展,又换了生土;培土不是太松,就是太实;有的人种树,又"爱之太恩,忧之太勤""旦视而暮抚",甚至掐掐树皮看树木是不是还活着,摇摇树干看看枝叶是稠是密。这样种树,"虽曰爱之,其实害之;虽曰忧之,其实仇之"。他则不然,该照顾的时候就像对待孩子那样用心,该放手的时候则又果断地"弃之不顾",让树木自己生长。这样,树木便能"其天者全而其性得"①。

对于我国的意识形态而言,人民群众是创造历史的主体。因为中国共产党所具有的先进性,所以我们的群众观点是有两个层面的。第一个层面是一切为了人民、一切向人民群众负责;另一个层面则是相信群众自己解放自己,向人民群众学习。对当今中国,其反映的深层次社会结构变化,以及政党与人民的关系的变化,思想政治教育领域的诸多现象,固然有"为了人民(受教育者)"的体现,但是对人民

---

① 乔清举:《顺木之天,以致其性》,《光明日报》2017年7月10日第6版。

群众（教育者和受教育者）的自主创造和判断能力，则没有给予足够的相信。在传统教育中，教师是知识的传播者和代言人，师生之间的所有交往都发生在"知识"的传送带上，在互联网时代，教师不再是独霸知识的权威人士，很多时候是以与学生相同的"学习者"身份面对新知识，教师利用网络平台和多媒体教学，把主次分明、难易适度的问题情境呈现给学生，激发学生的好奇心和求知欲，使因材施教、实施个性化教学成为可能。学生的思维能力提高了，能够运用辩证方法去分析问题，其对社会主义核心价值体系的认同效果自然得以提高。在国内的思想政治教育实践中，越来越多的教育者认识到引导学生主动地去辨析多元价值观念来作出选择，而不是简单地采用单向的"灌输—接受"模式，要求学生记住正确答案，是价值观教育的长期有效的方法。

对于思政课教师而言，了解差异和尊重差异是根本，理解差异和利用差异是技巧。"认识你自己"。认清自己的同时也要认清人性，即谓"知人者智，自知者明。"生活中所没有看到的往往是主观忽视的，在教学中亦可借鉴。塞·约翰逊曾言："两个人在一起不出半小时就会显出差异，一个人会明显地超过另一个人"[①]。在思政课大班教学中，教师往往不是没有认识到学生的个体差异，而是无法很好地利用差异。2014年，以色列历史学家尤瓦尔·赫拉利的《人类简史》中文版出版，在北京大学历史系高毅教授所写的推荐序中，有这样一段话："吸引力主要来自作者才思的旷达敏捷，还有译者文笔的生动晓畅。而书中屡屡提及中国的相关史实，也能让人感到一种说不出的亲切，好像自己也融入其中，读来欲罢不能。后来看了策划编辑舒婷的特别说明，才知道该书中文版所参照的英文版，原来是作者特地为中国读者量身定做的，他给各国的版本也都下过同样的功夫——作者的功力之深，由此可见一斑"，"量身定做"是对读者莫大的尊重，也能让读者和作者迅速地心意相通。

对于为学生量身定做这样一种差异教学教育理念，大多数思想政治理论课教师持积极、肯定的态度，但在实际教学过程中却有力不从

---

① 龚龑：《萨缪尔·约翰逊的道德关怀》，中国社会科学出版社2015年版，第76页。

心之感。主要表现在：一是与实施差异教学相匹配的专业技能储备有待完善。面对较大的班级规模，教师要实施差异教学，对自身的教学专业技能确实构成不小的挑战。特别是当今多元价值共存、信息庞杂，使思政课教师在辨析、持守正确价值观的能力上、对学生进行价值观的全面引导和教育上，均容易出现困惑。二是教师教学艺术有待进一步提高。差异教学的有效实施不仅需要一定的技能、方法、程序等技术策略，更需要教师在教学中的艺术化处理。差异教学的成功实施靠的不是形式上的模仿和复制，而来自于实践智慧和创造性的工作。教师要结合自身条件、班级特点、当地历史文化背景等因素，灵活运用各项教学策略，艺术化地开展差异教学，使思想政治教育入脑入心。学校整个环境都要用以使学生展示个性优势、潜力和特长，从而使之成为培养有用之才的大舞台。

在美国顶尖的金融和科技产业中，印度裔领军人才的比例要远高于华裔。比尔·盖茨曾赞誉印度理工大学是一所改变世界的神奇学府，学生们热衷于参与各式各样的科技或社会活动，并要顽强地力争在这些活动中崭露头角、展露业绩，生龙活虎地显示和锤炼自己的交流组织和领导管理的才干与能力，确实是中国高校中所鲜见的，令人印象深刻。① 这条经验使人们进一步认识到人才（包括教师和学生）主要是在生活实践中培养和锻炼出来的。

思政课教师可以以思维方式的差异为主线，测查其不同阶段与特点，促进大学生思维水平的提升。思维改变一切。教育的本质，从某种意义上讲，就是改变人的思维。根据 Pithers 和 Soden 的报告，在英国高等院校里，许多大学生的写作和论述缺乏严密的推理和证明；由于对大学生思维发展特点缺乏清楚的认识，教育者所使用的方法甚至阻碍了学生的思维发展。在我国，思维能力的发展在高等教育中没有得到足够的重视，大学生们缺乏独立的思辨能力、正确的价值判断、积极的行为改进，一直以来也制约着大学生对社会主义核心价值观的理解和认同。只有"正确认识中国特色和国际比较"，才能走好自己

---

① ［印］桑迪潘·德布：《印度理工学院的精英们》，黄永明译，北京大学出版社 2010 年版，第 8 页。

的高等教育发展道路,办好中国特色社会主义高校。现代大学体制来自西方,是知识的殿堂,秉承客观地、分析地看事物的传统,中国的学问一定纳入这个架构才能够被承认。可是,所有西体中用的东西,骨子就是西方的,如人文社会学科的基本概念基本理论基本方法,就是西方理论在中国的运用,用一种看似理性的、客观的态度来分析中国社会,其实忽略了本土文化的特殊性。

第三,为差异教学的实施创造优良的文化环境。

从人对社会对普遍性规范准则有效的遵守来看,社会规范要发挥其应有的作用,不能忽视和否定人对规范的"内化",道德规范必须通过人的"内化"才能被遵守,必须转化为人的品质,才能成为现实的道德。文化环境是影响人的素质生成的最基本、最复杂、最深刻、最重要的元素。发挥文化的思想政治教育功能,很重要的就是要创造一种优良的文化环境,并以这一优良的文化环境去影响人。因此,创造好的文化产品和营造好的文化环境对于"以文化人"可谓鸟之两翼、车之双轮,缺一不可。要将二者有机融合在高校思想政治教育中,牢牢抓住社会主义先进文化发展方向,在校园文化建设中不断创造好的文化产品和文化活动,营造向上向善的文化氛围,为青年学生坚定文化自信提供强力支撑①。

其一,在教学过程中,思想政治理论课教师发挥着重要的作用,不仅要传授理论知识,还要教会学生做人的原则,引导学生如何实现人生的真正价值和意义,思想政治理论课教师对学生的影响是潜移默化的,其政治素养和职业道德水平对大学生三观的形成有着重要影响,因此,对教师专业素质和道德的要求是给学生创造良好环境的基本条件。

思想政治理论课的"抬头率"一直以来横亘在众多思政教师面前,尽管在前人已有的基础上不断探索,力图使学生"抬头",进而"点头",但效果却不尽如人意,其中重要原因之一就是在思政课教学中学生被当作一个整体,而没有被视为一个个完整的个体。令人欣

---

① 冯刚:《习近平关于大学生思想政治教育论述的理论蕴涵》,《重庆大学学报》(社会科学版) 2018 年第 3 期。

慰的是，很多 80 后、90 后教师为思政课差异教学注入了新的活力，如华中科技大学的闫帅老师在其"毛泽东思想与中国特色社会主义概论"课上创新教学技术、教学方法，一是"新闻播报"，通过每周随机抽取一名"幸运学生"，抽中的学生需要走上讲台，为大家播报一条提前准备好的新闻，同时还要加上自己的评论，播报完后，其他同学可以举手向播报的同学提问或反驳他的观点。二是"网络教学"，借助于"弹幕"，让学生对同一问题各抒己见，做到思想上的交锋。

学习的本质不在于记住知识，而在于它触发了你的思考。在思想政治理论课教学过程中，透彻的理论是马克思主义永葆生命力的基石，通过指导学生认真研读马克思主义经典著作，激发他们追求真理的自觉行动，从而使大学生确立科学与信仰的统一，增强对马克思主义理论的接受度。要使马克思主义讲中国话，结合时代和形势发展，在开放的环境中不断推进理论创新。当前要用习近平新时代中国特色社会主义思想教育引导青年学生，使其入脑入心。此外，思想政治理论课要突出问题意识，引导学生自觉关注当代中国和世界现实，以虚领实，将理论逻辑转化为实践逻辑，解决他们的思想疑虑和实际困惑，让学生在深刻体验中真心信服，从而获得学生的认同，长此以往就会改变思想政治理论课的刻板印象，使课程真正"活起来"。

其二，充分利用各种外部资源。移动互联网的迅猛发展为高校思想政治理论课从教学、课程、管理等方面构建"互联网+思想政治理论课"新范式提供了诸多条件，使现代思想政治理论课教学更加体现出差异化、自主化和平等化特征。全媒体时代知识的网络化传播打破了传统教育的诸多限制，使思想政治理论课教学资源更加开放，教学时空更加延展，学习模式更加多样，有效满足了差异教学的需求，与传统教学手段形成优势互补。在内容上，在线教育平台建设聚集了丰富优质的思想政治教育资源，构建了立体化的课程体系，还可以针对不同受众的需求定制个性化教学内容，充分实现了资源的优化配置。在形式上，线上线下混合式学习模式拓展了学习时空，使学生学习效率最优化。信息化时代各种终端设备的使用使学习渠道和方式更加多样化，学生可以根据自身时间、兴趣等有效利用碎片化时间，实现个性化学习。思想政治理论课教师要充分服务和引导学生，培养他们自主学习、互动学习、随时学习的学习习惯。

推行"互联网+"教学管理。大数据时代使教学管理和教学评价的分析、预测能力显著提升。思想政治理论课教学要重视学生在学习兴趣、思想状况等方面的数据挖掘，并进行科学客观评价，从而掌握学生整体、实时、动态的课程质量评价信息，为教学方法和手段的及时调整提供依据，增强教学针对性和实效性，提升思想政治理论课教学质量和水平。

其三，充分利用学生之间的差异这个内部资源。教师与学生的素养影响和决定着教学的效果，教师与学生的全面发展既是提升教学效果的需要，也是教学的最终目标。

一方面，教师的指导是实施差异教学的必要条件。差异教学是以学生作为教学活动主体而构建的，但是学生的主体性活动需要在教师的指导下进行。教师作为教学活动的指导者和启发者，在学生提出问题、分析问题、分组讨论、情感互动、问题解答过程中给予学生科学性的建议，师生共同学习、共同发展、共同进步，建立民主和谐的师生关系。教师要站在教学组织者的立场上，在教学活动进行过程中，最大程度地激发学生学习的积极性，培养学生的学习能力的同时，更注重学生在教学活动中情感表达、合作互动、创新发展的能力。

另一方面，学生之间的相互影响无形中发挥着巨大的作用。哈佛大学文理学院前院长罗索夫斯基曾说："在哈佛，我常听人说，学生们从相互间学到的东西比从教师那里学到的东西还要多……我把它看成是对一个巨大的、多样化的、经过精心挑选的、才能出众的学生群体的赞美，它给每个成员提供了个人成长的无与伦比的机会。"[①] 学生之间的差异不仅是宝贵的教学资源，而且也会不断促使教师反省自身的局限性。以前在课堂上提问时笔者比较倾向于让学生自己举手争取到发言的权利，直到有一个始终没有勇气举手的学生给我发邮件，说希望老师能够随机点人起来回答问题，这样他才可能有机会站起来表达自己的观点……学生中的种种差异，远远比教师所能想到的更多样！

---

① ［美］亨利·罗索夫斯基：《美国校园文化——学生·教授·管理》，谢宗仙等译，山东人民出版社1996年版，第82页。

实践表明，一个良好的教学环境（包括物质环境和文化环境）对学生理论知识的获得和良好道德的养成起着重要作用。因此高校对于思想政治理论课教学要给予足够的重视，提供足够的具有专业水平的教师。2018年4月底教育部印发《新时代高校思想政治理论课教学工作基本要求》，提出要按照师生比不低于1∶350的比例设置专职思想政治理论课教师岗位，为每个教研室（组）配足师资。应综合考虑学生专业背景组织思想政治理论课教学班，积极推行100人以下的中班教学，提倡中班教学、小班研讨的教学模式，逐步消除大班额现象。这正是在采取有力的措施来保证思想政治理论课教师在高校中的地位。与此同时，教师要加强与同行的交流，优势互补，除此之外，学校要加强对教师的学习和培训，不断提高教师的专业知识。在思想政治理论课教师队伍的建设方面，强大的师资是实施差异教学的前提条件，教师的专业理论素养直接影响教学的效果。思想政治理论课教师必须具备马克思主义理论素养、高尚的道德情操、渊博的理论知识、敏锐的洞察力和较强的课堂管理能力。

在高等教育领域积极推进素质教育的进程中，华中科技大学（原华中理工大学）曾扛起加强高校文化素质教育的大旗，用相关课程和校园文化涵养文化底蕴，使教育回归到其"育人"的本质。但如何做到面向全体学生，又如何促进每个学生最大限度的发展，《思想政治理论课差异教学论》为广大的思想政治理论课教师提供了一个从教育理念到策略方法的现实模型。教学是体现师生创造性的劳动，思想政治理论课教师只要从自身实际出发，心中有"人"，眼中有"差异"，一定能在理论与实践的结合中创造出丰富多彩的差异教学的生动案例。

# 参考文献

## 一　中文著作

《毛泽东文集》第6卷，人民出版社1999年版。
《毛泽东文集》第7卷，人民出版社1999年版。
《毛泽东选集》第2卷，人民出版社1991年版。
《邓小平文选》第2卷，人民出版社1994年版。
《邓小平文选》第3卷，人民出版社1993年版。
陈洪涛：《高校思想政治理论课评价论》，中国社会科学出版社2011年版。
陈嘉映主编：《教化：道德观念研究》，华东师范大学出版社2009年版。
陈万柏、张耀灿：《思想政治教育学原理》，华中师范大学出版社2009年版。
邓晓芒：《思辨的张力——黑格尔辩证法探析》，商务印书馆2008年版。
范宝舟：《论马克思交往理论及当代意义》，社会科学文献出版社2005年版。
冯刚、沈壮海：《中华人民共和国学校德育编年史》，中国人民大学出版社2010年版。
冯建军：《当代主体教育论》，江苏教育出版社2001年版。
冯友兰：《中国哲学简史》，北京大学出版社1985年版。
高德胜：《生活德育理论》，人民出版社2005年版。
高国希：《道德哲学》，复旦大学出版社2005年版。
高清海、胡海波、贺来：《人的"类生命"与"类哲学"：走向未来的当代哲学精神》，吉林人民出版社 1998 年版。

顾钰民：《高校思想政治理论课教学方法研究》，复旦大学出版社 2012 年版。

郭元祥：《教育的立场》，安徽教育出版社 2009 年版。

何东昌主编：《中华人民共和国重要教育文献（1949—1975）》，海南出版社 1998 年版。

贺来：《辩证法的生存论基础——马克思辩证法的当代阐释》，中国人民大学出版社 2004 年版。

侯惠勤：《正确世界观人生观的磨砺：马克思主义著作精要研究》，南京大学出版社 2002 年版。

华国栋：《差异教学论》，教育科学出版社 2001 年版。

黄岭峻主编：《多元社会背景下意识形态传播与治理研究》，湖北人民出版社 2015 年版。

黄书光：《价值观念变迁中的中国德育改革》，江苏教育出版社 2008 年版。

黄书光主编：《中国社会教化的传统与变革》，山东教育出版社 2005 年版。

黄希庭主编：《心理学》，上海教育出版社 1999 年版。

黄向阳：《德育原理》，华东师范大学出版社 2000 年版。

季广茂：《意识形态》，广西师范大学出版社 2005 年版。

金生鈜：《规训与教化》，教育科学出版社 2004 年版。

金生鈜：《理解与教育》，教育科学出版社 1997 年版。

金铁宽主编：《中华人民共和国教育大事记（1949—1982）》，教育科学出版社 1983 年版。

李德顺：《价值论———一种主体性的研究》，中国人民大学出版社 1989 年版。

李家成：《关怀生命：当代中国学校教育价值取向探》，教育科学出版社 2006 年版。

李建国：《教化与超越：中国道德教育价值取向的历史嬗变》，中国社会科学出版社 2014 年版。

李腊生：《高校思想政治理论课教学实效性研究》，武汉大学出版社

2011年版。

李辽宁：《当代中国思想政治教育意识形态功能研究》，武汉大学出版社2006年版。

李萍：《现代道德教育论》，广东人民出版社1999年版。

李玉环：《高校意识形态教育若干问题研究》，天津人民出版社2008年版。

李征：《马克思恩格斯思想政治教育理论与实践研究》，北京大学出版社2011年版。

梁启超：《国性与民德——梁启超文选》，上海远东出版社1995年版。

刘献君：《大学之思与大学之治》，华中理工大学出版社2000年版。

刘永富：《价值哲学的新视野》，中国社会科学出版社2002年版。

卢风：《启蒙之后——近代以来西方人价值追求的得与失》，湖南大学出版社2002年版。

鲁洁：《德育社会学》，福建教育出版社1998年版。

鲁洁、王逢贤：《德育新论》，江苏教育出版社2000年版。

鲁洁主编：《德育现代化实践研究》，江苏教育出版社2003年版。

陆有铨：《躁动的百年——20世纪的教育历程》，山东教育出版社1997年版。

毛寿龙：《政治社会学》，中国社会科学出版社2001年版。

孟登迎：《意识形态与主体建构》，中国社会科学出版社2002年版。

戚万学：《冲突与整合——20世纪西方道德教育理论》，山东教育出版社1995年版。

戚万学：《活动道德教育论》，南开大学出版社1994年版。

邱柏生、董雅华：《思想政治教育学新论》，复旦大学出版社2012年版。

桑新民、陈建强等：《教育哲学对话》，河北教育出版社1996年版。

佘双好：《现代德育课程论》，中国社会科学出版社2003年版。

石中英：《教育哲学导论》，北京师范大学出版社2002年版。

舒志定：《人的存在及教育——马克思教育思想的当代价值》，学林出版社2004年版。

宋惠昌：《当代意识形态研究》，中共中央党校出版社1993年版。

（宋）朱熹：《四书集注》，中华书局1983年版。

孙培青：《中国教育史》，华东师范大学出版社 2000 年版。
孙正聿：《崇高的位置——世纪之交的哲学理性》，吉林人民出版社 1997 年版。
檀传宝：《学校道德教育原理》，教育科学出版社 2000 年版。
陶行知：《中国教育改造》，东方出版社 1996 年版。
王炳林：《思想政治理论课教学方法创新研究》，北京师范大学出版社 2011 年版。
吴恩裕：《马克思的政治思想》，商务印书馆 2008 年版。
吴奇程、袁元主编：《社会转型与道德教育》，广东教育出版社 2000 年版。
吴亚林：《价值与教育》，北京师范大学出版社 2009 年版。
夏正江：《一个模子不适合所有的学生　差异教学的原理与实践》，华东师范大学出版社 2013 年版。
项贤明：《泛教育论——广义教育学的初步探析》，山西教育出版社 2000 年版。
肖川：《教育的理想与信念》，岳麓书社 2003 年版。
许纪霖、陈达凯主编：《中国现代化史》，上海三联书店 1995 年版。
杨超：《现代德育人本论》，广东人民出版社 2005 年版。
杨国枢、黄俪莉：《中国大学生人生观的变迁：二十年后》，见杨国枢主编《中国人的蜕变》，台湾桂冠图书公司 1988 年版。
张峰：《社会主义核心价值观与大学生价值观教育》，湖北人民出版社 2015 年版。
叶澜：《教育研究方法论初探》，上海教育出版社 1999 年版。
俞吾金：《意识形态论》，上海人民出版社 1993 年版。
俞吾金：《重新理解马克思：对马克思哲学的基础理论和当代意义的反思》，北京师范大学出版社 2005 年版。
袁贵仁：《价值观的理论与实践》，北京师范大学出版社 2006 年版。
袁桂林：《当代西方道德教育理论》，福建教育出版社 1995 年版。
袁银传：《马克思主义与当代中国社会发展》，社会科学文献出版社 2012 年版。
曾继耘：《差异发展教学研究》，首都师范大学出版社 2006 年版。

曾继耘等：《差异教学策略研究》，首都师范大学出版社2016年版。
詹世友：《道德教化与经济技术时代》，江西人民出版社2002年版。
张楚廷：《大学人文精神构架》，湖南师范大学出版社1996年版。
张春兴主编：《教育心理学》，浙江教育出版社1998年版。
张澍军：《德育哲学引论》，中国社会科学出版社2008年版。
张文峰：《思想政治理论课实训教程》，暨南大学出版社2011年版。
张秀琴：《马克思意识形态理论的当代阐释》，中国社会科学出版社2005年版。
张耀灿、郑永廷、吴潜涛、骆郁廷等：《现代思想政治教育学》，人民出版社2006年版。
张应强：《高等教育现代化的反思与建构》，黑龙江教育出版社2000年版。
郑永廷等：《德育发展研究——面向21世纪中国高校德育探索》，人民出版社2006年版。
郑永廷等：《社会主义意识形态研究》，中山大学出版社1999年版。
钟明华：《马克思主义人学视阈中的现代人生问题》，人民出版社2006年版。
周向军：《高校思想政治理论教学改革与创新》，山东大学出版社2011年版。
周中之：《现代思想政治教育理论与实践探微》，人民出版社2009年版。

## 二　中文译著

《马克思恩格斯全集》第42卷，人民出版社1979年版。
《马克思恩格斯选集》第1—4卷，人民出版社1995年版。
《列宁选集》第20卷，人民出版社1958年版。
［德］费尔曼：《生命哲学》，李健鸣译，华夏出版社2000年版。
［德］伽达默尔：《赞美理论：伽达默尔选集》，夏镇平译，生活·读书·新知三联书店1988年版。
［德］黑格尔：《法哲学原理》，范扬、张企泰译，商务印书馆2009年版。
［德］卡尔·雅斯贝尔斯：《什么是教育》，邹进译，生活·读书·新知三联书店1991年版。

［德］康德：《道德形而上学原理》，苗力田译，上海人民出版社2005年版。

［德］康德：《论教育学》，赵鹏等译，上海人民出版社2005年版。

［德］马克思、恩格斯：《德意志意识形态》节选本，人民出版社2003年版。

［德］马克思：《1844年经济学哲学手稿》，人民出版社2000年版。

［德］马克斯·韦伯：《新教伦理与资本主义精神》，康乐等译，广西师范大学出版社2007年版。

［德］尤尔根·哈贝马斯：《作为"意识形态"的技术和科学》，李黎、郭官义译，学林出版社1999年版。

［德］约翰·赫尔巴特：《普通教育学》，李其龙译，人民教育出版社1989年版。

［俄］列夫·谢苗诺维奇·维果茨基：《思维与语言》，浙江教育出版社1997年版。

［法］福柯：《规训与惩罚》，刘北成、杨远婴译，生活·读书·新知三联书店1999年版。

［法］涂尔干：《道德教育》，陈光金、沈杰、朱谐汉译，上海人民出版社2001年版。

［古希腊］柏拉图：《理想国》，郭斌和、张竹明译，商务印书馆2002年版。

［古希腊］亚里士多德：《尼各马可伦理学》，廖申白译，商务印书馆2003年版。

［荷］E.舒尔曼：《科技文明与人类未来》，李小兵等译，东方出版社1995年版。

［美］埃德·拉宾·诺威克兹：《皮亚杰学说入门——思维·学习·教学》，杭生译、子达校，人民教育出版社1985年版。

［美］埃里希·弗罗姆：《逃避自由》，刘林海译，国际文化出版公司2007年版。

［美］埃利奥特·W.艾斯纳：《教育想象——学校课程设计与评价》，李雁冰主译，教育科学出版社2008年版。

［美］艾尔·巴比：《社会研究方法》，邱泽奇译，华夏出版社2000年版。

[美] 本杰明·S. 布卢姆等:《布卢姆掌握学习论文集》,王刚等译,福建教育出版社 1986 年版。

[美] 杜威:《道德教育原理》,王承绪译,浙江教育出版社 2003 年版。

[美] 杜威:《民主主义与教育》,王承绪译,人民出版社 1990 年版。

[美] 杜威:《确定性的寻求》,傅统先译,上海人民出版社 1966 年版。

[美] 杜威:《学校与社会·明日之学校》,赵祥麟等译,人民教育出版社 1994 年版。

[美] 杜维明:《人性与自我修养》,胡军等译,中国和平出版社 1988 年版。

[美] 赫伯特·马尔库塞:《单向度的人——发达工业社会意识形态研究》,刘继译,上海译文出版社 2006 年版。

[美] 亨利·罗索夫斯基:《美国校园文化——学生·教授·管理》,谢宗仙等译,山东人民出版社 1996 年版。

[美] 霍华德·加德纳:《多元智能》,沈致隆译,新华出版社 2004 年版。

[美] 霍华德·加德纳:《受过学科训练的心智》,张开冰译,学苑出版社 2008 年版。

[美] 霍华德·加德纳:《智力的重构》,霍力岩、房阳洋等译,中国轻工业出版社 2004 年版。

[美] 简·卢文格:《自我的发展》,韦子木译,浙江教育出版社 1998 年版。

[美] 杰拉尔德·古特克:《哲学与意识形态视野中的教育》,陈晓端译,北京师范大学出版社 2008 年版。

[美] 柯尔伯格:《道德教育哲学》,魏贤超等译,浙江教育出版社 2000 年版。

[美] 克特·W. 巴克主编:《社会心理学》,南开大学出版社 1984 年版。

[美] 路易斯·拉思斯:《价值与教学》,谭松贤等译,浙江教育出版社 2003 年版。

[美] 马斯洛:《人的潜能和价值》,华夏出版社 1987 年版。

[美] A. 麦金太尔:《追寻美德》,宋继杰译,译林出版社 2003 年版。

[美] 萨缪尔·亨廷顿:《文明的冲突与世界秩序的重建》,周琪等译,

新华出版社 2002 年版。

［美］威廉·维尔斯曼：《教育研究方法导论》，袁振国译，教育科学出版社 1997 年版。

［美］约翰·W. 克里斯韦尔：《质性研究及其设计：方法与设计》，余东升译，中国海洋大学出版社 2009 年版。

［美］詹姆斯·O. 卢格：《人生发展心理学》，陈德民译，学林出版社 1996 年版。

［美］迈克尔·W. 阿普尔：《意识形态与课程》，黄忠敬译，华东师范大学出版社 2001 年版。

［瑞士］皮亚杰：《发生认识论原理》，王宪钿译，商务印书馆 1981 年版。

［瑞士］皮亚杰：《心理学与认识论——一种关于知识的理论》，袁晖、郑卫民译，求实出版社 1988 年版。

［苏］瓦·阿·苏霍姆林斯基：《关于全面发展教育的问题》，湖南教育出版社 1983 年版。

［苏］瓦·阿·苏霍姆林斯基：《关于人的思考》，湖南教育出版社 1983 年版。

［英］赫·斯宾塞：《斯宾塞教育论著选》，人民教育出版社 1997 年版。

［英］怀特海：《教育的目的》，许汝舟译，生活·读书·新知三联书店 2002 年版。

［英］洛克：《教育漫话》，徐诚等译，河北人民出版社 1998 年版。

［英］齐格蒙特·鲍曼：《后现代伦理学》，张成岗译，江苏人民出版社 2003 年版。

［英］亚当·斯密：《道德情操论》，蒋自强等译，商务印书馆 1997 年版。

### 三 主要论文

陈桂生：《为"德育"正名——关于"德育"概念规范化的思考》，《上海教育科研》1997 年第 7 期。

樊锐：《作为意识形态的马克思主义》，《国外理论动态》2000 年第 4 期。

冯建军：《从主体间性、他者性到公共性——兼论教育中的主体间关系》,《南京社会科学》2016年第9期。

管锡基:《差异教育研究20年的回顾与思考》,《教育与教学》2016年第4期。

洪明:《试析提问式教学方法在"思想道德修养与法律基础"课中的运用》,《学校党建与思想教育》2010年第5期。

侯惠勤:《马克思的意识形态批判及其当代价值》,《马克思主义研究》2006年第2期。

侯惠勤:《马克思关于意识形态虚假性之判断与当代意识形态之争论》,《河南大学学报》(社会科学版)2002年第2期。

侯玉波:《文化心理学视野中的思维方式》,《心理科学进展》2007年第2期。

贾英健:《认同的哲学意蕴与价值认同的本质》,《山东师范大学学报》(人文社会科学版)2006年第1期。

李德顺:《价值独断主义的终结——从"电车难题"看桑德尔的公正论》,《哲学研究》2017年第2期。

李俊文:《卢卡奇的再生产理论及当代价值》,《哲学动态》2007年第7期。

李庆扬:《高校思想政治理论课分类差异化教学探究》, 2014 4th International Conference on Applied Social Science (ICASS 2014)。

李淑梅、杨郁卉:《意识形态的变化与人的认同方式——马克思对1848年欧洲革命中意识形态的研究》,《天津社会科学》2009年第1期。

李顺德:《普遍价值及其客观基础》,《中国社会科学》1998年第6期。

刘冰:《"以人为本":中国特色社会主义价值取向研究》,博士学位论文,吉林大学,2007年。

刘献君:《论文化育人》,《高等教育研究》2013年第2期。

刘燕南:《受众细分——解读与思考》,《现代传播》2006年第1期。

鲁洁:《人对人的理解:道德教育的基础——道德教育当代转型的思考》,《教育研究》2000年第7期。

苗启明、杨学军:《论马克思哲学在具体境遇上的开新:实践人类学哲学》,《云南社会科学》2003年第6期。

闵春发:《马克思主义意识形态的当代命运与时代使命》,《马克思主义研究》2006 年第 10 期。

桑新民:《学习究竟是什么——多学科视野中的学习研究》,《开放教育研究》2005 年第 1 期。

沈相平:《合法性与意识形态建设》,《天津社会科学》2002 年第 1 期。

王辉、华国栋:《论差异教学的价值取向》,《教育研究》2004 年第 11 期。

王俭:《基于价值尊重与价值认同的教育评价研究》,博士学位论文,华东师范大学,2007 年。

王贤卿:《论传播学受众理论与思想政治教育创新》,《思想政治教育研究》2009 年第 11 期。

王治河:《作为一种思维方式的后现代哲学》,《中国社会科学》1995 年第 1 期。

熊晓琳、李海春:《传播学受众理论与思想政治理论课教学改革研究》,《学校党建与思想政治教育》2013 年第 7 期。

杨学斌:《大学生中的文化冲突与思想政治教育》,《理论月刊》2002 年第 9 期。

杨宜音:《社会心理领域的价值观研究述要》,《中国社会科学》1998 年第 2 期。

叶澜:《让课堂焕发出生命活力》,《教育研究》1997 年第 9 期。

叶战备:《适应分众化、差异化传播趋势 加快构建舆论引导新格局——网络传播的视角》,《江苏社会科学》2016 年第 3 期。

叶志坚:《论意识形态建设的方法论原则》,《社会主义研究》2004 年第 5 期。

张日昇:《青年期同一性地位的研究——同一性地位的构成及自我测定》,《心理科学》2000 年第 2 期。

张润枝、陈艳飞:《分众教学模式在高校思政课中的运用》,《湖北社会科学》2015 年第 11 期。

张治库:《社会主义意识形态的整合功能》,《社会主义研究》2004 年第 5 期。

赵卫:《对马克思关于"人的全面发展"涵义的重新理解》,《哲学研究》1990 年第 4 期。

郑永廷：《论当代中国社会主义意识形态的领域发展》，《社会主义研究》2003 年第 1 期。

## 四 外文图书

Alexander, R. Culture Pedagogy: International Comparisons in Primary Education. Blackwell Publishing, 2000.

Alexander, W. A. What Matters in College? four critical years revisited. San Francisco: Jossey – Bass Publisher, 1993.

Amy Benjamin. Valuing Differentiated Instruction. The Education Digest, 2006 (9).

Andrew Reid, The Value of Education, Journal of Philosophy of Education, Vol. 32, No. 3, 1998.

Blythe, T. The teaching for understanding guide, Jossey – Bass, San Fransisco, 1998.

Carol Ann Tomlinson. How to Differentiation instruction in the Mixed-ability Classroom. ASCD, 2001.

Carol Ann Tomlinson. The Differentiated Classroom Responding to the Needs of All learners. Pearson Education, hie., 2005.

David Morriee, Philosophy, Science and Ideology in Political Thought, New York: St. Martin's Press, Inc., 1996.

Diane Heacox. Differentiating Instruction in the Regular Classroom. Free Spirit Publishing, 2002.

Harry Danniels, Special Education Reformed: Beyond Rhetoric, London: Falmer Press, 2000.

John Dewey, Democracy and Education, The Macmillan Company, 1916.

John Kleining, Philosophical Issues in Education, ST. Martins' Press, 1982.

John Torrance, Karl Marx's Theory of Ideas, Cambridge University Press, 1995.

Joseph S. Renzulli & Linda H. Smith. The Compactor Mansfield Center, Boston: Allyn & Bacon, 2001.

Kohlberg, L. Essays on moral development: The philosophy of moral development. San Francisco, CA: Harper & Row. 1981.

Louis Dupre, Marx's Social Critique of Culture, Yale University Press, 1983.

Morris, C. W. Varieties of human value. Chicago: University of Chicago Press, 1956b.

Pearl S. , Differentiating Instruction: A research Basis, International Education Journal, Vol. 7, 2006, pp. 935 - 947.

Peter Clough and Jenny Corbett, Theories of Inclusive Education: A Students' Guide, London: Paul Chapman Publishing Ltd, 2000.

Tomlinson C. A. , Brighton C. , Hertberg H. , Callahan C. M. , Moon T. R. , Brimijoin K. , Conover L. A. , & Reynolds T. , Differentiating Instruction in Response to Student Readiness, Interest, and Learning Profile in Academically Diverse Classroom: A Review of Literature, Journal for the Education of the Gifted, 2003.

Tomlinson, C. A. The differentiated Classroom: Responding to the needs of all learners. Alexandria, VA: Association for Supervision and Curriculum Development, 1999.

Wee D. , On General Education: Guidelines for Reform, New Haven, Conn: Society for Values in Higher Education, 1981.

Wink, J. , Critical Pedagogy: Notes from the Real World, N. Y. : Longman, 1997.

# 后 记

很幸运一直生活在鸟语花香的校园，大学最大的财富是每年如约而至一批风华正茂、差异显著、寻求发展的青年学生。从湖北大学、湖北工业大学，到华中科技大学、西南大学，从居住了二十多年的江城武汉往返于山城重庆，我时常会不自觉地比较：湖北大学的小巧秀丽与弥漫其中的人情味；坐落在巡司河畔的湖北工业大学有着和沙湖不一样的灵气；起伏蜿蜒的西南大学则充满了变化的惊喜，气根低垂的榕树展现着西南地区的独特植被；华中科技大学的建筑规整道路笔直，提高了行进的效率，四季更迭更显森林大学的美誉。感谢大学提供给我宝贵的学习、工作的机会，让我体会到各种不同的美丽。

很幸运求学路上总有名师指点。从科班出身的思想政治教育专业、悠游多时的高等教育学来到知之甚少的心理学，感谢我的启蒙恩师陈少岚教授、博士导师刘献君教授、博士后合作导师黄希庭教授，三位师长风格迥异，共同之处是对我严格要求和细致点拨，无以回报，唯有谨记"少而学，则壮年有为；壮而学，则老而不衰；老而学，则死而不朽"，将这份勤勉好学、关爱学生的精神传递下去。

很幸运在我鼓足勇气跨越学科间的壁垒时，能够结识在湖北大学政治与行政学院、华中科技大学教育科学研究院、西南大学心理学院人格与认知教育部重点实验室的各位老师和学友，感谢你们和我一起分享思想与治学的乐趣。在这里我无法一一列出你们的名字，因为那样的话我的致谢就会出现一整页的名单，我从你们身上领略到的不仅有思想政治教育、教育学、心理学的学科魅力，还有历久弥新的情谊！虽然游离于几个学科边缘，但我经常关注着你们的动态，你们所取得的各项成就、成果，不断激励着我跟上你们的步伐，每每催生着我内心"以学术为志业"的小火苗不至于熄灭。

# 后 记

很幸运我有华中科技大学马克思主义学院开明的领导、热心的同事、能干的学生，谢谢你们！如果没有你们的支持，我恐怕也无法完成这个"马拉松"似的书稿写作过程。年复一年的教学、停滞不前的科研、力不从心的身体，在上有老下有小焦头烂额的日子里，我虽无奈退缩但却从不曾放弃，只因为身处马克思主义学院这个温暖的大家庭，特别是"思想道德修养与法律基础"教研室亲爱的同事们，鼓励我锲而不舍地申报课题、和我讨论统计结果、交流教学心得（书中多处引用均来自他（她）们的理论思考和实践智慧）……我还要感谢所有我课堂里的学生；感谢帮我发放回收问卷的同行；感谢这几年来替我收集整理资料、录入数据、主持或协助完成教改实验及问卷调查的我的研究生们。

很幸运我可以将我的研究建立在大量他人研究的基础之上，因为有这样一个坚实的基础，"先天不足"的我才有可能在知识汇集的长河中往前迈进一小步。在我最初成为一名"思修老师"的时候，是杨一平老师示范了怎样"为人师表"，在我立住了讲台之后，是洪明老师身体力行演绎了何谓"教书育人"。任职于强势学科林立、科研大佬云集的研究型大学，思想政治理论课教师有时候会小看自己，讲课没有底气、科研缺乏定力。但我相信：只要我们掌握了适合自己的差异教学方法，潜心钻研、锐意创新，经过一段时间的积淀，就会爱上"人类灵魂工程师"这份充满探索乐趣与成就感的工作。

很幸运家人对我一直以来无条件的扶持，无须说同样从事教育研究工作的先生总是在"无情打击"之后又默默地伸出援手，甚至连年迈的父母和远赴大洋彼岸求学的儿子都以他们力所能及的方式帮助了书稿的完成。我们一起构成了这项研究，缺一不可！

很幸运本书得到华中科技大学人文社科处的出版资助；很幸运书稿获得中国社会科学出版社田文女士的青睐，感谢她细致、专业的工作！有人说：一个人幸运的前提，其实是他有能力改变自己。但愿我能一直拥有这样的能力，悦纳自己和他人，"每天进步一点点"，做一个幸福的进取者！

梁 红

2018年4月于喻家山庄